幼儿园
探究游戏活动课程
教师指导用书

小班 下

《幼儿探究游戏活动材料》编写组 编

北方联合出版传媒（集团）股份有限公司
辽 海 出 版 社

图书在版编目（CIP）数据

幼儿园探究游戏活动课程教师指导用书 . 小班　下 / 《幼儿探究游戏活动材料》编写组编. -- 沈阳 : 辽海出版社, 2024. 12. -- ISBN 978-7-5451-7096-2

Ⅰ . G613.7

中国国家版本馆 CIP 数据核字第 202495EA89 号

出 版 者：北方联合出版传媒（集团）股份有限公司
　　　　　辽　海　出　版　社
　　　　　（地址：沈阳市和平区十一纬路 25 号　邮编：110003）
印 刷 者：沈阳绿洲印刷有限公司
发 行 者：北方联合出版传媒（集团）股份有限公司
　　　　　辽　海　出　版　社
幅面尺寸：185mm × 260mm
印　　张：21.75
字　　数：300 千字
出版时间：2024 年 12 月第 1 版
印刷时间：2024 年 12 月第 1 次印刷
责任编辑：李　霄
封面设计：隋　治
版式设计：鼎籍文化创意
责任校对：李子夏

书　　号：ISBN 978-7-5451-7096-2
定　　价：65.00 元

联系电话：（024）23284478　23267905
网　　址：http://www.lhph.com.cn

法律顾问：辽宁普凯律师事务所　王　伟
如有质量问题，请与印刷厂联系调换
印刷厂电话：（024）31983633
盗版举报电话：（024）23284481
盗版举报信箱：liaohaichubanshe@163.com

编委会

编写说明

幼儿园课程是贯彻落实《幼儿园教育指导纲要》《幼儿园工作规程》《3～6岁儿童学习与发展指南》（以下简称《指南》）的载体，是教育思想与理念转化为教育实践的桥梁和纽带，是教育实践的轴心。探究自然、融入社会的幼儿园活动课程，在《指南》精神的指引下，根据幼儿的身心发展水平及学习方式与特点，精心选择和预设了有价值的活动内容，构建起关于课程目标、内容、方法和评价的整体系统。

生动有趣、关注核心经验的课程是促进幼儿学习与发展、提升幼儿园内涵发展的突破口，幼儿园探究游戏活动课程以自然中的现象与变化以及相关的社会生活为主线，以幼儿游戏为基本活动，注重幼儿的自主探究和沉浸式参与，以适应幼儿通过直接感知、实际操作和亲身体验获得经验的学习特点与方式，来促进幼儿全面、和谐发展。

一、理论基础

1."活教育"理论

"活教育"理论体系是陈鹤琴先生幼儿教育思想的核心，其理论体系的内容包括大自然、大社会都是活教材，以及"做中教，做中学，做中求进步"的目标。春有百花秋有月，夏有凉风冬有雪，每个季节都会带给我们独特的景观和生活价值，变幻莫测的自然现象也让儿童对自然充满好奇，让孩子走到户外，接触大自然、大社会，是孩子成长过程中必不可少的一门"功课"。

"大自然"是指各种动物、植物、气候等自然现象，"大社会"是指个人、家庭、集体社会交往。这两种环境与幼儿日常生活是息息相关的，充分、系统地利用这两种资源，能为幼儿的学习成长提供生动有趣的"活教材"，能丰富幼儿的直接经验，使其深刻地体会春种、秋收等社会生活的现实意义，以及人与动植物的关系，以使幼儿增长见识、丰富情感、扩展能力。课程编写中凸显陈鹤琴先生的"活教育"思想的 17 条原则：

（1）凡是儿童自己能够做的，应当让他自己做。"'做'这个原则，是教学的基本原则，一切的学习，不论是肌肉的，不论是感觉的，不论是经验的，都要靠'做'的。""所以，凡是儿童能够做的就应当让他自己做。"

（2）凡是儿童自己能够想的，应当让他自己想。"直接经验、自己思想，是学习中唯一的门径。"

（3）你要儿童怎样做，就应当教儿童怎样学。"使他们在适当的自然环境之内，得到相当的学习。"

（4）鼓励儿童去发现他自己的世界。"儿童的世界是儿童自己去探讨、去发现的，他自己所求来的知识才是真知识，他自己所发现的世界才是他的真世界。"

（5）积极的鼓励胜于消极的制裁。"要用鼓励的方法，来控制儿童的行为，来督促儿童求学。"

（6）大自然、大社会是我们的活教材。儿童喜欢野外生活，到野外的大自然、大社会中去探讨、去追求，就可获得确实而经济的直接知识，必须让儿童到大自然、大社会中去。

（7）比较教学法。"譬如我们要教儿童认识一只猫，最好用一只狗来比较，让儿童在对比中分化出各自的特点而加深认识。比较教学法应用的范围较广，各门学科均可应用，连做人修养也可以应用。”

(8) 用比赛的方法来增进学习的效率。这一条原则依据了儿童喜欢竞争的心理，利用这种心理，去组织儿童比赛，以增加儿童的学习兴趣，促进儿童的学习效率。

(9) 积极的暗示胜于消极的命令。积极的暗示就是一种激励教育法，它是软性的，比消极的命令要费时间和精力，但其效果却非常之大。

(10) 替代教学法。如以物代物、以建设代替破坏、以收集代替争夺、以正当的组织来代替不正当之活动等。

(11) 注意环境、利用环境。大自然、大社会中都可以找到很多好玩的东西来做活教材和活教具。

(12) 分组学习，共同研究。分组学习、共同讨论的方式就是集体学习，是“活教育”教学原则的一种方式，也使刺激和反应的程式由单轨变为复轨。让每个人都有意见发表，彼此都有不同的思想。

(13) 教学游戏化。这一条原则依据了儿童好游戏的心理特点。

(14) 教学故事化。这有两方面的意思：一是教材故事化，二是教法故事化。教学故事化是“活教育”的新要求。

(15) 教师教教师。举行教学演示或者成立巡回教学辅导团一类的组织，是近代教育方法上的一种新趋势，不仅能够在一个学校、一个城市里举行，同样可以应用“分组学习，共同研究”的原则，推行到所有学校中去，这对于充实教师本身、提高业务水平会有较大的帮助。

(16) 儿童教儿童。这一条教学原则是根据陶行知的“小先生制”提出来的，意思是让儿童来教育儿童，让儿童来指导儿童。

(17) 精密观察。这一条教学原则包括两个方面的意思：“一方面通过实地观察来施行教学，另一方面通过实际研究来培养儿童善用观察的学习态度，则教学的效果，必将因此而有所增进。”

美国学者理查德·洛夫在《林间最后的小孩——拯救自然缺失症儿童》一书中写道：“与自然接触对于儿童的重要性，不亚于丰富的营养和充足的睡眠，目前儿童接触自然的状况需引起我们广泛重视与认真看待。”站在儿童的立场研究儿童对大自然中季节变化的了解，对幼儿园课程开发、教师教学以及家庭教育有重要意义。

《指南》明确指出，开展多种形式的户外活动，有助于提高幼儿对环境的适应能力，引导幼儿接触自然，使之感受自然界的美与奥妙，结合和利用生活经验，帮助幼儿认识自然环境，初步理解自然与自己的关系。

2. 具身理论

幼儿园探究游戏活动课程注重幼儿在自然与情境中探究、学习，这与当前国际主流心理学界、哲学界的具身理论认知相关联。具身认知认为生理体验与心理状态之间有着强烈的联系，知识对身体状态和大脑的特殊通道系统有一定的依赖性。同时提出，不仅是大脑，身体也有很重要的认知功能。思维和认知在很大程度上是依赖和发端于身体的。认知应是身体的认知，心智也是指身体的心智。离开了身体，认知和心智根本就不存在。具身认知的核心观点是人的认知根植于人的身体以及身体与世界的相互作用中，强调认知的涉身性、体验性、环境嵌入性，主张把心智根植于身体，把身体根植于环境，从身体与环境互动的视角看待学习。学习是一种与身体密切相关，或者通过身体及其活动方式而实现适应环境的活动。强调认知要有情境性、动态性、生成性和接地性。

具身认知是幼儿获得直接经验的主要途径，幼儿通过反复感知、操作（通常伴着各种试误、反思、修正），使得体验得以稳定下来。当体验在幼儿的认知结构中建立起较为稳固的联结，直接经验得以产生。《指南》指出“最大限度地支持和满足幼儿通过直接感知、实际操作和亲身体验获取经验的需要”，其中“直接感知”“实际操作”“亲身体验”体现了具身认知的方式，构成幼儿获得直接经验的条件。

3. 文化历史活动理论

建构主义理论的新发展——文化历史活动理论。活动是一个相当复杂的系统。首先，它涵盖了主体和客体——主体可以是个人也可以是集体，客体则是不断演化的目标；其次，活动中有使其得以实现的工具，既可以是实物工具，如机器和产品等，也可以是看不见摸不着的概念性工具，如语言、概念、社会关系等；再次，活动中还有劳动的分工，因为活动中的参与者需要承担不同的工作。当然，除此以外，活动中还有规则和共同体。在共同体中，参与者们持有共同的客体。在这样一个活动系统中，还存在冲突和矛盾，因为活动中不同元素的发展是不均衡的，有时甚至会相互抗衡。比如，当教师面对新的学生，他们的客体发生了变化，新的客体和旧的工具、旧的规则之间就可能产生矛盾。这些矛盾和冲突正是事物不断发展的动力。所以，我们应当以“一种历史的视角”来审视活动并促进发展。

4. 心流理论

心流理论，又名浸润理论，是指当人们从事一项任务难度与技能相当的活动时，对活动入迷、全身心投入，注意力高度集中，活动顺畅、高效，达到一种活动与意识融合，时间感消失和忘我的境界时的心理体验。研究者们关注了心流体验与学习的关系，发现在控制学生原有水平一致的情况下，那些在前一阶段学习过程中有心流体验的学生在后半部分学习中表现要更好一些。在活动中以丰富的材料、适宜的情境，引导幼儿沉浸在丰富的体验与有趣的操作中，让他们在进行各种学习或游戏时产生一种幸福的体验，沉浸在喜悦之情中，能够更有效地达成学习目标，促进个人成长。

二、幼儿园探究游戏活动课程的价值

1. 社会生活教育价值

不同季节，人们会有不同的生活、生产方式。在我国，与季节相关的时令、节气都包含着丰富的社会生活价值。了解、体验不同季节人们的生活和生产方式，如春种、秋收、夏纳凉、冬取暖是自然影响所致；生活中有立春吃春饼、“头伏饺子二伏面，三伏烙饼摊鸡蛋”、腊八喝腊八粥等习俗；季节与农事活动，如“清明忙种麦，谷雨种大田”“芒种开了铲，夏至不纳棉”等，都可以帮助幼儿体验、了解和认识社会生活。

2. 健康教育价值

发展自身适应自然的能力。与季节教育有关的健康教育内容十分丰富，如各季节的服装变化、饮食和疾病预防，各季节适宜的运动，等等。

掌握四季中身体的维护方式。健康生活方式的养成是以幼儿良好的生活卫生习惯和运动锻炼习惯的形成为基础的。从小学会如何根据季节调整衣服、饮食和休息，如何根据季节来预防疾病，如何根据季节选择不同的运动方式，等等，培养幼儿初步的自我保护和自我保健的意识和能力，逐步养成健康的生活习惯和运动习惯。

3. 审美教育价值

四季展示着各自不同的美。春天的嫩草鲜花，夏天的火热太阳，秋天的丰硕果实，冬天的飘零雪花，融合季节特征的审美教育，有助于塑造幼儿的美好心灵。

欣赏和表现季节变化中的美。幼儿的审美心理结构包括审美感知、审美理解、审美想象和审美创造，融感知、理解、想象为一体的欣赏活动是美育最基本的内容。在课程中，它既有对真实自然景象的近距离的观察感知、触摸欣赏，也有对描写、展示四季美景的文字、音乐和美术作品的欣赏与表达等。

4. 科学教育价值

春夏秋冬有规律地更替，大自然中日月星辰、树木花草、风云雨雪、江河湖海、鸟兽虫鱼都有着不同的形态和不同的存在方式。引导幼儿通过观察、比较、分析和探究大自然中的季节变化及各种自然现象、动植物的生存等，去认识自然界的奥秘，理解四季的物候、昼夜的长短等，促进幼儿对自然环境的理解，激发幼儿关爱动植物、热爱大自然的情感。

5. 语言发展价值

幼儿时期是语言发展的重要时期，幼儿语言的发展情况与幼儿自身的情感、经验、思维、社会交往能力的发展有密切联系。语言的核心素养包括语言建构与运用、思维发展与提升、审美鉴赏与创造、文化传承与理解。

语言能力是幼儿在语言发展过程中通过语言学习后获得的，具体指对语言的感知、理解，表达能力的发生与发展。讲述活动、谈话活动、语言游戏、早期阅读活动等，为儿童语言建构、语言运用及创造性表达提供了适宜的内容与习得语言的途径。民间流传的经典故事、传说、谚语，反映着人们生活和生产的经验，欣赏与自然相关的儿歌、散文、古诗、故事等文学作品，不但能传承民族文化，而且可以丰富幼儿的语言文学素养以及自然、社会经验。

6. 自我服务与劳动价值

把劳动教育纳入党的教育方针，集中体现了新时代对劳动精神的弘扬，对劳动教育的倡导。2020 年 3 月，中共中央、国务院颁布的《关于全面加强新时代大中小学劳动教育的意见》特别指出：“把劳动教育纳入人才培养全过程，贯通大中小学各学段，贯穿家庭、学校、社会各方面，与德育、智育、体育、美育相融合，紧密结合经济社会发展变化和学生生活实际，积极探索具有中国特色的劳动教育模式，创新体制机制，注重教育实效，实现知行合一，促进学生形成正确的世界观、人生观、价值观。”学前教育是国民教育体系的重要组成部分，是开端和基础，幼儿阶段的劳动启蒙教育应成为重要的教育内容之一，“通过组织幼儿参加自我服务、为集体服务、种植、饲养等简单劳动以及观察、认识成人劳动等，培养幼儿热爱劳动、尊重劳动人民的思想感情，初步认识各种劳动的意义，掌握初步的劳动技能， 懂得珍惜劳动成果，提高劳动兴趣，养成劳动习惯”。

三、幼儿园探究游戏活动课程的特点

本课程的特点主要是自然性、生活性、游戏性和行动性。

1. 自然性

倡导让幼儿在大自然中观察、探索、感受内容，充分走进自然这个广阔的课堂，引导幼儿观察了解自然、探究发现自然的秘密，感受和适应自然的变化。课程设计也以大自然季节的自然变化为线索安排课程内容，引导教师利用自然资源展开活动，引导幼儿体验与了解大自然的无穷魅力，增强热爱自然的意识，学会观察自然现象，了解自然与动植物及人们生活的密切关系。

2. 生活性

人类所有的文明，都是从生活中创造的，这些文明和智慧最终会在生活中运用和体现。幼儿园教育的特殊性体现在幼儿园的生活既是教育内容又是教育途径。 幼儿园生活的特殊性和幼儿年龄特点，反映了幼儿的学习是随时随地发生与展开的。 虞永平在对幼儿园课程的阐述中指出：“幼儿园的课程就在幼儿的生活中，就在儿童的行动里，就在发现和解决问题的过程中。” 幼儿教育要帮助幼儿更好地生活，要充分利用生活中即时的情景，挖掘生活中不同环节中的教育价值，真正做到生活教育化、教育生活化。课程中充分体现了生活教育的内容，凸显幼儿阶段养成教育的主要任务，体现出让生活蕴含教育价值，让教育体现生活智慧的思想。

3. 游戏性

游戏就是孩子的学习。幼儿园要以游戏为基本活动。要为幼儿提供足够的游戏时间和适宜的环境与材料，引导幼儿在玩中学，在玩中发现自己的力量，体验成长的快乐。课程中努力追求课程游戏化与游戏课程化的思想，主题活动尽量体现愉快、自主、自由的教育理念，努力践行“幼儿在前，教师在后”的教育行为。同时，提供大量的游戏素材，丰富的游戏内容的提供，让以游戏为基本活动的原则有了实践的支撑，真正发挥游戏对幼儿全面发展的重要作用。

4. 行动性

幼儿是在做中学的，操作、体验、交往、游戏等实践活动，是幼儿时期主要的学习方式，儿童的智慧是行动性的。我们的课程以自然、社会为活动对象和资源，儿童可以自由选择材料和工具，并充分借助自然中的真实材料、生活中的废旧材料和有针对性设计的游戏操作材料等来满足在操作中学习、在行动中学习的特点，使其在游戏中释放个性，感受、认知环境，发展能力。

四、课程体例与内容

《幼儿园教育指导纲要》指出：让幼儿喜爱动植物，亲近大自然，关心周围的生活环境；引导幼儿接触自然环境，使之感受自然界的美与奥妙，激发幼儿的好奇心和认识兴趣；结合和利用生活经验，帮助幼儿认识自然环境，初步理解自然与自己生活的关系。

本课程将以了解大自然、感受大自然、探索大自然、亲近社会、体验社会、融入社会为主要线索，结合科学探究与社会生活建构适宜幼儿学习、促进幼儿发展的主题，形成探究式、沉浸式的主题课程体系。

本课程主要内容包括四季知识、天气知识、动植物的特性以及与之相关的生活经验、社会生活、诗文、歌曲等。

五、课程实施途径与策略

“一日生活皆课程”是幼儿园课程的显著特点，更是幼儿园课程实施的主要途径。幼儿园探究游戏活动课程以落实《指南》精神为宗旨，把课程目标有效融入幼儿的生活活动、游戏活动、教育活动中，发挥一日生活对幼儿的整体影响。课程突出下列几个方面：

1. 观察与探索活动

在观察、感受不同季节的美之后，理解季节与人们生活的关系、季节对人行为的影响。如观雨、听风、赏花、玩雪等。

2. 操作与交流活动

在种植、操作、交流中，让季节变化的抽象概念与幼儿的直接形象感知相融合。如叶子的秘密、温度的测量、搭建“鸟巢”等。

3. 表现与创造活动

在动手操作以及艺术创作中，提升动手能力， 通过参与主题环境的创设与呈现，表达自己心中对不同季节、各种现象的认知与理解等，提升表现力与创造力。如小制作、插花、大自然景物写生等。

4. 游戏与体验活动

把期望幼儿获得的经验融入他们的游戏，把期望幼儿学习的内容“注入”玩具材料，使玩具材料成为课程的载体，使游戏环境成为富有教育意义的学习环境。精心准备游戏材料，让幼儿在游戏中健康成长、发展语言、学会社会交往、乐于科学探究与艺术表达，提供的材料操作简单、有趣多用、富有教育价值。

课程中，紧密结合幼儿一日生活的各个环节，充分利用游戏、生活与教学的教育途径来提供教育资源和丰富的教育内容。更希望教师在教育实践中内化于践行，真正实现一日生活对幼儿成长的影响，借助丰富的教育资源，为幼儿全面、健康成长助力。

六、课程的优势与创新

幼儿园探究游戏活动课程，包括生活与劳动、运动与游戏、体验与探究、自选活动（节日与节气、艺术与表达）等几个板块的内容。根据《指南》教育目标与教育建议，围绕五大领域的关键经验，在充分尊重幼儿的兴趣和发展需要的基础上，预设了丰富的生活与劳动活动、运动与游戏活动及体验与探究的主题活动的参考案例，旨在引导广大教师真正重视生活活动对幼儿的重要影响，挖掘游戏对幼儿成长的独特价值，利用主题活动提升幼儿各领域发展的核心经验，以达到帮助幼儿会生活、会游戏、会学习的目的。

课程中主题不做具体的时间安排，意在给幼儿园和教师一个开放的空间，教师可以根据本地的季节时间选择主题开展的时间与顺序，更鼓励教师根据幼儿的兴趣生成主题，使教育内容更贴近幼儿的需求与兴趣，让课程更好地促进幼儿健康、全面地发展。

我国地大物博、南北差异较大，理论上的季节与实际有一定的时差。本课程未确定主题开展的具体时间，各地幼儿园可根据本地季节变化的实际与社会生活的具体情况灵活选择主题、开展活动。

此外，为避免“拼盘式”的主题，我们将生活与劳动活动、运动与游戏活动、健康活动、数学活动、节庆活动（传统节日与二十四节气）等列在主题之外并自成课程体系，引领教师重视生活、游戏对幼儿成长的独特价值；加强对中国传统文化的渗透与体验，引导幼儿园与幼儿一起浓墨重彩地过好中国传统节日，了解二十四节气等内容，加强对中华传统文化相关内容的活动安排与设计，充分利用与幼儿生活息息相关的各种传统节日，追随着季节变化而来的不同节气等内容，使其感受大自然与季节的变化与多彩，体验生活的快乐，通过观察感知自然、体验生活中的节日氛围、节气变化，进而了解自然与社会。

自选活动内容精选了一些幼儿喜爱的经典儿童文学、艺术作品，作为独立的板块，供幼儿园教师自由选择、参考使用，以弥补主题活动中对一些优秀的、经典的文学、艺术作品选择的限制，进而提升幼儿的文学与艺术素养，让经典伴随幼儿成长。

七、使用说明

本套课程以践行“幼儿一日生活皆课程”的教育理念为宗旨，以自然和社会为主线来构建幼儿园课程资源。课程资源涵盖了生活与劳动、运动与游戏、主题活动、数学与健康、传统节日与二十四节气以及优秀的文学、艺术作品等丰富的内容，为幼儿园自主建构课程提供了可以自由选择的“课程超市”，每个幼儿园都可以根据自己的定位和各自的优势，按需进行个性化的选择，按自己的“口味”自由地取舍，从而建构自己园本化甚至是班本化的课程体系。

教师在使用课程时，除了数学、健康这两个领域的内容可以按照顺序选择外，其他课程都可以根据季节的变换和幼儿的兴趣需要自主选择，使课程更具有灵活性和自主性。

1. 巧妙地利用生活——在生活中学会生活

课程中，劳动与生活活动的案例紧紧依托幼儿在幼儿园不同生活环节本身，根据不同年龄阶段的幼儿发展特点和教育目标来设计活动，引领教师高度关注一日生活中占一半以上时间的幼儿实际生活本身，借助真实生活随机进行良好行为习惯的养成教育、劳动意识与自理能力的培养、知识经验运用与实践的体验，实现在生活中学会生活、增长本领。

2. 借鉴优秀游戏——在游戏中快乐学习

为使教师更好地践行游戏是幼儿园基本活动的原则，课程中提供了大量的游戏资源，内容包括适合幼儿园集体开展的体验集体游戏乐趣和遵守规则能力的规则性游戏、充分发挥幼儿自由自主的创造性游戏等，这些案例给教师提供了丰富的游戏资源，同时，也引领教师更清晰地了解在不同游戏中教师的角色定位与支持幼儿游戏中的作用发挥。

3. 参考教学案例——在教学中探究体验

集体教学活动仍然是幼儿园一日生活的重要组成部分，适切、有效的集体教学活动对幼儿全面发展有着重要意义。主题活动中引导幼儿充分走进自然、社会这个大课堂，在观察与探索自然、走进与融入社会的过程中，了解自然与生活的关系，增长顺应自然、利用自然的能力，丰富生活经验，启迪热爱自然、健康生活的情感。丰富、贴近幼儿生活的主题活动内容，为全面落实《指南》提供了强有力的支撑。

活动设计凸显以幼儿为主体，在探究、操作、体验中学习的理念，活动案例中体现出的是幼儿在每个活动环节中做什么、教师的观察指导要点是什么，以此来转变教师的教育观念，充分体现幼儿操作、体验在前，教师引领、提升在后的教育思想。

4. 在自选中彰显个性

课程中提供了传统节日与二十四节气、优秀的文学艺术作品（文学、音乐、美术），这些活动内容的提供与案例设计参考，为教师的自主选择提供了丰富的资源，同时弥补了主题活动中经典的、优秀的文学作品、艺术作品缺失的弊端，也为幼儿园个性化课程提供可参考的内容。

目录

Contents

生活与劳动

游戏与运动

体验与探究 >> >> >> >>

主题活动

阳光宝贝

呀！危险

数学活动

附录：幼儿自主游戏活动案例

生活与劳动

剥剥乐

★ 养成目标

1. 学习为水果、鸡蛋等食物剥皮。
2. 体验自我服务的快乐，树立良好的自我服务意识。

★ 生活情景

幼儿的进餐和间点环节。

★ 观察要点

1. 观察幼儿是否愿意自己动手剥水果皮和鸡蛋壳。
2. 观察幼儿是否能正确剥鸡蛋壳或水果皮。
3. 观察幼儿是否能将剥下的水果皮和鸡蛋壳投入垃圾桶中。

★ 指导策略

1. 晨间活动时与幼儿交流，询问他们是否尝试过自己剥水果皮和鸡蛋壳，剥皮方法是否相同，请他们分享自己的经验。

2. 利用进餐时间，邀请有经验的幼儿或教师亲自示范剥果皮或蛋壳的正确方法。例如，剥香蕉皮和橘子皮时，应先在顶端撕开一个小口，然后再剥下果皮；剥鸡蛋时，应先轻敲蛋壳，然后滚动以碎化蛋壳，再小心剥除。

3. 鼓励幼儿在每次进食水果和鸡蛋时自行剥皮，体验自我服务的乐趣。对于动手能力较弱的幼儿，教师应提供个别指导或适度帮助，并提醒他们将剥下的鸡蛋壳和水果皮丢到垃圾桶。

4. 对于能够独立完成任务或有显著进步的幼儿，可给予小贴纸进行奖励，激励他们形成良好的自我服务习惯。

5. 可在娃娃家提供花生，供幼儿练习剥壳动作。

★ 家园共育

建议家长在家中也为孩子提供剥水果皮和鸡蛋壳的机会，以巩固在孩子园学到的技能，加强家庭与幼儿园之间的教育连贯性。

讲文明，懂礼貌

★ 养成目标

1. 学习基础的礼貌用语和礼仪动作。
2. 认识到与人交往时保持礼貌的重要性，并培养良好的礼貌习惯。

★ 生活情景

一日生活中的各个环节。

★ 观察要点

1. 观察幼儿入园时是否能够主动与同伴打招呼并向老师问好。
2. 观察幼儿在接受他人帮助时是否能够表达“谢谢”，在接受他人感谢时是否能够回应“不客气”。
3. 在游戏活动中，观察幼儿是否能够使用礼貌用语与同伴互动或请求借用玩具等物品。
4. 观察幼儿在观看他人表演或他人获得表扬时，是否能够通过鼓掌来鼓励他人。

★ 指导策略

1. 将文明礼貌的行为以图画形式展示，并张贴于相应的位置。例如，在幼儿园入口处张贴挥手打招呼并说“你好”“再见”的图示，在活动区域张贴借用玩具时说“请”、表达感谢时说“谢谢”的图示，在表演区或娃娃家张贴观看表演时鼓掌的图示，以此提醒幼儿在人际交往中保持礼貌。
2. 在日常活动中，引导幼儿观察并模仿班级中张贴的礼貌图示，练习挥手、鼓掌等礼貌动作。对于主动与老师、同伴打招呼，使用礼貌用语的幼儿，给予及时的正面反馈和表扬，以培养幼儿良好的礼貌习惯。

③ 录制记录幼儿日常生活中的礼貌行为的短片，并在离园环节时播放，以强化正面行为。

家园共育

① 鼓励孩子在与他人见面时主动问候，并在分别时大方道别。

② 在日常生活中，家长应经常使用礼貌用语，如“请”“谢谢”等，并鼓励孩子在相似情境中使用这些礼貌用语。同时，引导孩子文明观看表演，并在表演结束后鼓掌。

③ 与孩子共同进行关于礼貌教育的亲子阅读活动。

掖裤子

养成目标

① 学习双手协调配合，掌握正确掖裤子的方法。

② 培养自主完成个人事务的习惯，形成良好的自我服务意识。

生活情景

过渡环节、盥洗环节和起床穿衣环节。

观察要点

① 观察幼儿每次盥洗后是否有掖裤子的习惯。

② 观察幼儿是否能够双手协调配合掖裤子。

③ 观察幼儿后腰位置的衣服是否掖好。

指导策略

① 在过渡环节为幼儿讲述不掖裤子可能导致肚子着凉的小知识，引导他们知道穿上衣服后应将背心、衬衣掖入裤子中，以避免肚子着凉。

② 指导幼儿学习双手协调配合掖裤子：一只手抓住裤腰，另一只手将背心或衬衣的前面掖入裤子中；掖好衣服的前面后，用同样的方法掖衣服的后面和两侧；完成以上动作后用手沿裤腰检查，确保没有露出皮肤。

③ 在卫生间张贴掖裤子的步骤图，帮助幼儿在提裤子时回忆掖裤子的步骤。

④ 在盥洗和起床穿衣后，邀请衣物整理得当的幼儿展示他们的成果，并鼓励其他幼儿向其学习，培养幼儿良好的自我服务意识。

⑤ 每周固定时间举办掖裤子比赛，评选出完成得最好的幼儿。

★ 家园共育

① 在日常生活中关注孩子的衣物整理情况。

② 为孩子提供自己动手掖裤子的机会，并在孩子完成后给予鼓励与表扬。

不挑食

★ 养成目标

① 认识到身体需要多样化的营养，知道不挑食对身体健康的重要性。

② 逐步培养不偏食、不挑食的良好饮食习惯。

★ 生活情景

过渡环节和进餐环节。

★ 观察要点

① 观察并记录每个幼儿的饮食习惯，了解每名幼儿不喜欢的食物种类。

② 评估幼儿对不喜爱的食物的接受程度，判断他们能否少量尝试。

③ 观察幼儿在经过一段时间的少量尝试后，是否能够逐渐接受原本不喜欢的食物。

指导策略

① 在班级设置“不挑食的好宝宝”展示区，将不挑食的幼儿的照片展示于此。

② 每餐前，向幼儿介绍饭菜，并解释每道菜对身体的益处。例如，吃胡萝卜有助于缓解眼部干涩、吃西红柿有助于预防牙龈出血等。

③ 对于幼儿不喜爱的食物，鼓励他们先进行少量尝试，待对食物的味道适应后，再逐渐增加分量。

④ 每餐后，评估幼儿的进餐情况，对不挑食和愿意尝试过去没有吃过的食物的幼儿给予表扬，并发放小贴纸作为奖励。

⑤ 在离园前的活动中，组织幼儿讨论谁获得的小贴纸最多，评选出当天的“不挑食宝宝”，并为这些幼儿拍摄合影，随后分享到班级群中。

⑥ 每周五为本周表现良好的“不挑食宝宝”拍摄集体照，并将照片在班级中展示。

家园共育

① 定期查看班级群内的照片，对孩子勇于尝试过去没有吃过的食物的行为给予赞扬和肯定。

② 家庭饮食应尽量多样化。

快乐宝宝

养成目标

① 情绪稳定，不因遇到轻微挫折而哭闹。

② 能够听从他人劝解，愿意控制自己的愤怒或悲伤情绪。

生活情景

一日生活中的各个环节。

★ 观察要点

❶ 观察幼儿对故事是否感兴趣，能否根据故事内容与他人进行交流。

❷ 关注班级内幼儿游戏时动作和表情的变化，及时发现情绪波动大的幼儿。

❸ 观察幼儿能否听从他人的劝解来控制情绪，以及这一过程所需的时间是否在逐渐减少。

★ 指导策略

❶ 利用日常过渡环节为幼儿播放或讲解情绪管理类绘本故事，如《做个不哭闹的好孩子》等，帮助幼儿认识到自己已经长大，要勇敢面对困难，学会通过求助和独立思考解决问题。

❷ 在日常生活中，密切关注幼儿的情绪变化，尽量在幼儿哭闹前进行安抚和疏导，提醒幼儿控制情绪。

❸ 在日常活动中，如果遇到情绪激动或哭闹的幼儿，要积极安抚和疏导，鼓励他们勇敢面对生活中遇到的困难。对于能够听从劝导并愿意控制情绪的幼儿，给予拥抱和表扬。

❹ 每日午睡前和离园环节时，对在半日活动中遇到问题但未哭闹的幼儿进行表扬和鼓励；对于能够主动求助或想办法解决问题的幼儿，给予小贴纸作为奖励。

❺ 每日离园前，请获得贴纸最多的幼儿展示自己的小贴纸，鼓励全体幼儿向他们学习，逐渐提高幼儿控制不良情绪的能力。

❻ 可以制作“快乐宝贝”展示栏，让幼儿将贴纸贴在自己照片后面，并由教师帮忙记录。

★ 家园共育

❶ 在日常生活中要多鼓励孩子，当孩子感到痛苦或遇到困难时及时引导他们说出自己的需求，而不是任由他们用哭闹来解决问题。

❷ 家长要有自己的原则，不能轻易因为孩子的哭闹而妥协，可以选择转移注意力、言语鼓励、游戏奖励等方法解决问题。

排排队

★ 养成目标

1. 理解在集体活动中遵守秩序的重要性，认识到排队的必要性。
2. 能够自觉排队，培养初步的规则意识。

★ 生活情景

一日生活中需要站排的环节。

★ 观察要点

1. 观察幼儿在排队时是否能按照要求站在队伍的末尾，不插队。
2. 在喝水、洗手、取放物品等活动中是否能主动排队。
3. 在排队行进过程中，是否能跟随前面的幼儿有序前进，不与他人打闹或推搡。

★ 指导策略

1. 在班级需要排队的地方，如洗手间、饮水机旁、班级门口等，贴上排队的图片。
2. 利用接水环节，引导幼儿认识到在集体活动中遵守秩序的重要性，如排队轮流接水，每个人都能顺利接到水且不会被撞洒。
3. 在需要排队的环节中给予幼儿指导，教育幼儿排队时应一个接一个地依序站好，不插队。排队时不与他人打闹或推搡前后的伙伴，避免发生危险。
4. 拍摄幼儿排队的视频或照片，在离园前的活动中向幼儿展示，帮助他们纠正不良行为，培养规则意识。

★ 家园共育

带孩子去超市或车站等公共场合时，家长应与孩子一起遵守公共秩序，主动排队，培养孩子良好的排队习惯。

有用的毛巾

★ 养成目标

❶ 了解毛巾的用途，并能正确使用毛巾。

❷ 能将毛巾摆放整齐，养成良好的生活习惯。

★ 生活情景

晨间活动和盥洗环节。

★ 观察要点

❶ 观察幼儿洗手后是否能主动使用毛巾将手擦干。

❷ 观察幼儿是否能正确使用毛巾擦手。

❸ 观察幼儿是否能将毛巾叠整齐后放回原处。

★ 指导策略

❶ 在晨间活动中交流毛巾的用途，让幼儿知道毛巾可以将手上的水擦干，避免水滴到地上导致人们滑倒，也可以防止手部干裂。指导幼儿用对边折叠的方法叠毛巾。

❷ 将叠毛巾的方法绘制成图片，贴在毛巾架旁，帮助幼儿记忆如何叠毛巾。

❸ 每次盥洗时提醒幼儿将毛巾展开擦干手，再折叠整齐放回原位，以此培养幼儿良好的生活习惯。

❹ 盥洗后，组织幼儿检查谁的毛巾摆放得最整齐，并对表现好的幼儿给予表扬。

❺ 在娃娃家区域投放娃娃和毛巾，让幼儿为娃娃洗澡、洗手，并练习叠、挂毛巾。

❻ 每周五开展叠毛巾比赛，为能把毛巾叠整齐的幼儿发放小贴纸作为奖励，并拍照发到班级群里。

★ 家园共育

❶ 鼓励孩子每次洗手后主动用毛巾擦手，并在擦手后将毛巾整齐地挂在毛

巾架上。

❷ 家长向孩子展示班级群里的照片，如果孩子得到了奖励，家长应积极表扬；如果没有得到奖励，应鼓励孩子多加练习，以养成良好的生活习惯。

整理衣物

★ 养成目标

❶ 培养幼儿独立叠衣物并能将衣物摆放整齐的能力。

❷ 激发幼儿自我服务的意愿，形成良好的自我服务意识。

★ 生活情景

晨间活动、午睡前以及离园环节。

★ 观察要点

❶ 观察幼儿上床前是否能主动叠好衣物。

❷ 观察幼儿是否掌握叠衣物的方法。

❸ 观察幼儿是否能将叠好的衣物摆放整齐并放在指定位置。

❹ 观察能力强的幼儿是否能主动帮助动手能力较弱的幼儿。

★ 指导策略

❶ 在晨间活动中讨论：家里的衣物是如何摆放的？谁负责做这些事情？激发幼儿自己叠衣物的意愿。利用儿歌帮助幼儿了解如何叠衣物，例如："左手抱一抱，右手抱一抱，先来点点头，再来弯弯腰。小裤子放平平，两扇门关起来，裤腰裤脚抱一抱。"

❷ 在娃娃家区域为娃娃提供衣物、小衣柜，让幼儿通过为娃娃整理衣柜来练习叠放衣物。

❸ 每天午睡前提醒忘记叠衣物的幼儿将衣物叠放整齐再上床睡觉。

❹ 睡前组织幼儿评比谁叠放得最整齐，并对叠放整齐的衣物进行拍照。

❺ 每日离园前，请幼儿观看照片，并为衣物叠放整齐的幼儿发放小贴纸等奖品，鼓励幼儿与家长分享自己是如何得到奖励的。

★ 家园共育

❶ 鼓励孩子独立叠放衣物，家长不包办代替。

❷ 家长可以将孩子每晚自己叠放好的衣物拍下来发给老师或发到班级群里，方便孩子们相互学习。

我会说

★ 养成目标

❶ 愿意表达自己的需求和想法。

❷ 能够在熟悉的人面前自信地说话，不怯懦。

★ 生活情景

一日生活中的各个环节。

★ 观察要点

❶ 观察班级内每个幼儿的性格、语言表达习惯和发音情况。

❷ 观察幼儿是否敢于主动提出自己的需求，以及是否对老师或同伴感到畏惧。

❸ 观察性格内向、胆小的幼儿的表情和动作，判断他们是否有需求但不敢表达。

❹ 观察幼儿在表达需求时的态度和语气，评估他们是否能够使用礼貌用语。

★ 指导策略

❶ 使用视频记录幼儿在一日活动中表达需求的瞬间。例如，幼儿对教师说“我想去小便”或对同伴说“我们去玩滑梯”。

❷ 在晨间活动中播放视频，引导幼儿观察并模仿视频中幼儿的行为，鼓励

他们大胆表达自己的想法和需求。

③ 在日常生活中，及时对主动表达需求的幼儿给予肯定和鼓励。对于经常提出相同需求的幼儿，教师应避免出现不耐烦的情绪。

④ 关注性格内向、胆小的幼儿，并经常与他们交流，鼓励他们勇敢地表达自己的想法和需求。

⑤ 对于经常愿意表达自己想法的幼儿，注意引导他们使用完整的语句表述，并纠正不准确的发音。

⑥ 每日离园前，组织幼儿交流他们今天都提出了哪些需求，以及得到了哪些人的帮助。

★ 家园共育

① 家长可以经常带孩子到社区与小伙伴一起游戏，鼓励孩子在与同伴交往时表达自己的想法和需求。

② 对于不愿说话的孩子，家长应耐心引导，鼓励他们自由地表达自己的想法，避免家长包办代替。

宝贝要睡觉

★ 养成目标

① 保持正确的睡姿，不要用被子蒙头睡。

② 按时就寝，养成良好的睡眠习惯。

★ 生活情景

晨间活动、午睡环节和离园环节。

★ 观察要点

① 观察幼儿是否有午睡习惯，是否能迅速入睡。

② 观察幼儿是否有俯卧睡、用被子蒙头睡或其他不良的睡眠习惯。

❸ 观察幼儿在睡眠过程中是否有捂住口鼻或其他异常情况，适时进行调整。

★ 指导策略

❶ 在晨间活动中，为幼儿讲述或播放关于睡眠的故事，例如《早睡早起身体好》《睡前好习惯》等，帮助幼儿理解按时就寝对健康的重要性，并激发他们按时睡觉的意愿。

❷ 午睡前与幼儿进行交流，讨论哪种睡姿最安全、最舒适。引导他们知道仰卧时双手应自然放置于身体两侧，避免压迫胸部；俯卧可能压迫口鼻导致呼吸不畅；蒙头睡则可能导致呼吸困难，是很危险的行为。

❸ 每天午睡前播放舒缓的音乐，营造轻松的氛围并提醒幼儿保持正确的睡姿入睡。拍摄幼儿的睡姿，将正确的睡姿照片分享至班级群，培养幼儿良好的睡眠习惯。

❹ 对于入睡困难的幼儿，可为其提供眼罩，并耐心地沟通或哄睡。

❺ 了解幼儿的每日睡眠和睡姿情况，并在晨间活动中对按时就寝、保持良好睡姿的幼儿给予表扬，培养幼儿良好的睡眠习惯。

★ 家园共育

❶ 每日与孩子分享其在园入睡情况，并对其良好的睡眠习惯给予表扬。

❷ 保持与教师沟通，以便教师了解孩子在家的睡眠情况，对睡眠习惯好的孩子，家长要给予肯定和表扬。

穿、脱袜子

★ 养成目标

❶ 掌握正确穿、脱和叠袜子的技巧。

❷ 培养自主完成个人事务的意识，提升自我服务能力。

★ 生活情景

午睡前、过渡环节和区域活动环节。

★ 观察要点

1. 观察幼儿是否能将自己的袜子配对并叠放在一起。
2. 观察幼儿是否愿意独立穿、脱袜子。
3. 观察幼儿在穿袜子时是否能够先找到袜跟并将袜跟放在下面。

★ 指导策略

1. 在过渡时间利用儿歌引导幼儿学习正确穿、脱和叠袜子的方法。例如："袜跟朝下张开口，小脚轻轻往里游，袜头套住脚指头，袜跟套住脚后跟，轻轻一拉穿好了。""圆圆头碰一碰，平平角碰一碰，圆圆鼻子亲一亲，然后请你卷一卷。"
2. 午睡前与幼儿交流，引导幼儿发现自己的两只袜子的颜色、大小、图案是相同的。指导幼儿独立脱袜子，并按照儿歌里穿袜子的方法将两只袜子对齐，从袜尖卷到袜腰，然后放入自己的鞋子中或叠好的衣服上。
3. 起床后引导幼儿观察自己的袜子，并尝试按照儿歌里的方法穿好袜子：袜跟朝下，双手抓住袜腰，将小脚放进袜子里，双手轻轻向上提，穿好袜子。
4. 及时表扬能够独立穿上袜子的幼儿，并对需要协助的幼儿提供个别指导和语言鼓励。
5. 在娃娃家或生活区准备仿真娃娃及小袜子，让幼儿在区域活动时继续游戏和练习。

★ 家园共育

为孩子提供独立穿、脱、叠袜子的机会，家长不要包办代替。

开心种植

★ 养成目标

1. 了解照顾植物的简单方法，愿意照顾植物。
2. 培养初步的责任感，能够坚持每日为植物浇水。

★ 生活情景

晨间活动和过渡环节。

★ 观察要点

1. 观察幼儿是否能够定期主动观察自己种植的植物。
2. 观察幼儿是否能够每天主动为植物浇水，是否需要教师提醒。
3. 观察幼儿是否爱护植物，不做挖根、折枝等可能损伤植物的行为。
4. 观察幼儿是否能够察觉植物的变化，发现这些变化后幼儿又做出了什么反应。

★ 指导策略

1. 为每名幼儿准备一个小花盆，种植他们喜欢的植物，例如多肉植物、大蒜、土豆等，并在花盆上贴上幼儿的照片，以便他们识别自己种植的植物。
2. 通过交流和讨论，引导幼儿探索如何促进植物生长，了解植物生长需要水和阳光，要根据植物的特性适量浇水，调整植物位置以接受适度的光照，触摸植物时动作要轻柔。
3. 在种植区提供水壶，方便幼儿为植物浇水。
4. 在日常生活中，鼓励幼儿坚持每天入园后照顾植物，以此培养他们初步的责任感。
5. 鼓励幼儿在过渡环节观察植物的变化，必要时可以用拍照的方式协助幼儿记录这些变化。
6. 在晨间活动中，鼓励幼儿分享自己种植的植物的生长变化情况。

★ 家园共育

1. 鼓励孩子照料家中植物，并为孩子讲解植物的生态习性，例如这种植物是喜阴还是喜阳、偏好潮湿还是干燥的环境。
2. 经常与孩子交流，了解他们园内种植的植物的生长变化，如是否发芽、长出新叶或长高等。

进餐我最棒

★ 养成目标

1. 掌握正确进餐的方法，能主动取餐并在餐后送回餐盘。
2. 养成良好的进餐习惯，如独立取送餐盘、餐后漱口、擦嘴等。

★ 生活情景

进餐、过渡和离园环节。

★ 观察要点

1. 幼儿是否能主动排队取餐，餐后能否主动送回餐盘。
2. 进餐过程中是否有东张西望、嬉戏玩闹等行为。
3. 是否能正确使用勺子，不用手抓饭。
4. 餐后是否能主动漱口和擦嘴。

★ 指导策略

1. 利用过渡环节为幼儿讲述良好进餐的故事，如《大公鸡和漏嘴巴》等，引导幼儿懂得进餐时不能东张西望、玩闹，应该安静、专心地吃饭。

2. 在进餐环节指导幼儿一手扶盘、一手拿勺，一口接一口地吃饭，鼓励幼儿吃饭时不掉饭粒、不挑食、不用手抓饭，掌握正确的进餐方法。

3. 在进餐环节鼓励幼儿主动取放餐盘，餐后漱口和擦嘴，并将用过的纸巾丢入垃圾桶，养成良好的进餐习惯。

4. 在班级内设置“进餐我最棒”栏目，将幼儿的一寸照片贴在该栏目中。在每日离园前进行总结时，当天能够独立进餐的幼儿可以在自己的照片下面盖上小印章。

★ 家园共育

日常生活中鼓励孩子独立进餐，并为其提供餐巾纸，引导孩子养成餐后漱口并擦嘴的好习惯。

关爱好朋友

★ 养成目标

❶ 在同伴生病或不快乐时，能够主动表示关心。

❷ 体验关心同伴和被同伴关心的快乐。

★ 生活情景

一日生活中的各环节。

★ 观察要点

❶ 观察幼儿是否能够关注同伴的情绪变化，并察觉到同伴的不快乐。

❷ 观察幼儿是否能在得知同伴生病后主动询问，并以语言或行动表达关心。

❸ 观察幼儿在面对哭泣的同伴时，是否能够主动提供安慰。

★ 指导策略

❶ 在日常活动中，组织幼儿交流自己有哪些好朋友，分享自己与好朋友共同玩耍的经历，体验同伴间交往和游戏的快乐。

❷ 晨间活动时，关注因生病未出勤的幼儿，并鼓励幼儿结合自己的经验，讨论生病同伴可能有的感受，引导他们关心自己的同伴。

❸ 教师记录下幼儿对生病同伴的关心与问候，分享至班级群，让生病的幼儿感受到朋友的关心，体验关心他人与被人关心的快乐。

❹ 在日常生活中，引导幼儿关注同伴的情绪，鼓励他们进行关切的询问，并在同伴哭泣时提供语言安慰或拥抱。

❺ 教师记录日常生活中幼儿关心同伴的行为，并在离园环节中进行总结、分享，鼓励幼儿向家长讲述自己或他人关心朋友的事迹。

★ 家园共育

❶ 及时关注班级群，对孩子关心他人的行为给予及时的肯定和鼓励。

❷ 在日常生活中，对孩子关心长辈的行为给予肯定和表扬，培养孩子关心

他人的情感。

爱护玩具

★ 养成目标

❶ 知道玩具坏了就不能玩了，愿意爱护玩具、图书等用品。

❷ 养成爱惜物品的良好习惯。

★ 生活情景

过渡环节和自主游戏环节。

★ 观察要点

❶ 观察幼儿在取放玩具、图书时是否能轻拿轻放。

❷ 观察是否经常出现幼儿与同伴争抢玩具、图书的情况。

❸ 观察幼儿的阅读习惯，是否有随意丢弃图书、撕扯图书的情况。

❹ 观察幼儿看到他人损坏玩具时是否能及时制止或寻求教师帮助解决。

★ 指导策略

❶ 在过渡环节播放歌曲《小图书》，引导幼儿讨论小图书为什么哭，通过分享自己身体受伤时的感受，让幼儿思考玩具损坏的后果，激发他们爱护玩具和爱惜图书的愿望。

❷ 收集活动区内损坏的玩具，向幼儿说明损坏的玩具是无法正常使用的。在过渡环节向幼儿讲解图书损坏后会破坏故事的完整性，影响正常阅读。

❸ 在日常生活中鼓励幼儿爱惜玩具和图书，引导他们轻拿轻放，避免争抢和撕扯，培养爱惜物品的良好习惯。

❹ 每次区域活动后，总结幼儿使用玩具和图书的情况，对有良好行为表现的幼儿给予肯定和表扬。

❺ 制作爱心挂牌，在区域活动结束时为爱护玩具和图书的幼儿挂上，以此

鼓励其他幼儿学习。

★ 家园共育

1. 引导孩子爱护家中的图书和玩具，对孩子的良好行为及时地给予表扬。
2. 为孩子提供关于爱惜物品的故事书，并与孩子一起进行亲子阅读。

游戏与运动

采棉花

★ 游戏目标

1. 遵守游戏规则，体验合作游戏的乐趣。
2. 能够灵活且迅速地正面穿过“山洞”。

★ 游戏准备

准备四五组圆形彩色胶贴，每组胶贴间隔约半米。

★ 游戏玩法与规则

1 玩法

幼儿分为两组。一组幼儿面对面站在彩色胶贴上，手拉手撑起形成“山洞”；另一组幼儿排队依次穿过“山洞”，边穿“山洞”边说儿歌：“小河流水哗啦啦，我和姐姐采棉花；姐姐采了三斤半，我只采了一朵花。”当儿歌念到最后一个“花”字时，搭建“山洞”的幼儿迅速下落手臂捕捉正在穿过的幼儿，并询问他们接下来要尝试穿哪个“山洞”。被捉到的幼儿选择另一个“山洞”，并在该“山洞”处排队等待下一次游戏。直至所有穿“山洞”的幼儿都捉到，游戏结束。

2 规则

（1）当念完儿歌最后一个“花”字时，才能去捕捉穿“山洞”的幼儿。

（2）被捉到的幼儿必须迅速选择另一个“山洞”，并排队等待继续游戏。

★ 游戏观察与指导

1. 观察幼儿是否能遵守游戏规则，提醒搭建“山洞”的幼儿在儿歌最后一个“花”字念完后迅速捕捉正在穿“山洞”的幼儿。
2. 提醒幼儿依次有序穿过“山洞”，避免拥挤和推搡。
3. 教师可以根据幼儿的意愿调整参与搭建“山洞”或穿过“山洞”的人数，以满足幼儿的游戏需求。

趣味捉老鼠

游戏目标

1. 愿意遵守游戏规则，体验抓捕游戏的乐趣。
2. 能够根据游戏指令快速做出相应动作，锻炼快速反应及躲闪能力。

游戏准备

小气锤一个。

游戏玩法与规则

游戏一

1 玩法

教师手持小气锤，与幼儿一边念儿歌“老鼠老鼠坏东西，偷吃粮食偷吃米。我们做个老鼠笼，咔嚓一下捉住你”，一边随机用小气锤轻轻敲打幼儿。未能及时蹲下的幼儿视为被“装进老鼠笼里”，须暂时退出游戏一次。

2 规则

在念儿歌的最后一句时，被小气锤敲到的幼儿应立即做出反应并迅速蹲下。

游戏二

1 玩法

幼儿分成两组，一组扮演老鼠笼，另一组扮演小老鼠。扮演老鼠笼的幼儿手拉手围成一个圆圈，扮演小老鼠的幼儿一边念儿歌“老鼠老鼠坏东西，偷吃粮食偷吃米。我们做个老鼠笼，咔嚓一下捉住你”，一边在圈内外自由穿梭。当儿歌念到“咔嚓一下捉住你”时，扮演老鼠笼的幼儿迅速蹲下，扮演小老鼠的幼儿则须立即逃到圈外。未能逃出的幼儿站到圈上变成“老鼠笼”，逃出圈外的幼儿继续游戏，直到所有“小老鼠”都变成“老鼠笼”，游戏结束。

2 规则

（1）扮演老鼠笼的幼儿须在儿歌的最后一句念完后才能蹲下。

（2）扮演小老鼠的幼儿须在听到“咔嚓一下捉住你”时迅速逃到圈外。

★ 游戏观察与指导

1. 教师应引导幼儿理解游戏规则，并提示他们在抓捕游戏中注意安全。
2. 教师须重点观察并提醒幼儿在听到游戏指令后迅速做出反应。
3. 教师应引导扮演老鼠笼的幼儿保持手拉手不松开，以防止“小老鼠”逃跑。

智斗狐狸

★ 游戏目标

1. 能控制身体，发展反应能力及身体控制能力。
2. 能快速点数 6 以内的数，并按照数字找到相应数量的同伴进行游戏。

★ 游戏准备

狐狸头饰一个，小鸡贴纸若干，3~6 的数字卡片各一张。

★ 游戏玩法与规则

游戏一

① 玩法

教师扮演狐狸，幼儿扮演小鸡，边走边说儿歌：“狐狸，狐狸，坏兮兮，跑来跑去捉小鸡；小鸡，小鸡，别害怕，变成石头骗过你。”当儿歌念到“变成石头骗过你”时，幼儿立即摆出各种姿势变成“石头”并保持静止状态。教师逐一检查幼儿，若幼儿保持不动，则游戏继续进行；若发现幼儿发生动作变化，则请其停止参与游戏一次。根据幼儿的兴趣，教师可以反复组织进行游戏。

② 规则

当儿歌念到“变成石头骗过你”时，幼儿才能变成“石头”保持不动。

游戏二

① 玩法

教师扮演狐狸，幼儿扮演小鸡，边走边说儿歌：“狐狸，狐狸，坏兮兮，跑来跑去捉小鸡；小鸡，小鸡，别害怕，齐心协力打败你。”儿歌结束后，教师随机举起一张卡片并大声说出上面的数字，幼儿根据听到的数字与其他同伴抱在一起，并齐声说：“× 只小鸡抱一起，齐心协力打败你。”没有抱在一起的“小鸡”就会被“狐狸”捉走，停止参与游戏一次。

② 规则

（1）儿歌结束后才能寻找同伴进行拥抱。

（2）抱在一起的幼儿人数要与教师说出的数字相同。

★ 游戏观察与指导

① 教师观察幼儿的身体控制能力，提醒幼儿遵守规则，不能乱动。

② 指导幼儿拥抱后点数人数，拥抱在一起的幼儿人数要和教师出示的数字一致。

③ 游戏初始阶段给幼儿多一些时间进行点数，随着游戏的推进，逐步提高速度；如果幼儿点数有困难，教师可以出示更小的数字。

超级压路机

★ 游戏目标

① 积极参与游戏，体验翻滚的乐趣。

② 能够动作协调地持物进行左右侧滚翻，提高肢体协调能力。

★ 游戏准备

软垫、口袋、呼啦圈若干。

★ 游戏玩法与规则

❶ 玩法

幼儿排成两列纵队站在软地垫的同一端，师幼一起拍手说儿歌：“压路机，压路机，压来压去真有趣。”儿歌说完后，每组第一名幼儿立刻从起点处的呼啦圈中拿起一个口袋并躺在地垫上快速翻滚到另一侧，然后将口袋放到终点处的呼啦圈中，并在终点处站好，表示完成任务。第二名幼儿继续游戏，直至全部幼儿都完成游戏。

❷ 规则

（1）拿到口袋后才能进行翻滚。

（2）口袋要放到指定的呼啦圈中。

（3）前面的同伴完成翻滚动作并在对面站好后，第二名幼儿才能出发。

★ 游戏观察与指导

❶ 观察幼儿是否能身体协调地进行侧滚翻，注意控制身体不要滚出垫子。

❷ 对翻滚有困难的幼儿，教师应及时指导和辅助，引导幼儿完成侧滚翻的动作。

❸ 可利用手肘辅助身体翻滚，身体不能离开地垫。

❹ 游戏初期，建议垫子长度以能够让幼儿翻滚4~5次为宜。待幼儿熟练后，可适当增加垫子的长度。

★ 游戏资源

场地图

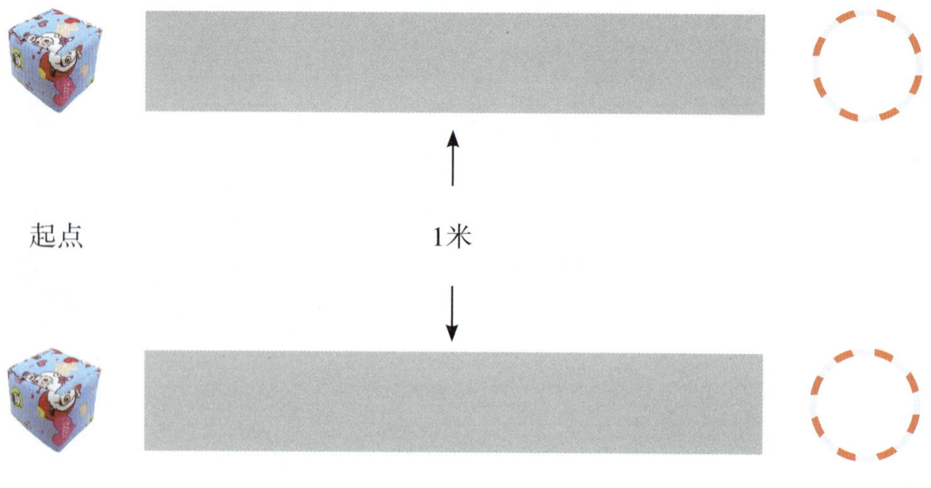

小白兔拔萝卜

★ 游戏目标

1. 建立规则意识，能够积极参与游戏。
2. 能够双脚连续向前行进跳，增强腿部力量。

★ 游戏准备

小白兔胸贴、兔妈妈胸贴各一个，塑料筐 4 个或 5 个，萝卜卡片若干，蓝色彩纸若干。

★ 游戏玩法与规则

1 玩法

全体幼儿扮成小白兔，分散站在起跑线一侧；教师扮成兔妈妈站在小白兔前面。教师和幼儿一起说儿歌并做模仿动作："小白兔白又白，两只耳朵竖起来，爱吃萝卜和青菜，蹦蹦跳跳真可爱。"儿歌说完后，幼儿从起跑线处模仿小白兔双脚连续向前跳的动作，跨过"小河"，再捡起一张萝卜卡片，然后再跨过"小河"，跳回来，把萝卜卡片放入塑料筐中。反复进行游戏，直至所有"萝卜"被拔完，游戏结束。

2 规则

每名幼儿每次只能捡拾一张萝卜卡片。

★ 游戏观察与指导

1. 重点观察幼儿是否能双脚连续向前行进跳，提示幼儿不要着急，保持双脚有节奏地慢跳；遇到"小河"时用力跨跳，发展腿部力量及动作的协调性。
2. 提醒幼儿注意安全，跳时与同伴保持适当距离，避免摔倒或冲撞他人。
3. 控制幼儿连续跳跃的距离，以 2 米左右为宜；允许幼儿适当停歇或走路，对能力较弱的幼儿给予辅助，帮助他们完成游戏。
4. 游戏时可播放欢快的音乐，以增加趣味性。

★ 游戏资源

场地图

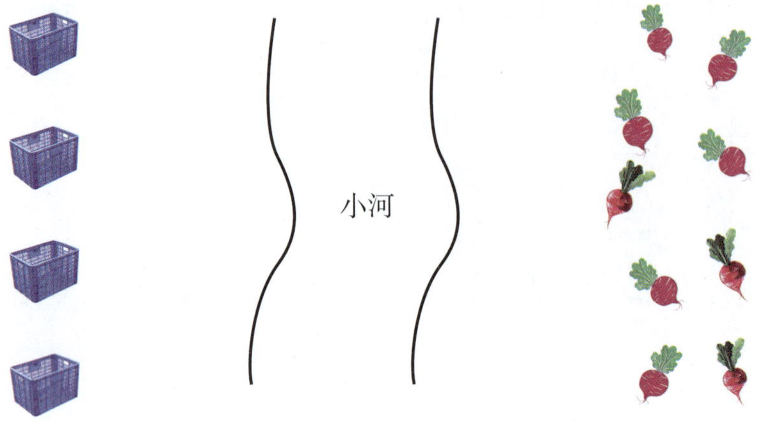

冻冰块

★ 游戏目标

1. 喜欢参与集体游戏，进一步提高肢体的控制能力。
2. 尝试根据游戏指令做出各种肢体动作。

★ 游戏准备

太阳头饰一个。

★ 游戏玩法与规则

1 玩法

全体幼儿围成一个圆圈，教师站在圆圈的中间。教师和幼儿一边拍手一边说儿歌：“冻，冻，冻冰块，冻成冰块不许动。”当念完“动”字后，幼儿立刻摆出各种不同的肢体动作并保持不动，像被“冻”住了一样。无法保持不动的幼儿，须暂停游戏一次。如果本轮游戏中幼儿均能保持不动，教师就戴上“太阳”头饰说：“太阳公公一出来，冰块马上化掉了。”幼儿随后自由活动身体。根据幼儿的兴趣反复进行游戏。

❷ 规则

（1）儿歌念完后，幼儿才能“冻住”，保持不动。

（2）“太阳”出来后，幼儿才能“解冻”。

★ 游戏观察与指导

❶ 观察幼儿是否能够发挥想象力和创造力，用肢体摆出各种有创意的造型。

❷ 引导幼儿听从指令，自如控制自己的肢体，不断强化游戏规则意识。

❸ 提醒幼儿尽量做出较为稳定、容易保持的造型，并在做动作时避免碰撞同伴。

小小飞行员

★ 游戏目标

❶ 能够听懂游戏口令，并做出相应的动作。

❷ 能够动作协调且平稳地从约 30 厘米的高处向下跳。

★ 游戏准备

开阔的场地，30 厘米高的平衡木若干。

★ 游戏玩法与规则

❶ 玩法

幼儿分成两队扮演飞行员，站在起跑线上。游戏开始时，教师发出口令：“飞机开始滑行！”“飞行员”们伸开双臂，一个接一个地在“跑道”上慢慢地走，模拟飞机滑行。教师发出口令：“飞机慢慢起飞！”“飞行员”们原地向上跳，模拟飞机起飞。教师发出口令：“飞机飞向高空！”“飞行员”们依次走上平衡木，模拟飞机飞向高空。教师发出口令：“飞机安全降落！”“飞行员”们从平衡木上跳下来，模拟飞机安全着陆。游戏可根据幼儿的兴趣反复进行。

❷ **规则**

根据口令变化动作；当听到“飞机安全降落”的口令时，才能从平衡木上跳下来。

★ 游戏观察与指导

❶ 在游戏中，观察幼儿是否能够根据指令做出相应的动作，例如慢走、向上跳、向下跳等。

❷ “飞行员”在平衡木上行走时，应提示幼儿眼睛向前看，两臂侧平举以保持身体平衡；当听到“飞机安全降落”的口令时，提示幼儿摆动两臂，平稳地从平衡木上跳下来。

❸ 教师应根据班级幼儿的人数准备足够的运动器械，以减少幼儿消极等待的时间。

❹ 重点观察游戏中动作反应缓慢或在跳跃时表现出胆怯的幼儿，并及时给予鼓励和指导，帮助他们完成相应的动作。

★ 游戏资源

场地图

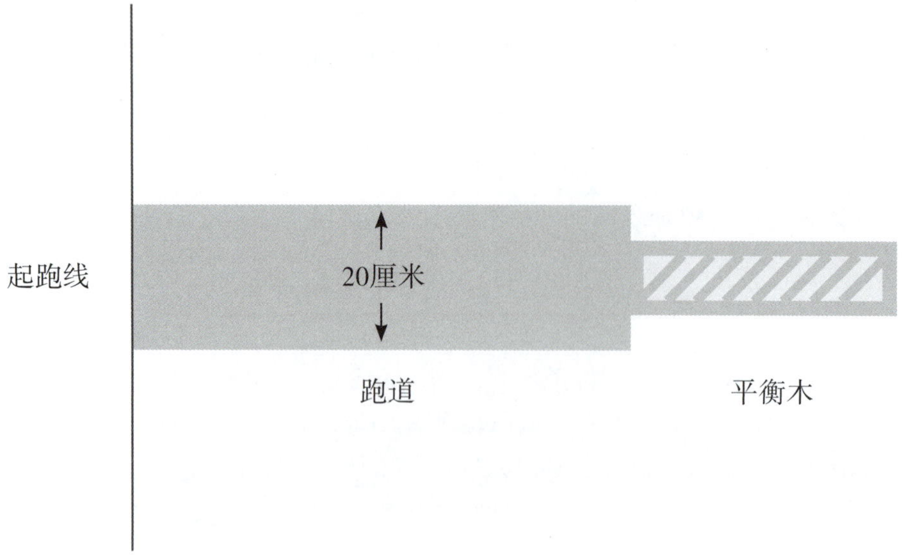

蚂蚁爬爬

游戏目标

1 能够根据信号指示快爬和慢爬，提高动作的灵活性。

2 巩固手膝着地协调向前爬行的动作。

游戏准备

铃鼓一个，大型软垫若干，与幼儿人数相等的小蚂蚁贴纸。

游戏玩法与规则

1 玩法

全体幼儿围成一个圆圈，教师站在圆圈中央。教师和幼儿一起念儿歌：“小蚂蚁真有趣，爬爬爬，一二一；找到食物大家抬，嘿呦嘿呦回家去。”幼儿边念儿歌边自由爬行，儿歌念完后，教师摇动铃鼓。当铃鼓快速摇动时，幼儿快速爬行；当铃鼓缓慢摇动时，幼儿慢慢爬行；当铃鼓声停止时，幼儿则保持静止。

2 规则

根据铃鼓声音的快慢调整爬行速度。

游戏观察与指导

1 观察幼儿是否能够熟练地手膝着地向前爬行，并根据规则做出相应的动作；提示幼儿在爬行时保持眼睛向前看，以避免不必要的碰撞。

2 在游戏中，提示幼儿认真聆听铃鼓声音的快慢，并据此做出正确的动作。

3 根据幼儿动作的熟练程度，适时调整游戏的速度或规则，以适应他们的能力。

打老鼠

游戏目标

❶ 有序地进行投掷游戏，并遵守游戏规则。

❷ 能够单手挥臂将沙包投掷到 1 米左右远的目标物中，增强上肢力量。

游戏准备

沙包若干，老鼠玩偶两个，小筐一个，猫妈妈贴纸一个，与幼儿人数相同的小花猫贴纸。

游戏玩法与规则

❶ 玩法

幼儿分成两队，站在起跑线后，教师站在两队中间。教师和幼儿一边念儿歌一边做模仿动作："小老鼠吱吱叫，偷吃粮食嘻嘻笑；大花猫喵喵叫，抓住老鼠开心跳。"儿歌念完后，每队第一名幼儿快速跑到装有沙包的小筐前，拿起一个沙包，站在起点线，单手挥臂，将沙包投向 1 米远的老鼠玩偶，看谁投得准。投完后，从两侧跑回并站在队尾，依次轮流投掷。一轮游戏结束后，将沙包收回筐里。

❷ 规则

站在起点线上投掷。

游戏观察与指导

❶ 在游戏前要让幼儿充分活动身体，并讲清游戏规则。

❷ 游戏中重点观察幼儿是否能够对准目标物后再用力投掷沙包，避免胡乱投掷；对能力较弱的幼儿进行个别指导，教他们如何进行单手投掷。

❸ 游戏后可与幼儿分析游戏中投不准的原因，帮助幼儿总结游戏的经验；同时可指导家长带领幼儿在家多玩一些投掷游戏，锻炼幼儿上肢力量和近距离准确投掷的能力。

小青蛙找家

★ 游戏目标

1. 遵守游戏规则，体验音乐游戏的乐趣。
2. 能够按照音乐节奏模仿青蛙蹦跳的动作。

★ 游戏准备

在场地中间画一个小圆圈，小青蛙胸贴每人一个，歌曲音频《小青蛙找家》。

★ 游戏玩法与规则

1 玩法

全体幼儿绕场地中央的小圆圈围成一个大圆圈。请 5~8 名幼儿贴上青蛙胸贴，扮成“小青蛙”，站在圈内。播放歌曲《小青蛙找家》，教师和幼儿随着音乐节奏边拍手边哼唱：当唱到“呱”时，“小青蛙”拍手；唱到“跳”时，“小青蛙”双脚向前跳；音乐结束，唱最后一个“呱”时，“小青蛙”要迅速跳到场地中央的小圆圈里，表示回到了自己的“家”。未跳到小圆圈里的幼儿与大圆圈上的同伴互换位置，游戏重新开始。

2 规则

只有在歌曲唱到最后一个“呱”时，“小青蛙”才能跳到中间的小圆圈里。

★ 游戏观察与指导

1. 游戏中，重点观察幼儿是否能够专注倾听歌曲，感受歌曲的节奏特点，并按照 2/4 拍的节奏做出相应的动作。
2. 面向全体幼儿，控制好游戏次数，满足幼儿的角色扮演欲望，确保每个幼儿都有机会扮演小青蛙。
3. 确保游戏场地足够宽阔，并及时提示幼儿在跳跃时注意安全。

★ 游戏资源

场地图

歌 曲

小青蛙找家

1=$^\flat$E $\frac{2}{4}$ 王全仁、李嘉评 词曲

天真地

猜猜我是谁

★ 游戏目标

1. 在倾听游戏中感受声音的差异，发展听觉能力。
2. 熟悉同伴的声音，尝试根据声音辨别同伴。

★ 游戏准备

眼罩 1 个或 2 个。

★ 游戏玩法与规则

1 玩法

幼儿和教师围坐成半圆。游戏开始时，请 1 名或 2 名幼儿站在前面并戴好眼罩，其他幼儿保持安静。教师随机让一名幼儿提问：“猜猜我是谁？”戴眼罩的幼儿认真倾听后，根据听到的声音说出该幼儿的名字。轮换角色，反复进行游戏。

2 规则

戴眼罩的幼儿不得偷看谁在提问，提问的幼儿不得说出自己的名字。

★ 游戏观察与指导

1. 引导未参与问答的幼儿保持安静，尽量不要说话，更不能告诉戴眼罩的幼儿是谁在说话。
2. 观察戴眼罩的幼儿是否在偷看，并提醒其遵守游戏规则。
3. 可以进行分组游戏，以减少幼儿的消极等待时间。
4. 可以让全班幼儿都戴上眼罩，任选一人提问，让其他幼儿猜测说话的人是谁。

击鼓传卡

★ 游戏目标

1. 愿意跟随鼓声传递物品，遵守游戏规则。
2. 能够较准确地运用拟声词或动词，根据小动物的特点清晰地说出短句。

★ 游戏准备

小鼓一个，布袋一个，常见动物的卡片若干。

★ 游戏玩法与规则

1 玩法

全体幼儿围成一个圆圈。游戏开始时，教师击鼓，幼儿顺时针传递布袋。当鼓声停止时，接到布袋的幼儿从袋子里摸出一张动物卡片，并尝试根据卡片内容说一句话，例如“我是小狗，汪汪汪”或“我是小兔，跳跳跳”，然后从下一名幼儿开始传递布袋，游戏继续进行。

2 规则

（1）听鼓声传递布袋，鼓声停止时不得继续传递布袋。

（2）根据卡片内容说出相应的短句。

★ 游戏观察与指导

1. 游戏前，教师应清晰讲解游戏规则，并示范游戏玩法。
2. 观察幼儿是否能够运用常见的拟声词或动词造句。
3. 教师可以灵活控制鼓声的长短，给予能力较弱的幼儿更多机会，鼓励他们大胆讲述，以发展其口语表达能力。
4. 根据幼儿对常见动物的已有经验，可以逐渐增加动物卡片的数量，以巩固幼儿对动物外在特征的认知。

五只鲨鱼找朋友

游戏目标

①跟随音乐节奏自由表现鲨鱼、章鱼、海龟在水中畅游的动作，体验音乐游戏的乐趣。

②能够根据游戏指令做出相应的动作。

游戏准备

鲨鱼头饰5个，章鱼、乌龟头饰若干，歌曲音频《五只鲨鱼找朋友》。

游戏玩法与规则

①玩法

幼儿自行选择扮演章鱼或乌龟，并围成一个大圆圈。请5名幼儿扮演鲨鱼，站在圆圈中央。音乐响起时，“鲨鱼”跟随音乐在圈内边唱边自由做模仿动作，圆圈上的幼儿拍手伴唱。当唱到“章鱼吓得跑走了”或“海龟吓得跑走了”时，圆圈上的幼儿迅速蹲下，“鲨鱼”任意选择圆圈上的一名幼儿，与其面对面蹲好，按照节奏一边唱数1到10，一边拍对方身体的任意部位（如拍10次肩膀）。之后，两人交换位置和角色，游戏继续进行。

②规则

（1）只有当唱到“章鱼吓得跑走了”或“海龟吓得跑走了”时，站在圆圈上的幼儿才能蹲下。

（2）只有被“鲨鱼”选中并拍到的幼儿才能和扮演鲨鱼的幼儿互换位置和角色。

游戏观察与指导

①观察幼儿是否能够认真倾听音乐，并跟随节奏大胆地创编鲨鱼、章鱼、海龟在水中畅游的各种动作，鼓励并指导幼儿做出与其他幼儿不同的动作。

②指导幼儿在唱数1到10时尽量保持节奏一致。

③ 可以增加“鲨鱼”的数量或分组进行游戏，确保每名幼儿都有机会扮演鲨鱼，减少不必要的等待。

★ 游戏资源

歌　曲

五只鲨鱼找朋友

动物找妈妈

★ 游戏目标

1. 愿意遵守游戏规则，体验与同伴游戏的乐趣。
2. 能够根据常见动物的名字和基本特征参与游戏。

★ 游戏准备

小狗、毛毛虫、小鸡、小蝌蚪、小天鹅、小豹子等小动物卡片若干；与每种动物对应的动物妈妈图片。

★ 游戏玩法与规则

1 玩法

将动物妈妈的图片张贴在活动室里，幼儿四散站好，每名幼儿任意抽取一张小动物卡片，一边走一边念儿歌：“动物宝宝别着急，你的妈妈在哪里？细细找来认真看，找到妈妈真欢喜。”儿歌念完后，幼儿将手中的动物宝宝卡片粘贴在对应的动物妈妈图片上，并说出该动物的名字及外形特征，然后与同伴交换动物卡片。游戏反复进行。

2 规则

（1）找到动物妈妈的幼儿需说出该动物的名称和外形特征。

（2）找错动物妈妈的幼儿本轮游戏中不能交换卡片，需等待下一轮游戏才能交换。

★ 游戏观察与指导

1. 引导幼儿抽到卡片后先观察卡片上的动物，然后对照图片找到对应的动物妈妈。
2. 观察幼儿是否熟悉常见动物的名称和外形特征，并能够用语言较为准确地进行讲述，重点指导能力较弱的幼儿，让他们敢于大胆讲述。
3. 幼儿对动物外形特征的描述不必过于详细，能说出1或2个典型特征即可。

什么东西不见了

★ 游戏目标

1. 喜欢参与观察游戏，发展注意力和记忆力。
2. 能够在观察和记忆的基础上发现并说出缺少的物品。

★ 游戏准备

玩具或小件物品若干，遮布一块。

★ 游戏玩法与规则

1 玩法

在桌子上放置 2~5 个幼儿熟悉的玩具或其他物品，并用遮布盖好。教师揭去遮布，让幼儿观察片刻后再重新盖好。全体幼儿闭上眼睛或转过身体，教师从遮布下悄悄拿走一件物品；再次揭开遮布时，请幼儿说出什么东西不见了。

2 规则

在取走物品时，幼儿要闭上眼睛或转过身体不能偷看，还要快速说出缺少的物品。

★ 游戏观察与指导

1. 幼儿观察桌子上物品的时间应根据物品数量的多少适当延长或缩短。
2. 可根据幼儿的记忆力水平适当增加遮布下的物品，或尝试每次拿走 2 件以上的物品，以提高游戏难度。
3. 幼儿应举手回答，不得随意喊出答案；教师也可以指定一名幼儿回答。

五指歌

★ 游戏目标

1 遵守游戏规则，喜欢与同伴一起进行集体游戏。

2 能够根据卡片上的圆点或物品数量快速说出对应的数字，巩固对 10 以内数字的认识。

★ 游戏准备

游戏卡片 10 张（一面为圆点，一面为对应数量的物品画面）。

★ 游戏玩法与规则

1 玩法

全体幼儿围坐成一个圆圈，教师手持游戏卡片站在圆圈中央，一边念儿歌“一二三四五，上山打老虎；老虎不在家，遇上小松鼠；松鼠有几只？让我数一数，数来又数去，一二三四五”，一边按节奏点数坐在圆圈上的幼儿。当念到儿歌最后一句中的“五”字时，被点到的幼儿站起来，从教师手中抽取一张游戏卡片，然后说出卡片上的圆点或物品的数量。游戏可以反复进行。

2 规则

儿歌念完后，只有被点到的幼儿才能抽取卡片。

★ 游戏观察与指导

1 游戏前，教师可以帮助幼儿快速点数 10 以内的物品，为游戏打好基础。

2 可以引导幼儿先学习儿歌，提高他们对游戏的兴趣。

3 重点观察幼儿是否能够认真观察卡片上的圆点或物品的数量，并快速、准确地说出总数。

4 可以分组游戏，每组选出一名幼儿，和教师一起根据儿歌进行点名，以减少幼儿消极等待的时间。

体验与探究

主题活动

阳光宝贝

主题价值

良好的情绪是心理健康的重要标志。积极、乐观的情绪可以帮助幼儿建立自信、发展自尊，并以积极的状态投入各种活动中，进而获得发展各种能力的机会。

设置“阳光宝贝”主题活动，旨在让幼儿感受亲情和关爱，形成积极稳定的情绪情感，建立和谐的伙伴关系，养成良好的生活习惯。以“幸福宝贝”“快乐宝贝”“暖心宝贝”三个子主题为课程载体，围绕家庭归属感、情绪管理的初步探索、人际交往等内容开展沉浸式体验活动，引导幼儿通过与家人、老师、同伴等不同群体的接触，体会家庭的温暖、成人的关爱及同伴的友好；初步萌发对家庭和班集体的归属感与安全感；并在与他人的互动中不断丰富交往经验、发展社会适应能力，为其快乐生活和健康成长打下坚实的基础。

主题讨论

在实施主题活动前，我们将围绕“阳光宝贝”的三个子主题，从幼儿的家庭、自我情绪体验、与他人的交往等方面进行讨论。通过有针对性的谈话和交流，一方面可以了解幼儿在这一主题下已有的经验，另一方面可以注意收集幼儿感兴趣的话题，将其作为主题活动的拓展资源。我们将灵活整合和调整主题活动内容，以满足幼儿学习和发展的需要，个性化地开展主题活动。主题讨论的内容可以参考以下问题：

1. 你喜欢自己的家人吗？为什么喜欢他们？
2. 在生活中，你遇到过哪些令人高兴、伤心或生气的事情？
3. 当你感到伤心或难过时，是什么感觉？你通常会怎么做？
4. 你的好朋友是谁？我们应该如何与他人友好相处？
5. 你能独立完成哪些事情？你能帮助家人、老师和小伙伴做哪些事情？

……

主题目标

❶ 能够保持稳定、愉快的情绪，不因小事哭闹；能在成人的安抚下平复负面情绪。

❷ 喜欢听故事、看图书、谈论感兴趣的话题，愿意表达自己的想法；能口齿清楚地讲述简短的故事。

❸ 认识家庭成员及关系，感受家庭生活的温暖；乐于与身边的人交往，亲近、信赖成人及同伴。

❹ 在日常生活中关注卫生间、户外水池中的水，能积极关注并表达动作所产生的结果。

❺ 学习演唱带附点音符的歌曲，能随音乐节拍一边歌唱一边表演。

❻ 尝试用绘画的形式表现不同的表情，能初步将表情、心情与日常生活事件建立起联系。

主题资源

“阳光宝贝”活动资源一览表

子主题	活动名称	涉及领域	幼儿游戏资源			教师教学资源		
			实物	探究游戏活动材料	图画书	图片	音频	视频
幸福宝贝	亲亲一家人	社会/语言		我的家人				
	我爱我家	艺术/社会		快乐一家人			歌曲：让爱住我家	
	我的好妈妈	艺术/社会	塑料镜片	妈妈的化妆镜			歌曲：我的好妈妈	
	爸爸本领大	社会/语言	两脚钉	爸爸本领大				
快乐宝贝	变脸娃娃	社会/健康		变脸娃娃		变脸娃娃		
	表情歌	艺术/健康					歌曲：表情歌	
	表情小书	艺术/健康		表情小书			歌曲：表情歌	
	收集快乐	健康/社会		快乐瓶				

续表

子主题	活动名称	涉及领域	幼儿游戏资源			教师教学资源		
			实物	探究游戏活动材料	图画书	图片	音频	视频
暖心宝贝	拔萝卜	语言/社会		拔萝卜	拔萝卜	拔萝卜	故事：拔萝卜 歌曲：拔萝卜	
	好朋友	艺术/社会					歌曲：好朋友	
	关心朋友	社会/艺术	吸管、点胶	爱的问候				
	我能行	语言/社会		我能行	我能行	我能行	故事：我能行	

主题环境

主题墙

❶ 围绕三个子主题，设置“幸福宝贝”“快乐宝贝”“暖心宝贝”等板块，收集幼儿在日常生活中发现的与主题相关或感兴趣的问题。引导幼儿通过讨论、询问家长、查阅图书等方式寻求答案，并将问题及答案以照片、绘图等形式展示在主题墙上。

❷ 在主题墙上展示幼儿在主题活动中创作的相关艺术作品，供幼儿随时欣赏和讨论。例如，幼儿的美术作品《快乐一家人》《妈妈的化妆镜》《变脸娃娃》《表情小书》《爱的问候》等。

❸ 根据主题活动进程，随时将幼儿在活动或家园共育中收集的有关活动照片，以及教师和幼儿共同完成的统计表和活动记录等体现探究、学习过程的资料布置在主题墙上。例如，完成后的幼儿探究游戏活动材料“我的家人”“爸爸本领大”“快乐瓶”等。

❹ 将幼儿在幼儿园和伙伴们一起活动的照片放在“暖心宝贝”的板块中，引导幼儿关注身边的同伴。例如，是否因为生病等原因没入园等。也可以将照片当作卡片供幼儿操作，增强主题墙的互动性和操作性。

活动区

❶ 建构区：提供积木、纸盒、奶粉桶、围栏、人或动物玩偶等多样搭建材料；观察并指导幼儿运用垒高、延长、围合等技能搭建“家”主题作品，发展幼儿建构技能的同时，让幼儿自由表达对家庭、集体的理解，获得初步的归属感。

❷ 益智区：自制并投放 4~6 张表情拼图，引导幼儿关注不同的表情特征，并尝试根据表情与情绪之间的联系完成拼图游戏。

❸ 科学区：投放水、瓶子、各种玩水材料等，支持幼儿的玩水游戏。

❹ 美工区：投放空白人脸图纸，鼓励幼儿绘制各种表情；收集家庭成员合影、相框以及彩色卡纸、小贝壳、纽扣、亮片等装饰材料，供幼儿装饰相框。

❺ 角色区：在娃娃家投放玩具电话、水杯、玩具医药箱，展示如何照顾病人的图片，引导幼儿表现家人生病了的场景，学会照顾、关心身边的人。

❻ 语言区：投放自制“幸福一家人”影集；投放《我爸爸》《我妈妈》《我家是动物园》等图画书，经常与幼儿共读，培养幼儿良好的阅读习惯。

家园共育

❶ 家长与孩子共同收集全家福照片，了解主要家庭成员及其职业等。

❷ 组织家庭聚会和出游活动，让孩子在活动中体验浓厚的亲情，同时培养与同班幼儿友好交往的情感。

❸ 营造和谐、温暖、宽松的家庭氛围，避免打骂和训斥，帮助孩子建立积极、稳定的情绪。

❹ 多给予孩子肯定和表扬，鼓励孩子以积极乐观的心态看待身边的事物。

❺ 为孩子提供做简单家务劳动的机会，让孩子感受到自己是家庭中的一员，并愿意为自己和他人服务。

❻ 每周定时为孩子提供徒步走的机会，让幼儿释放不良情绪，感受运动的快乐。

子主题 幸福宝贝

亲亲一家人

★ 活动目标

1. 愿意亲近和信赖长辈，体会家庭生活的温暖。
2. 能够清楚地讲述发生在家庭内的温暖事件。
3. 了解家庭的主要成员，并知道他们与自己的关系。

★ 活动准备

1. 经验准备

知道家庭成员的称谓及名字等。

2. 物质准备

配备材料：幼儿探究游戏活动材料“我的家人”。

自备材料：全家福照片每人一张，纸质相框每人一个，亚克力彩钻、贴纸、超轻黏土等。

★ 活动建议

一、亲子调查活动，收集家人的基本信息。

1. 家长和幼儿共同完成幼儿探究游戏活动材料“我的家人”，收集爸爸、妈妈等家庭成员的基本信息，如属相、喜好等。

2. 将完成的幼儿探究游戏活动材料“我的家人”带回幼儿园，向同伴讲述、交流。

观察指导要点

- 指导家长与孩子一起完成幼儿探究游戏活动材料“我的家人”，避免家长包办代替。

- 指导幼儿根据完成的幼儿探究游戏活动材料“我的家人”进行简单讲述，以便后期与同伴分享和交流。
- 了解幼儿的调查记录情况，指导幼儿与同伴或教师进行分享、交流。

二、认识家庭成员，知道家庭成员与自己的关系。

1 围绕幼儿探究游戏活动材料“我的家人”进行谈话，结合调查表的记录内容尝试向他人介绍自己的家庭成员。

2 适时提问，引导幼儿有序讲述，如：他们都是谁？你怎么称呼他们？今天是谁送你来幼儿园的？

观察指导要点

- 幼儿能否用简单的语言表述自己完成的调查内容。
- 引导幼儿认真倾听他人的讲述，并适时进行补充。
- 通过讨论和交流，了解幼儿的已有经验，有针对性地进行指导。

经验提升：家里有爸爸、妈妈（哥哥、姐姐、弟弟、妹妹、爷爷、奶奶、姥姥、姥爷）和宝宝，一家人相亲相爱，组成了一个幸福的家。家是我们每天生活、休息的地方，也是亲人们相互照顾、关爱的场所。

三、了解家人的辛苦，感受家的温暖。

1 将收集好的幼儿全家福照片全部放在桌面上，让幼儿寻找自己的全家福照片。

2 借助全家福照片向他人介绍家人，并说说家人每天都做什么。

3 鼓励幼儿讲述家人们相亲相爱的故事，教师可适时提问：“你的爸爸、妈妈是怎样爱你的？在你的家里发生了哪些有趣的事情？做哪些事情能让爸爸、妈妈高兴呢？”

观察指导要点

- 幼儿是否能根据家庭成员的不同身份准确说出家人每天的活动，例如：爸爸、妈妈去上班，哥哥、姐姐去上学，等等。

- 幼儿是否能够清楚地描述家里发生的趣事或感受到家庭成员给予自己的爱。
- 幼儿讲述时，教师应根据每名幼儿的讲述内容进行适当引导和提问。

经验提升： 家是温暖的避风港，家人是我们最亲切的、值得信赖的伙伴。他们不辞辛劳地工作，无微不至地照顾、呵护着我们。我们每个人都有一个充满幸福和温暖的家，我们也都深深地爱着我们的家。

四、动手操作，制作全家福相框。

❶ 使用亚克力彩钻、贴纸、超轻黏土等材料装饰相框。
❷ 将自己的全家福照片放到装饰好的相框中展示。

★ 家园共育

鼓励幼儿在日常生活中帮助爸爸、妈妈做一些力所能及的事情，让幼儿知道自己是家庭中的一员，并愿意为家庭贡献自己的力量。

我爱我家

★ 活动目标

❶ 萌发对父母和家庭的热爱，初步建立归属感。
❷ 能够说出自己家所在的街道、小区的名称。
❸ 感知“家”的由来，初步建立家的概念。

★ 活动准备

❶ 经验准备
知道家里的成员都有谁。

❷ 物质准备

配备材料：幼儿探究游戏活动材料“快乐一家人”，歌曲音频《让爱住我家》。

自备材料：每名幼儿家的照片和全家福照片各一张。

★ 活动建议

一、讨论家的话题，初步建立家的概念。

❶ 观察自己家的照片及同伴家的照片，相互交流自己家里都有哪些物品。

❷ 讨论：自己的家在哪里？家庭成员都有谁？

观察指导要点

- 指导幼儿通过观看照片讲述家中的物品，结合全家福照片讲述自己的家庭成员。
- 幼儿是否能说出自己家所在的街道（区域）及小区的名称。

经验提升：每个人都有自己的家。家不仅仅是一间房子，家里还有不同的家庭成员，以及生活所需的家具、家电等。

二、探讨家的由来，感知家的组建过程。

❶ 尝试说一说家是怎样组建的。

❷ 初步感知家的组建过程。

观察指导要点

- 幼儿是否能说出家的由来，并描述其组建过程。
- 引导幼儿一边观察自己家的照片和全家福照片，一边讲述、感知家的组建过程。

经验提升：家是由爸爸、妈妈共同组建的。爸爸和妈妈相遇、相爱、结婚，接着妈妈会怀孕生下宝宝，爸爸、妈妈会一起选购房子、置办家具和生活用品；一家人一起生活，共同成长。

三、音乐表现，感受家的温暖。

❶ 播放歌曲音频《让爱住我家》，说说歌曲中出现了哪些人物，唱了什么内容，

你有什么感受。

② 随歌曲哼唱或自由进行肢体表现，体会家的温馨和家庭成员之间的相亲相爱。

观察指导要点

- 幼儿是否能描述歌曲的大致内容并表达歌曲带给自己的感受。
- 引导幼儿一边哼唱，一边创编动作，自主表现对歌曲的理解。

经验提升：这首歌曲名为《让爱住我家》，由爸爸、妈妈和宝宝共同演唱，歌曲表达了对家和家人的深情厚爱；一家人相互陪伴，彼此珍惜，家里充满了爱和快乐。

活动拓展

将幼儿探究游戏活动材料“快乐一家人”投放到美工区，指导幼儿制作和讲述。

活动资源

歌 曲

让爱住我家

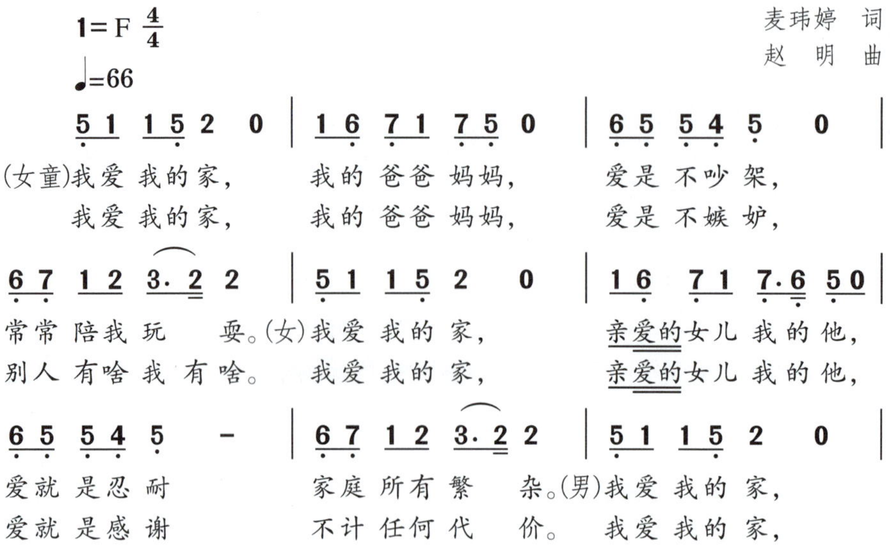

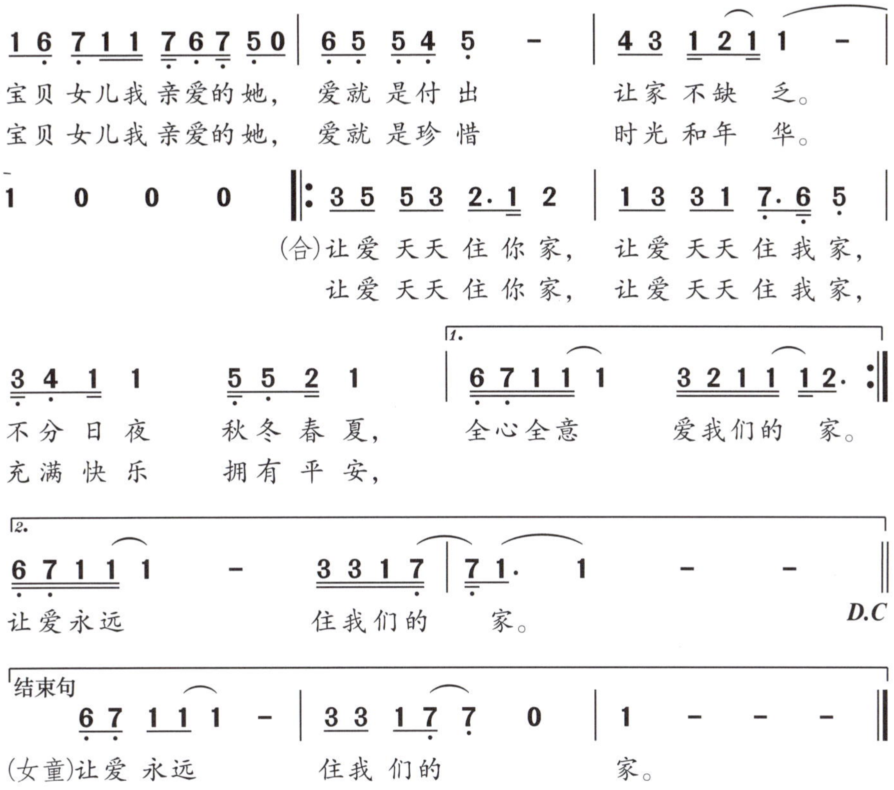

我的好妈妈

★ 活动目标

1. 愿意帮助家人做力所能及的事情，会关心、体贴妈妈。
2. 能够较准确地接唱前奏，并随着音乐的节奏演唱和表现歌曲。
3. 初步学习附点音符及休止符的演唱方法。

★ 活动准备

1. 经验准备

知道妈妈每天的工作内容。

2. 物质准备

配备材料：幼儿探究游戏活动材料“妈妈的化妆镜”，实物材料中的塑料镜片，歌曲音频《我的好妈妈》。

自备材料：水杯若干。

★ 活动建议

一、谈话交流，理解妈妈工作的辛苦。

❶ 围绕“妈妈的工作”进行谈话，认识到妈妈工作了一天很辛苦。

❷ 说说妈妈工作了一天，回到家后我们应该怎样关心和照顾妈妈。

❸ 情境表演：教师扮演妈妈，请一名幼儿照顾妈妈，如让妈妈坐下休息，帮妈妈捶背，给妈妈倒水，等等。

观察指导要点

- 幼儿是否能积极主动地与教师交谈，是否能用行动表现对妈妈的爱。
- 引导幼儿进行情境表演，关注性格内向的幼儿，适时给予鼓励。

经验提升：妈妈工作了一天，非常辛苦，我们要学会照顾和关心妈妈。

二、欣赏歌曲，理解歌曲的内容。

❶ 播放歌曲音频《我的好妈妈》，欣赏歌曲并初步理解歌曲的内容，感受歌曲欢快的节奏。

❷ 跟随歌曲拍手并有节奏地朗诵歌词，熟悉歌曲内容。

❸ 反复哼唱歌曲，重点学习前奏接唱、附点音符及休止符的唱法。

观察指导要点

- 观察幼儿在倾听歌曲时，是否能不由自主地用肢体表现歌曲的内容或节奏。
- 幼儿是否能体会并表达歌曲欢快的情绪。
- 幼儿是否能准确地跟随节奏拍手，是否愿意参与韵律游戏。
- 在哼唱歌曲时，重点指导幼儿倾听前奏，准确接唱；鼓励幼儿大胆创编并自由表现动作。

经验提升：这首歌曲名为《我的好妈妈》。歌曲中描述了妈妈下班后宝宝让妈妈坐下，并给妈妈倒了一杯茶，还亲了亲妈妈。歌曲前奏响起时，先不要着急唱，可以随节奏做动作；附点音符（妈妈）前面的“妈”字唱得长一点儿、慢一点儿，后面的“妈”字唱得要短而快；休止符处要停顿，不要发出声音。

三、合拍齐唱，自由表现动作。

1. 跟随音乐，采取集体、小组、个人演唱的形式巩固熟悉歌曲。
2. 准确演唱前奏、附点音符及休止符。
3. 鼓励幼儿边唱边根据歌词自由创编动作。

观察指导要点

- 幼儿是否能准确演唱附点音符，出现问题时教师可采用清唱的方式进行示范。
- 不必强调动作的规范性或统一性，允许个性表现，只要幼儿能跟随节拍做出动作即可。

经验提升：演唱歌曲时，我们可以一边唱歌，一边用自己喜欢的动作表现歌曲内容。

★ 活动拓展

1. 在美工区投放幼儿探究游戏活动材料“妈妈的化妆镜”，引导幼儿为妈妈制作一个精美的化妆镜。
2. 在一日生活中的过渡环节随时播放歌曲音频，以巩固幼儿对音乐的理解和表现力。

★ 活动资源

歌　曲

我的好妈妈

1=F $\frac{2}{4}$　　　　潘振声　词曲

3 5 2 2 | 1 – | 3 5 6 6 | 5 – |

1.　我的 好妈 妈，　下班 回到 家，
2.(独白)我的 好妈 妈，　下班 回到 家，
3.　我的 好妈 妈，　下班 回到 家，

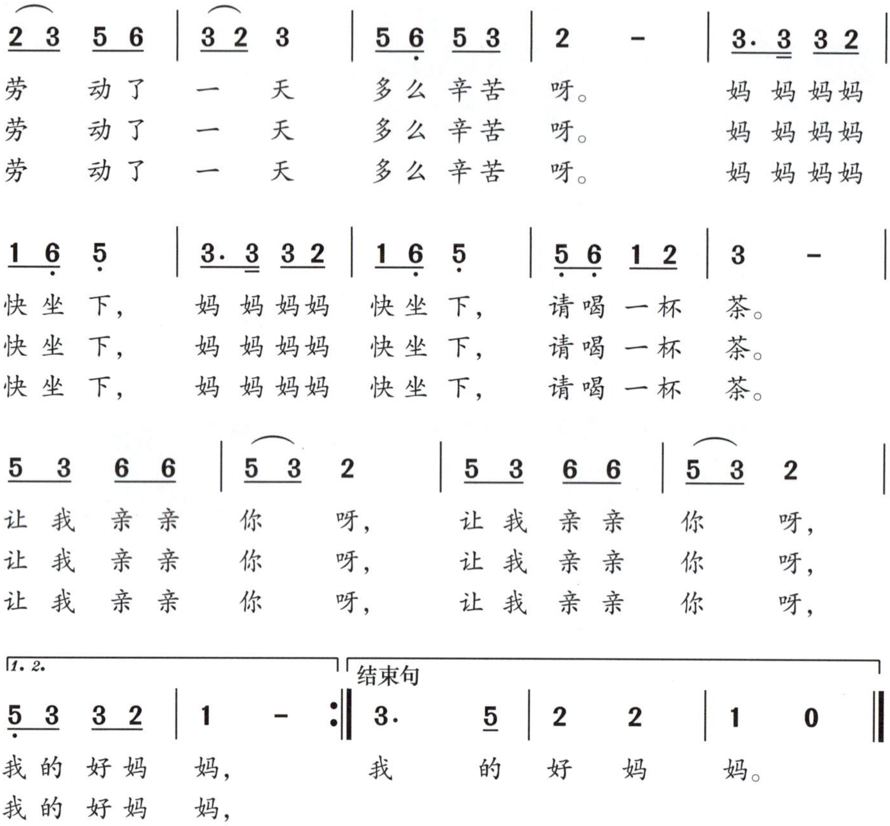

爸爸本领大

活动目标

1. 愿意亲近爸爸，培养对爸爸的喜爱、依恋和崇拜之情。
2. 能够简单描述爸爸的本领，并尝试向爸爸表达喜爱和感谢之情。
3. 感知爸爸在家庭中的重要性，体会父爱的伟大。

活动准备

1. 经验准备

知道爸爸是重要的家庭成员。

② 物质准备

配备材料：幼儿探究游戏活动材料“爸爸本领大”，实物材料中的两脚钉。

自备材料：每人一张自己爸爸的照片，提前录制一段爸爸生活、劳动的视频。

★ 活动建议

一、交流讨论，感知爸爸在家庭中的重要性。

① 每人一张自己爸爸的照片，与同伴交流自己的爸爸叫什么名字，平时在家喜欢做什么等。

② 将爸爸们的照片贴在黑板上，讨论他们的共同点有哪些。

③ 请男孩子说说自己长大了想成为什么样的爸爸。

观察指导要点

- 幼儿是否能准确说出爸爸的名字，可以引导幼儿知道自己的姓氏和爸爸的姓氏是一样的。
- 在观察的基础上，幼儿是否能说出爸爸们的共同点，比如爸爸都是男性，大多数爸爸的力气比妈妈大等。

经验提升：爸爸是重要的家庭成员，宝宝一般都会跟随爸爸的姓氏。爸爸是男子汉，个子高、力气大，他们在外面辛勤工作，教会我们坚强、勇敢，不怕困难。

二、欣赏讲述，了解爸爸的特长和本领。

① 观看录制好的爸爸生活、劳动的视频。

② 讨论视频中的爸爸都在做什么，以及他们各自都拥有哪些本领。

观察指导要点

- 幼儿是否能通过视频画面识别出爸爸们的不同本领，并能基于此拓展经验，说出爸爸更多的本领。
- 观察幼儿在描述爸爸本领时的情绪，引导幼儿感受父爱的伟大。

经验提升：爸爸非常厉害，拥有很多本领。他是家庭中的大力士，承担家里的部分脏活和重活；他是修理师，能换灯泡、钉钉子、修理电器等。

三、动手制作，萌发崇拜爸爸的情感。

❶ 使用幼儿探究游戏活动材料“爸爸本领大”，观察图片并讲述图中爸爸在做什么，有什么本领；引导幼儿萌发对爸爸的爱与崇拜之情。

❷ 思考你的爸爸还有哪些独特的本领，并在卡片的空格处画下来。

❸ 按照步骤图尝试制作一个小转盘；转动转盘，观察指针的指向，并说说你的爸爸是否也有这个本领。

观察指导要点

- 幼儿是否能在观察的基础上理解画面内容并进行简单讲述。
- 引导幼儿在空白格子里画出爸爸的一个本领，并提醒他们尽量不要重复。
- 用两脚钉固定转盘时有一定难度，教师可以给予适当的指导和帮助。

经验提升：爸爸的本领很大也很多，他总是默默地为家庭付出，我们要尊重爸爸。

★ 活动拓展

❶ 可以设立一个“爸爸接送日”，比如选择某一天，早上和晚上由爸爸接送孩子，以此增进亲子关系。

❷ 根据实际需要，邀请爸爸们来幼儿园参与活动，让幼儿体会爸爸在家庭生活中的重要性。

子主题 快乐宝贝

变脸娃娃

★ 活动目标

❶ 愿意保持愉快的情绪，并获得积极的情感体验。

❷ 能借助“心情卡”讲述自己的心情。

3 认识高兴、生气、害怕等表情，并初步感知表情与情绪的关系。

★ 活动准备

1 经验准备

能感知他人的情绪变化。

2 物质准备

配备材料：幼儿探究游戏活动材料“变脸娃娃”，图片“变脸娃娃”。

自备材料：水彩笔。

★ 活动建议

一、情境创设，理解并表现不同的情绪。

1 创设情境：小宝宝长大了，要离开妈妈去幼儿园。

（1）小宝宝第一天去幼儿园，请做出此时小宝宝的表情，并猜猜他的心情。

（2）到了幼儿园，小宝宝认识了很多朋友，大家都跑来和小宝宝玩。请做出此时小宝宝的表情，并猜猜他的心情。

（3）小宝宝的玩具被小朋友弄坏了，请做出此时小宝宝的表情，并猜猜他的心情。

（4）小宝宝看见了一只可怕的大蜘蛛，请做出此时小宝宝的表情，并猜猜他的心情。

2 开展表情游戏“变脸娃娃”，引导幼儿表现各种表情，如生气、害怕、开心等。

观察指导要点

- 幼儿是否能根据不同情境猜测并做出相应的表情。
- 允许幼儿对同一事件有不同的感受，例如，第一天入园时的表情可以是高兴的、伤心的、害怕的、生气的等。
- 在模仿与表达中帮助幼儿体会表情与情绪的关系。

经验提升：每个人面对不同事情时会有不同的感受和情绪，这会反映在他们的面部表情上。例如，当心情愉悦时，脸上会露出微笑；伤心时，会流下眼泪；等等。

二、实践操作，将表情与事件建立联系。

1 展示图片“变脸娃娃”，猜测图片中不同表情的人可能遇到了什么事情。

② 使用幼儿探究游戏活动材料“变脸娃娃”，在长条卡片上依次贴出不同的娃娃表情。

③ 将条形卡片从切口处插入，左右拉动；描述娃娃的表情，并猜测可能发生了什么事情。

观察指导要点

- 幼儿是否能够根据表情进行合理的猜测。
- 鼓励幼儿贴出不同的表情，完成手工制作。
- 指导幼儿讲述各种表情背后的情绪；关注幼儿是否能将情绪与事件建立合理的联系，并清晰地表达。

经验提升：高兴的娃娃嘴角上翘；难过的娃娃嘴角向下，流出眼泪；生气的娃娃眉毛皱起来。

三、经验拓展，初步了解调节情绪的方法。

① 讨论：你喜欢哪个表情的娃娃？如何让伤心、生气的娃娃变得开心？

② 结合生活经验，分享让人变得开心的办法，初步了解调节不良情绪的方法。

观察指导要点

- 观察幼儿是否普遍喜欢表情愉快的娃娃，特别关注平时负面情绪较多的幼儿。
- 关注幼儿提出的让人开心的办法，评估这些方法的有效性，并及时进行引导和总结。

经验提升：经常伤心、生气或恐惧会影响我们的身体健康，甚至导致疾病。不开心时，可以尝试让自己静下来或者睡觉，也可以做自己喜欢的事，如阅读、听音乐、吃东西、玩玩具等。这些活动有助于缓解不良情绪，让自己感到更快乐。

★ 活动拓展

在日常生活中，我们要密切关注幼儿的情绪变化，并引导他们保持良好的情绪状态。

表情歌

★ 活动目标

1. 乐意做动作和表情模仿，体会韵律活动的乐趣。
2. 能跟随音乐节拍做身体动作、模拟各种表情。
3. 学习演唱切分音歌曲，感知表情与动作的关系。

★ 活动准备

1. 经验准备

对各种表情有一定的认知经验。

2. 物质准备

配备材料：歌曲音频《表情歌》。

★ 活动建议

一、发声练习，感知表情与动作的关系。

跟随音乐做出不同表情及发出相应的声音，进行发声练习。例如，在开心大笑时发出“哈哈哈”，在伤心难过时发出“呜呜呜”等。

观察指导要点

- 观察幼儿是否愿意并能够形象地进行发声练习。
- 引导幼儿大胆做出相应的表情，并注意节奏的快慢。

二、欣赏音乐，理解歌曲，表现节奏。

1. 播放音频《表情歌》，欣赏歌曲并感受音乐的情绪与节奏。
2. 讨论歌曲中唱了什么、提到了哪些表情，以及不同的表情可以用什么动作来表现。
3. 尝试用各种动作表现节奏型 | × × | × × × |，例如拍手、跺脚、拍肩等。

观察指导要点

- 幼儿是否能说出歌曲的情绪和歌曲的内容。
- 鼓励幼儿用自己喜欢的动作表现节奏型，并适时引导幼儿使用歌词中提到的动作。

经验提升：这首歌曲名为《表情歌》，歌曲中提到了“高兴”的情绪，高兴时可以用拍手的动作来表现；做动作时不需要唱歌，只需根据节奏做出动作即可。

三、表现音乐，适当拓展歌词及动作。

❶ 跟随音乐《表情歌》的节奏进行韵律活动，表现歌曲内容。

❷ 重点指导歌曲第一小节切分音的唱法：前后两个音唱得较短，中间的音唱得较长。

❸ 讨论：当我们感到高兴时，我们可以用哪些动作来表达这种情绪？例如，我们可以点点头、扭扭腰或者哈哈大笑等。同样地，对于其他表情，我们可以用哪些动作来表达？例如，生气时我们可以噘嘴、着急时我们可以跺脚等。

❹ 鼓励幼儿拓展歌词，创编并表现更多的表情。

观察指导要点

- 幼儿是否能一边演唱歌曲，一边手脚协调地合拍做动作；重点指导幼儿按照节奏拍手、跺脚等。
- 幼儿是否能在教师的引导下仿编歌曲，表现更多的表情。
- 可指导幼儿围成圆圈做律动，以减少冲撞的可能性。

经验提升：仿编歌曲时，要根据新的表情编创相应的新动作。

★ 活动拓展

在一日生活中的过渡环节播放歌曲音频《表情歌》，或者将其作为活动开始前的律动热身音乐。

★ 活动资源

歌　曲

表情歌

1=C $\frac{2}{4}$

张友珊　词
汪　玲　曲

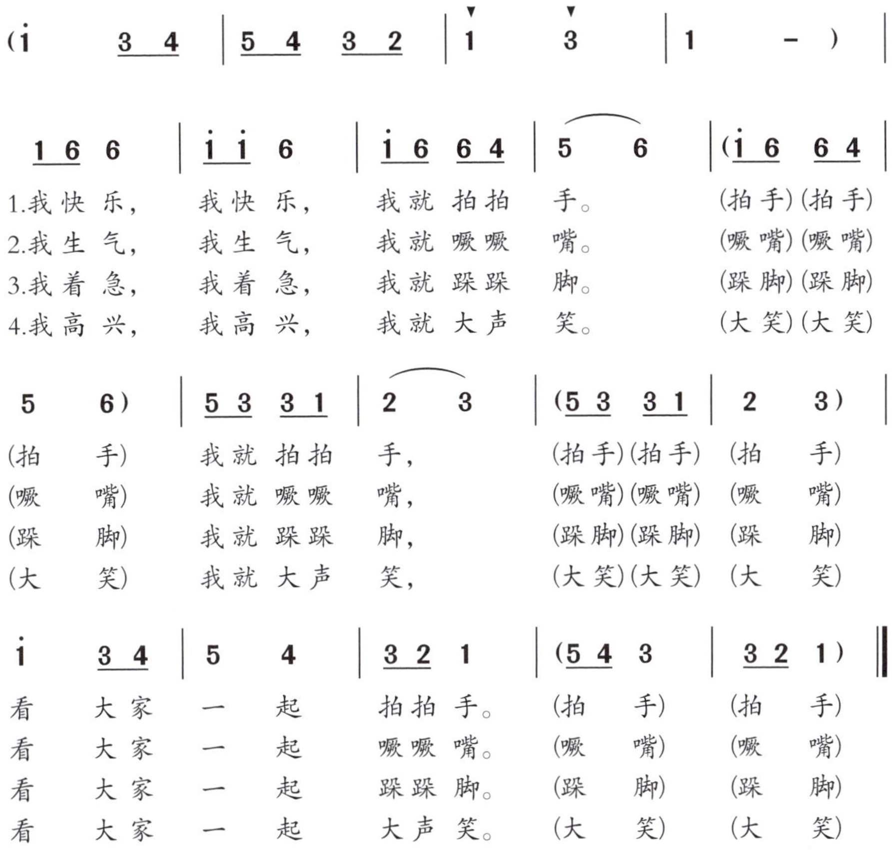

表情小书

★ 活动目标

1. 喜欢涂涂画画，愿意参与手工制作活动。

❷ 能够用简单的线条表现不同的表情。

❸ 进一步理解和表现人的面部表情。

★ 活动准备

❶ 经验准备

对表情有一定的认知经验。

❷ 物质准备

配备材料：幼儿探究游戏活动材料“表情小书”，歌曲音频《表情歌》。

自备材料：水彩笔。

★ 活动建议

一、即兴律动，体会表情与身体动作的关系。

❶ 播放音频《表情歌》，跟随音乐节奏进行韵律活动，用肢体动作表现歌曲内容。

❷ 替换歌词边唱边做动作。例如，我生气时，就跺跺脚；我伤心时，就呜呜哭；我害怕时，就缩成一团；等等。

观察指导要点

- 幼儿是否能够一边跟随节奏演唱，一边做出相应的动作。
- 适时提醒幼儿歌词内容，帮助他们及时调整动作。
- 观察幼儿的动作是否与表情一致。

经验提升：我们可以从一个人脸上的表情或身体的动作了解他的情绪。如当我们高兴时，常常会蹦跳和拍手；生气时，会噘起嘴巴，忍不住跺脚。

二、制作表情小书，发展绘画表征及动手能力。

❶ 展示一本已完成的表情小书，引导幼儿感知书的基本结构：书有封面、内文页、封底，内文页上有数字标注的页码等。

❷ 使用幼儿探究游戏活动材料“表情小书”，引导幼儿观察步骤图，通过绘画、折叠的方式制作一本自己的表情小书。

观察指导要点

- 可以借助图书区的图书，帮助幼儿更好地感知书的基本结构。
- 引导幼儿在空白处重点绘制人的面部表情；可以为幼儿提供一些小镜子，让幼儿照一照、比一比，再进行不同表情的绘画，避免表情单一。
- 折叠小书是该活动的难点，教师可以向幼儿示范正反折的方法。

经验提升：沿线剪下彩色纸条，在画框内的白色区域里涂画各种表情；用正反折的方法将纸条折叠成小书。

三、讲述与模仿，进一步巩固对表情与心情关系的认知。

1. 猜想并讲述小书中的娃娃为什么有这样的表情，可能发生了什么事情。
2. 鼓励幼儿模仿小书中娃娃的表情，然后说说自己此时的心情。

观察指导要点

- 观察幼儿绘画的表情是否准确、形象，是否容易辨识。
- 适时引导幼儿，确保他们讲述和模仿的表情与描述的事件是有关联的。

经验提升：当妈妈陪伴我们做游戏、享受美味的食物、玩喜欢的玩具或穿喜欢的衣服时，我们会感到开心；当身体受伤、玩具损坏或妈妈离开时，我们会感到伤心和难过；如果身处黑暗的地方或看到可怕的东西，我们会感到恐惧。这些都是我们经常会产生的情绪，不同的情绪会带来不同的面部表情。表情能告诉别人你的心情是怎样的。

★ 活动拓展

在日常生活中，我们应密切关注幼儿的表情变化，及时发现那些情绪低落的幼儿，并给予适当的引导。通过这样的关注和帮助，我们可以协助幼儿及时摆脱不良情绪，使他们保持愉悦的心情。

收集快乐

★ 活动目标

1. 愿意倾听他人的分享，并乐于与大家分享自己的快乐。
2. 能够借助生活经验或想象，表达自己对“快乐”的理解。
3. 体验积极情绪的重要性。

★ 活动准备

1. 经验准备

生活中有很多快乐的体验。

2. 物质准备

配备材料：幼儿探究游戏活动材料“快乐瓶”。

自备材料：自己在快乐时刻的照片、水彩笔。

★ 活动建议

一、分享快乐时刻，感受积极情绪的力量。

1. 谈话：在生活中，有哪些让你高兴、快乐的事情？
2. 描述自己在高兴、快乐时的心理和身体表现。

观察指导要点

- 幼儿是否愿意主动分享让自己高兴的事情，是否能够较清楚地进行表述。
- 引导幼儿认真倾听他人的讲述，并按顺序发言。
- 关注幼儿使用了哪些词汇来描述自己快乐时的心情，并评估这些词汇是否恰当。

经验提升：生活中有许多快乐的时刻。当我们感到高兴时，心情就会变得格外美好，也更容易保持身体健康。因此，我们应该经常让自己感到快乐，并保持这种积极的情绪状态。

二、探索快乐的方法，勇敢表达对快乐的渴望。

❶ 与同伴互相交换“快乐时刻”的照片，猜测并讲述照片中的同伴为何如此高兴。

❷ 两人自由结对，尝试做一些让对方感到快乐的事情。例如，夸赞对方、拥抱对方、一起玩游戏等。

❸ 鼓励幼儿画出让自己感到快乐的事情。

观察指导要点

- 幼儿的猜想是否合理。
- 幼儿之间是如何让对方感到快乐的。
- 指导幼儿通过绘画的方式表达自己对快乐的渴望并尽量给予满足。

经验提升：我们可以给他人带来快乐，也可以想办法让自己变得快乐；我们每天都要“收集”快乐，让自己保持愉悦的心情。

三、制作快乐瓶，学会“收集”快乐。

❶ 使用幼儿探究游戏活动材料“快乐瓶”，沿线剪下纸张，在瓶盖处粘贴自己的照片或画上自己的头像，然后固定在主题墙上。

❷ 尝试说出今天让自己感到快乐的事，然后在“快乐瓶”里贴一个笑脸贴纸。

观察指导要点

- 幼儿是否能较客观地说出让自己感到快乐的事情。
- 指导幼儿说出2~3件让自己感到快乐的事情。

经验提升：快乐无处不在，我们有能力为他人带来快乐，也能找到方法让自己的心情变得愉悦。每天，我们都应该积极寻找和收集那些让我们感到快乐的事，这不仅能让我们的心情更加愉悦，也能让我们的生活更加充实和美好。

★ 活动拓展

❶ 持续将快乐的记忆粘贴在“快乐瓶”里，收集生活中的快乐瞬间。

❷ 当“快乐瓶”装满后，可以用另一个瓶子替代“快乐瓶”，并在瓶中投放绒球，

以继续进行该活动。

子主题 暖心宝贝

拔萝卜

★ 活动目标

❶ 体会“团结就是力量”的道理，愿意互相帮助。

❷ 能够根据故事情节模仿各种角色，进行简单的故事表演。

❸ 理解故事内容，并能复述故事中的对话，如“快来帮我拔萝卜”“哎！来了，来了”等。

★ 活动准备

❶ 经验准备

知道萝卜长在土里，可以拔出来。

❷ 物质准备

配备材料：幼儿探究游戏活动材料“拔萝卜”，图画书、图片、故事音频、歌曲音频《拔萝卜》。

自备材料：故事中相关人物的头饰。

★ 活动建议

一、自主阅读，尝试根据画面感知故事内容。

❶ 使用图画书《拔萝卜》进行自主阅读，尝试通过观察画面初步理解故事的基本内容。

❷ 鼓励幼儿自由讲述故事，以了解他们的自主阅读能力和水平。

观察指导要点

- 当幼儿在阅读中遇到问题并向教师求助时，教师应及时给予适当的支持，例如引导幼儿对画面进行自由猜想。
- 随机向幼儿提问，了解他们是否理解画面内容，是否能够清晰地讲述故事内容。
- 引导幼儿逐页阅读，确保看懂当前页的内容后再翻看下一页。

经验提升：我们可以根据画面进行猜想，锻炼我们的想象力和解决问题的能力。阅读时我们要逐页阅读，确保完全理解当前页面的内容后，再继续翻页，培养我们的耐心和细致观察力。

二、分析故事，理解故事内容和蕴含的道理。

❶ 逐页观察图片“拔萝卜”，引导幼儿分析画面，进一步理解故事内容。

提问：

（1）第一页有谁？他在做什么？

（2）第二页又多了谁？他们两个是怎么做的？

（3）第三页又多了谁？他们是怎么招呼别人来帮忙拔萝卜的？对方又是怎么回答的？

（4）第四页、第五页……又多了谁？

❷ 引导幼儿学说故事中的对话，如“××，××，快来帮忙拔萝卜”“哎！来了，来了”。

❸ 再次梳理故事的情节，根据画面理清人物的出场顺序，并使用幼儿探究游戏活动材料“拔萝卜”，完成粘贴游戏。

提问：

（1）这个故事叫什么名字？里面有哪些角色？他们在一起做什么？

（2）谁首先尝试拔萝卜？随后谁来帮忙了？

（3）为什么随着越来越多的人加入，萝卜最终被拔出来了呢？这个故事表达了什么道理？

观察指导要点

- 幼儿是否能够通过观察画面描述故事内容和发生的事件。

- 引导幼儿注意到出场人物的特点：一个比一个体重轻、力气小。
- 引导幼儿观察并理解：随着拔萝卜的人数增加，集体的力量也越来越大。

经验提升：《拔萝卜》这个故事描绘了一位老公公在田地里种下了一个萝卜，这个萝卜长得异常大且结实。老公公叫来老婆婆帮忙一起拔萝卜，但两人合力仍未能成功。随后，他们陆续请来了小姑娘、小黄狗、小花猫和小老鼠加入拔萝卜的行列。最终，在大家的共同努力下，大萝卜被拔了出来。这个故事表达了一个深刻的道理：团结就是力量。当他人遇到困难时，我们应该伸出援手，相互协助，齐心协力战胜困难。

三、角色扮演，表现故事的主要情节。

① 播放故事音频《拔萝卜》，引导幼儿复述故事。

② 出示各种头饰，模仿不同人物的对话，如："嗨哟，嗨哟，拔呀拔，还是拔不动。""××，××，快来帮忙拔萝卜！""哎！来了，来了！"

③ 分组游戏时，教师分组指导幼儿。引导幼儿自主选择故事中的角色并佩戴相应的头饰；在表演过程中，提醒幼儿加入该角色的语言、动作和表情等；游戏可以进行两次到三次，要求幼儿每次的表现力都要有所提升。

观察指导要点

- 观察哪些幼儿能够记住故事中的对话，哪些幼儿能够简单复述故事，并有目的地进行分组表演。
- 引导幼儿明确自己的角色，并鼓励他们根据该角色的特点进行表演。
- 游戏初期对幼儿的要求不宜过高。教师可以作为故事的主讲者，幼儿只需进行角色表演即可。

经验提升：在表演故事的过程中，首先要牢记自己的角色特点以及相应的台词。例如，在拔萝卜的场景中，大家可以齐声说"嗨哟，嗨哟，拔呀拔，拔不动"，这样的台词有助于增强表演的互动性和趣味性。此外，在表演中加入恰当的肢体动作会使整个表演更加生动和有趣。

活动拓展

① 欣赏歌曲音频《拔萝卜》，进一步加深对故事的理解。

② 在表演区投放头饰、道具，供幼儿表演；在语言区准备图片或桌面教具，供幼儿复述故事。

活动资源

故　事

拔萝卜

老公公种了个萝卜，他对萝卜说："长吧，长吧，萝卜啊，长得甜哪！长吧，长吧，萝卜啊，长得大呀！"萝卜越长越大，大得不得了。

老公公就去拔萝卜。他拉住萝卜的叶子，嗨哟，嗨哟，拔呀拔，拔不动。老公公喊："老婆婆，老婆婆，快来帮忙拔萝卜！""哎！来了，来了。"

老婆婆拉着老公公，老公公拉着萝卜叶子，一起拔萝卜。嗨哟，嗨哟，拔呀拔，还是拔不动。老婆婆喊："小姑娘，小姑娘，快来帮忙拔萝卜！""哎！来了，来了！"

小姑娘拉着老婆婆，老婆婆拉着老公公，老公公拉着萝卜叶子，一起拔萝卜。嗨哟，嗨哟，拔呀拔，还是拔不动。小姑娘喊："小黄狗，小黄狗，快来帮忙拔萝卜！""汪汪汪！来了，来了。"

小黄狗拉着小姑娘，小姑娘拉着老婆婆，老婆婆拉着老公公，老公公拉着萝卜叶子，一起拔萝卜。嗨哟，嗨哟，拔呀拔，还是拔不动。小黄狗喊："小花猫，小花猫，快来帮忙拔萝卜！""喵喵喵！来了，来了。"

小花猫拉着小黄狗，小黄狗拉着小姑娘，小姑娘拉着老婆婆，老婆婆拉着老公公，老公公拉着萝卜叶子，一起拔萝卜。嗨哟，嗨哟，拔呀拔，还是拔不动。小花猫喊："小老鼠，小老鼠，快来帮忙拔萝卜！""吱吱吱！来了，来了。"

小老鼠拉着小花猫，小花猫拉着小黄狗，小黄狗拉着小姑娘，小姑娘拉着老婆婆，老婆婆拉着老公公，老公公拉着萝卜叶子，一起拔萝卜。嗨哟，嗨哟，拔呀拔，大萝卜有点儿动了，再用力地拔呀拔，大萝卜拔出来啦！

他们抬着大萝卜高高兴兴地回家了。

好朋友

★ 活动目标

1. 愿意与同伴交往，体验与好朋友一起生活、游戏的快乐。
2. 能够接唱间奏，随着音乐自由做动作。
3. 学习唱有间奏的歌曲，初步掌握十六分音符的连音唱法。

★ 活动准备

1. 经验准备

知道好朋友之间要互相帮助。

2. 物质准备

配备材料：歌曲音频《好朋友》。

★ 活动建议

一、发声练习，为歌唱做准备。

教师弹奏钢琴，和幼儿一起进行发声练习。

火车来啦

1=D 2/4

5 6 5 4 | 3 4 | 5 5 | 5 – | 5 5 | 5 – ‖

(师)火车 火车 来 了。(生)呜 呜 呜， 呜 呜 呜。

观察指导要点

- 幼儿是否能跟随旋律进行歌唱前的发声练习。
- 可以尝试变换歌词，如“汽车汽车来了！嘀嘀嘀，嘀嘀嘀”或“飞机飞机来了！隆隆隆，隆隆隆”等。

二、欣赏歌曲，体会歌曲的情绪和内容。

1. 播放歌曲音频《好朋友》，初步感知歌曲的情绪和内容。
2. 讨论：听了歌曲后你有什么感受？歌曲中提到了哪些内容？表达了怎样的情绪？

观察指导要点

- 注意幼儿是安静地欣赏音乐，还是不由自主地用肢体表现音乐的内容和节奏。
- 引导幼儿说出歌曲的情绪是欢快的。

经验提升：这首歌曲名为《好朋友》，它描绘了好朋友之间互相帮助梳头发、系纽扣的温馨场景。当我们的好朋友遇到困难时，我们应该伸出援手，彼此支持。这样不仅能够帮助对方克服困难，还能让我们的友谊更加坚固，让我们的生活充满快乐。

三、学唱歌曲，尝试为歌曲创编动作。

1. 学习演唱歌曲，鼓励幼儿大胆地用肢体动作表达歌词内容。
2. 重点练习接唱间奏，指导幼儿掌握十六分音符的连音唱法，特别是在演唱“来”“手”“都”这些字时要注意变调。

观察指导要点

- 幼儿是否能一边哼唱歌曲，一边自由创编动作。
- 可以用点头等动作帮助幼儿准确地接唱。
- 引导幼儿逐步熟练和掌握十六分音符的连音唱法，但不必要求过高，幼儿演唱时只要节奏准确即可。

★ 活动拓展

在日常生活中播放歌曲，让幼儿在轻松哼唱的过程中逐渐熟练掌握歌曲的唱法。

★ 活动资源

歌 曲

好朋友

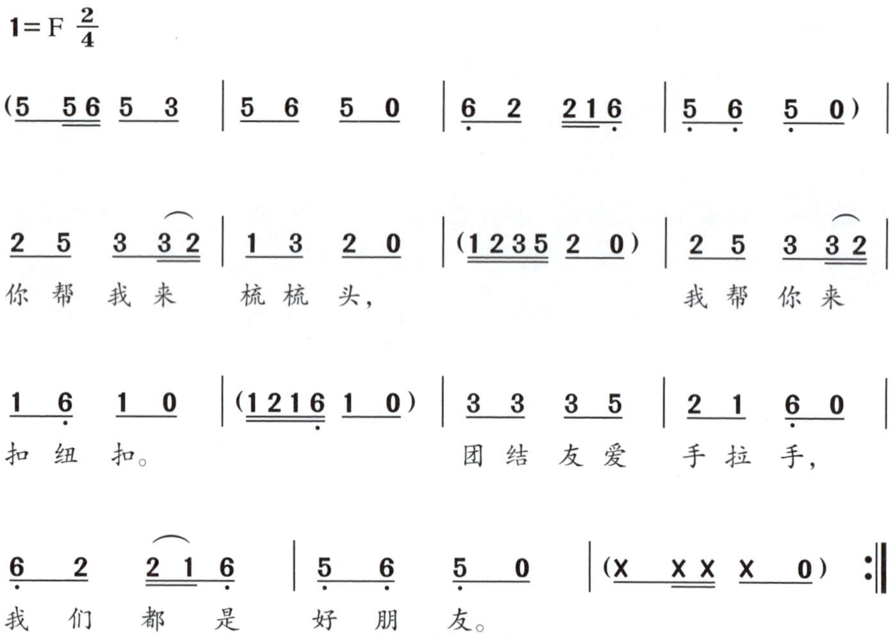

关心朋友

★ 活动目标

1. 愿意与人交往，培养关心他人的情感。
2. 能够积极关注未入园的同伴，对生病或不开心的同伴表示关心。
3. 学会关心同伴，初步掌握与他人交往的技巧。

活动准备

① 经验准备

知道生病了会很难受。

② 物质准备

配备材料：幼儿探究游戏活动材料“爱的问候”，实物材料中的吸管、点胶。

自备材料：儿童剪刀每人一把。

活动建议

一、情境导入，了解同伴未入园的原因。

① 观察周围的同伴，注意到当日缺席的小朋友。

② 根据生活经验，分析、猜测同伴缺席的原因。

③ 现场连线未入园的幼儿的家长，验证幼儿未入园的真实原因。

观察指导要点

- 幼儿是否能够察觉到哪些同伴今天没有来园。
- 不要限制幼儿的想象，让他们自由地表达对同伴缺席原因的猜想。
- 教师应先与未入园幼儿的家长取得联系，确保可以进行连线沟通。

经验提升：当我们生病、外出或家中有事情时就不能按时来园；不能按时来幼儿园时要及时和老师请假，并告知原因，以免老师惦记和担心。

二、关心他人，感受同伴间的友爱。

① 提问：你们想念 ×× 吗？我们如何让他知道我们在想念他？我们能做些什么来表达对他的关心？

② 现场与未入园的幼儿的家长进行连线沟通，让幼儿表达对同伴的关心和慰问。

③ 讨论：同伴生病时，我们该如何关心他？当同伴哭泣或难过时，你会怎样做？

观察指导要点

- 通过观察幼儿的表情、语言和动作，判断他们是否对生病的同伴表示出关心。
- 关注哪些幼儿向生病的同伴表达了问候和关心。
- 引导幼儿理解，当同伴生病或难过时，向其表示关心和慰问是很有必要的。

经验提升：当同伴生病时，我们可以主动打电话给他，或者亲手制作一些小礼物送给他，表达我们希望他早日康复的心情。当父母或周围的人生病时，我们应该让他们感受到我们的关爱。

三、制作爱的礼物，学习关心、安慰同伴。

1 取出幼儿探究游戏活动材料“爱的问候”和实物材料中的吸管和点胶，沿线剪下彩纸，用折、撕、贴等方法制作一朵朵漂亮的小花。

2 将幼儿制作的小花合成几捧漂亮的“花束”，待生病的幼儿康复入园后，将“花束”送给他，并对他说一句问候的话。

观察指导要点

- 幼儿进行手工制作时，不要限制幼儿的想象力和表现方式，要给予他们充足的自由创作空间。
- 鼓励幼儿学说问候的话，如“你的病好了吗？”“欢迎你回来！”等。

经验提升：当发现同伴伤心、难过，或者因为生病无法来幼儿园时，我们可以通过拥抱或说一些安慰的话来表达我们的关心，这样可以帮助他们减少烦恼，感受到幸福和温暖。

★ 活动拓展

1 在一日生活中，引导幼儿相互关注彼此的情绪，及时向不开心的同伴表达关心和安慰。

2 每天记录未能入园的幼儿，当该幼儿入园时，引导其他幼儿向他表达问候和关心。

我能行

★ 活动目标

1. 喜欢阅读图画书，愿意参与劳动并能够互相帮助。
2. 尝试根据画面信息理解图画书的大致内容，并尝试复述故事。
3. 认识到自己能做很多事情，从而建立自信心。

★ 活动准备

1. 经验准备

对麦子有一定的了解。

2. 物质准备

配备材料：幼儿探究游戏活动材料“我能行”，图片“我能行”；图画书、故事音频《我能行》。

自备材料：老爷爷、小狗、小猫、小牛的头饰。

★ 活动建议

一、自主阅读，初步理解故事内容。

1. 每人取出图画书《我能行》，尝试进行自主阅读，遇到不懂的地方，可以向老师请教。
2. 尝试讲述图画书中的内容，并表达自己对故事内容的理解。

观察指导要点

- 观察幼儿阅读图画书的方式，判断他们的阅读方法是否正确；指导幼儿逐页翻看图画书，提醒幼儿看懂当前页的内容后再翻看下一页。
- 通过观察画面，观察幼儿是否能理解故事的基本内容，并在教师随机提问时愿意分享自己的想法。
- 观察哪些幼儿能够讲述图画书的内容，哪些幼儿真正理解了故事的内容。

经验提升：故事名为《我能行》，讲述了一个合作的故事。故事中，老爷爷决定种植麦子，他的动物朋友们——小猫、小狗、小牛，都纷纷向他伸出援手。他们一起劳动，相互协助。最终，他们的辛勤工作得到了回报，大家一起分享了新鲜出炉、香气四溢的面包，体验了合作的喜悦和成就感。

二、分析画面，进一步理解故事内容。

❶ 出示图片“我能行”，逐页观察，分析故事情节，教师适时提问：

（1）老爷爷要去做什么？什么是麦子？

（2）谁来帮助老爷爷种麦子？他们都说了什么？

（3）小猫、小狗、小牛还帮助老爷爷做了什么？

（4）最后大家吃到了什么？

（5）你喜欢谁？为什么？

❷ 播放故事音频《我能行》，完整欣赏一遍故事。

观察指导要点

- 幼儿是否能够根据画面描述图中的内容和发生的事件。
- 幼儿是否能够根据故事情节对图片进行排序，并积极、主动地讲述故事内容。
- 在欣赏故事音频时，可以引导幼儿一边倾听一边翻看图画书，感受声音、文字和图画是相互对应的。

经验提升：故事中的小动物们总是乐于承担各种任务，并且经常自信地说“我行”。他们不仅展现出了自信，还展现出了乐于劳动和帮助他人的好品质。我们应该向这些小动物学习，经常鼓励自己说“我行”并主动去帮助那些遇到困难的人。这样做不仅能让我们自己感受到快乐，也能为他人带来快乐。

三、复述并表演故事，增强自信心。

❶ 指导幼儿简单地复述故事。

❷ 自由选择角色，佩戴好头饰，分组进行故事表演，重点练习说句子“我行”“我也行”“我更行”。

❸ 教师描述生活事件，引导幼儿用“我能行”回应并执行任务，以增强自信心。例如，教师问：“谁能把椅子摆好？”幼儿回答：“我能行！”然后去摆放椅子。

❹ 使用幼儿探究游戏活动材料“我能行”，说一说图中的小朋友能做哪些

事情，尝试用“我会……，我能行”的句式看图说话。

观察指导要点

- 观察哪些幼儿能够复述故事，哪些幼儿能积极主动地参与故事表演；为不太愿意表演的幼儿提供参与的机会。
- 观察幼儿是否在表演或执行劳动任务中展现出积极的态度和自信心。

经验提升：我们应该持续学习新技能，不仅要独立完成自己力所能及的事，还要乐于帮助爸爸、妈妈、老师和同伴。经常鼓励自己说“我能行”，这样我们就能不断增强自己的能力，变得更强大和出色。

★ 家园共育

家长在家应适当表现出需要帮助的一面，多向孩子寻求支持和帮助，为他们提供成长和锻炼的机会。

★ 活动资源

故 事

我能行

老爷爷要去种麦子，他问：“谁能帮助我？”小猫说：“我行。”小狗说：“我也行。”小牛说：“我更行。”

麦子成熟了，老爷爷问：“谁能帮我收麦子啊？”小猫说：“我行。”小狗说：“我也行。”小牛说：“我更行。”

老爷爷要把种的麦子磨成面粉，他问：“谁能帮助我？”小猫说：“我行。”小狗说：“我也行。”小牛说：“我更行。”

面粉做成了香喷喷的面包，老爷爷说：“大家一起吃面包吧！”

小动物们高兴地说：“谢谢老爷爷。”

呀！危险

主题价值

生命仅有一次，珍贵无比。小班的幼儿年龄较小，生活经验有限，这使得他们的安全意识和自我保护能力相对较弱。对于3岁左右的孩子来说，他们往往难以判断自己的行为是否妥当或安全。同时，孩子们对周围世界充满了强烈的好奇心和探索欲望，这不仅使他们容易在不经意间伤害到自己，还会使他们更容易受到他人或环境的伤害。成人在幼儿自我保护教育和安全防护方面的责任尤为关键，必须给予充分的重视。

根据幼儿的年龄和环境特点，本着以儿童发展为本的原则，我们设置了“呀！危险”主题活动。建议围绕“东西不乱吃”“不做危险事”“不理陌生人”和“安全我知道”四个子主题，开展沉浸式的体验活动。让幼儿在家庭、幼儿园以及各种公共场所中亲身感受和体验社会生活，发现身边潜在的安全隐患和危险场所，提高对常见事物的关注度和对环境的敏感性。通过与老师、同伴和家长的互动，不断提升幼儿的安全意识，增强自我保护能力。

主题讨论

主题实施前，围绕健康、安全的话题，从幼儿的饮食健康、居家安全、出行安全等方面展开谈话活动。一方面有助于更好地了解幼儿的已有经验；另一方面可以将幼儿的谈话内容或感兴趣的话题作为主题活动的补充或园本化的素材，进而最大限度地满足幼儿学习与发展的需要。具体谈话内容可以参考以下问题：

1. 你最喜欢吃什么食物？你知道哪些食品对健康不利吗？
2. 你还知道哪些食物不应该随意食用吗？
3. 生病了，如何才能快速康复？为什么药品不能随意服用？
4. 家里哪些地方存在安全隐患？哪些危险的行为应该避免？
5. 和爸爸、妈妈出门时应该注意什么？如果找不到爸爸、妈妈，你该怎么办？
6. 你能识别哪些常见的安全标志？这些标志各有什么意义？

……

主题目标

1 不要乱吃东西，比如药品、野生植物、捡拾的食物等，培养健康的饮食习惯。

2 积极关注身边的常见安全标志，例如安全出口标志、小心触电标志、禁止吸烟标志等，并在成人提醒下注意人身安全，避免做危险的事情。

3 初步了解生活与游戏中的安全小常识，掌握基本的安全知识和自我保护能力。

4 学习用语言或动作提醒同伴或他人注意安全，乐意向他人讲述可能存在的危险。

5 乐意参与主题活动中的各种游戏、安全演练等活动，并在其中获得相关经验。

6 能用声音、动作、表情等表现与自我保护相关的音乐，并乐意唱唱跳跳。

7 尝试使用泥塑、绘画、粘贴等多种方式表现对主题活动的理解。

主题资源

“呀！危险”活动资源一览表

子主题	活动名称	涉及领域	幼儿游戏资源			教师教学资源		
			实物	探究游戏活动材料	图画书	电子图片	音频	视频
东西不乱吃	管住小嘴巴	健康/语言		健康食品我爱吃		不乱吃东西		
	药片宝宝对你说	健康/科学		我的小药箱				用药小妙招
	病菌小怪兽	艺术/健康	海绵拓印棒、眼睛贴片	病菌小怪兽		病菌小怪兽		
不做危险事	不去危险的地方	健康/社会		不去危险的地方注意安全标志贴纸				
	小狗的尖牙	艺术/科学	白色超轻黏土、眼睛贴片	小狗的尖牙				
	会咬人的电	健康/社会	雪糕棒	蚂蚁运粮当心触电标志贴纸		神奇的电	故事：会“咬人”的宝贝	

续表

子主题	活动名称	涉及领域	幼儿游戏资源			教师教学资源		
			实物	探究游戏活动材料	图画书	电子图片	音频	视频
不理陌生人	我不认识你	健康/语言						安全教育歌
	小兔子乖乖	语言/健康		小兔子乖乖	小兔子乖乖	小兔子乖乖	故事：小兔子乖乖	
	走丢了怎么办	社会/健康		我会求助				
安全我知道	安全出口	健康/社会		走迷宫				
	危险大排查	健康/社会		注意安全标志贴纸				
	橡皮膏小熊	语言/健康		连线讲故事	橡皮膏小熊	橡皮膏小熊	故事：橡皮膏小熊	

主题环境

主题墙

① 观察幼儿在活动中的表现，捕捉他们感兴趣的话题，并用不同的方式记录他们提出的有探究意义的问题。例如，孩子们可能会问“什么东西有毒，不能吃”“为什么妈妈不让我喝冷饮”“我不敢自己出门怎么办”等等。针对这些问题，教师应积极引导幼儿主动寻找答案，鼓励幼儿互相讨论，并将问题的答案通过照片、图片、图画等展示在主题墙上。

② 和幼儿一起将完成的“健康食品我爱吃”“病菌小怪兽”“不去危险的地方”等操作材料展示在主题墙上，共同欣赏和讨论。

③ 收集与主题相关的资源，并摆放在活动室或布置在主题墙上，对于不宜直接展示的食物，教师可以张贴相关图片；同时收集“安全出口”“小心触电”“小心有毒”等简单的安全标志图片，以此丰富幼儿的认知，不断拓展和积累与主题相关的知识和经验。

活动区

1 建构区：提供大积木块、纸盒、奶粉桶等材料，引导幼儿通过垒高、延长、围合等合作搭建常见的生活场所和安全通道。还可以添加一些标志性的标识或小玩具，以不断丰富游戏内容并积累更多与主题相关的经验。

2 益智区：投放健康食品和不健康食品的图片，引导幼儿进行分类。

3 科学区：展示关于“电的危险”的图片和火灾相关的知识，以提高幼儿的安全意识。

4 美工区：提供超轻黏土、海绵拓印棒、彩纸、油画棒等材料，引导幼儿创作和表现身边的各种事物。

5 角色区：设置医院场景，引导幼儿初步了解去医院就医的流程；了解不同药物，知道必须在医生的诊断下进行服药，不可擅自服药。

6 语言区：投放一些适合小班幼儿阅读的、与自我保护和安全教育相关的绘本或图书，如《安全在家》《安全逛超市》《安全玩游戏》等，从小培养幼儿良好的阅读习惯。

家园共育

1 建议家长在家中为孩子准备科学合理的膳食，实现荤素搭配、粗细粮搭配，鼓励孩子多吃新鲜水果和蔬菜，培养他们良好的饮食习惯。

2 尽量减少购买不健康食品的频率；切勿食用不明野生动植物、过期食品以及无生产日期、无质量合格证、无生产厂家的食品。

3 家中的刀具、打火机、药物等潜在危险物品应妥善放置在孩子触及不到的地方。

4 不要将孩子单独留在家中或车内；外出时，提醒孩子紧跟成人，不要随意与陌生人同行或接受陌生人的食物。引导孩子记住家长的姓名和联系方式，以备不时之需。

5 根据所处的环境，随时对孩子进行安全教育，提醒他们不要做出危险行为，增强自我保护意识。

子主题 东西不乱吃

管住小嘴巴

活动目标

1 喜欢吃健康、有营养的食物，养成良好的饮食习惯。

2 能够辨别不健康的食品，并用简单的语言描述食用不健康食品可能带来的危害。

3 知道不贪喝冷饮、不喝未经煮沸的生水、不吃不干净的食物等。

活动准备

1 经验准备

对常见的不健康食品有初步的认知经验。

2 物质准备

配备材料：幼儿探究游戏活动材料“健康食品我爱吃”；图片“不乱吃东西”。

自备材料：水果、蔬菜、薯片、罐头、火腿肠、糖果、饮料等食品。

活动建议

一、观察与交流，认识常见的不健康食品。

1 引导幼儿观察水果、蔬菜、罐头、薯片、火腿肠、糖果、饮料等食品，鼓励他们描述这些食品的名称和特点，并讨论哪些食品富含营养，应多吃，哪些食品含有较多添加剂或不健康成分，应该少吃。

2 组织一场以“我知道的不健康食品”为主题的讨论活动，让幼儿分享他们见过或尝试过的不健康食品，并探讨这些食品为什么不宜频繁食用，以及过量食用可能带来的危害。

3 通过展示实物，帮助幼儿区分健康食品与不健康食品。还可以使用食品图片，了解哪些食品对身体有益，哪些可能对健康造成不利影响。

观察指导要点

- 幼儿是否能够识别健康食品与不健康的食品。
- 幼儿是否能说出自己见过或吃过的不健康食品，幼儿的表达是否正确。
- 观察、了解幼儿的饮食习惯，有针对性地进行科学饮食的指导。

经验提升：薯片、火腿肠、糖果等食物虽然口感诱人，但在制作这些食品的过程中，为了延长保质期和提升风味，人们往往会添加一些对身体不利的成分，如过量的盐、糖以及各种食品防腐剂。长期食用这类食品可能会对我们的身体健康造成不良影响。

二、操作与辨识，深入了解不能随意食用的食物。

① 使用幼儿探究游戏活动材料“健康食品我爱吃”，说一说图中都有哪些食品，自己喜欢吃什么。

② 拆下嘴部卡片，将人物卡片取下并对折，立在桌面上。选出健康食品卡片喂给“小朋友”吃。

③ 讨论：还有哪些东西不能随意食用？鼓励幼儿结合已有认知经验进行回顾和表达。引导幼儿说出如药物、过期的食物、腐烂的食物、不明野生动植物等都不能吃。

观察指导要点

- 观察幼儿是否能识别图中展示的各种食物，并说出它们的名称，判断是否有危害。
- 鼓励幼儿独立完成活动材料的制作，重点指导拆下嘴部卡片的方法。
- 通过观察和倾听，评估幼儿是否已经初步建立饮食安全意识。

经验提升：我们应尽量减少或避免食用不健康食品。此外，还要防止误食药品。野生动植物、腐烂的食物、过期的食物等不能吃，一旦食用可能会发生危险，轻则引起头晕、呕吐、腹泻，严重的甚至危及生命。

三、观察与讨论，了解乱吃食物的不良后果。

① 展示图片“不乱吃东西”，引导幼儿初步理解画面内容和其中的教育意义。

② 结合图片内容，引导幼儿关注饮食健康，避免暴饮暴食。

观察指导要点

- 观察图片后，幼儿是否能说出图中要表达的教育内容。
- 幼儿是否能说出保持身体健康的基本方法。
- 教师可结合图片适当拓展相关的教育内容。

经验提升：我们不要偏食、挑食、暴饮暴食，要多吃瓜果和蔬菜等新鲜食物，养成健康的饮食习惯。

★ 活动拓展

1. 结合每日的进餐活动，引导幼儿养成良好的就餐习惯。
2. 幼儿园应避免为幼儿提供腌制、油炸、烧烤等不健康食品。

★ 家园共育

家长在家里为孩子科学配餐，注重荤素搭配、粗细粮搭配；引导孩子多吃新鲜水果和蔬菜，少吃或不吃不健康的食品。

药片宝宝对你说

★ 活动目标

1. 生病时，愿意配合成人合理使用药物。
2. 能够描述常见药物的基本用途。
3. 明白药物是用来治病的，必须在医生和成人的指导下使用，不可随意服用或增减剂量。

★ 活动准备

1. 经验准备

知道生病时需要吃药。

2. 物质准备

配备材料：幼儿探究游戏活动材料“我的小药箱”，视频《用药小妙招》。
自备材料：药箱一个，常见的药品若干，药片形状的手偶或头饰一个。

★ 活动建议

一、观察药品，感知药品的多样性。

1 教师打开药箱，展示各种常见药品，例如颗粒冲剂、片剂、胶囊、口服液等，让幼儿观察，并初步感知药品的多样性。

2 讨论：药箱里都有什么样子的药品？

观察指导要点

- 观察幼儿是否能说出药品的多种类型，如粉末状的、液体的、片状的等。
- 哪些幼儿认识常见的药品，并能说出药品的名称和作用。

经验提升：药品是用来治疗疾病的。通常，药品会被妥善保存在药箱里；药品有多种剂型，包括颗粒冲剂、片剂、胶囊、口服液等，以满足不同需求。

二、情境谈话，了解药品的作用。

1 教师佩戴药片形状的手偶或头饰，扮演药片，与幼儿进行互动对话。通过角色扮演的方式，鼓励幼儿分享他们对药片的看法和感受，从而引导他们正确理解药品的作用和重要性。

（1）你们在哪里见过我？大家喜欢我吗？

（2）有的小朋友讨厌我，有的害怕我，为什么呢？

2 使用幼儿探究游戏活动材料“我的小药箱”，尝试制作一个小药箱，加深对家庭常用药箱内物品的了解。

观察指导要点

- 幼儿是否能够积极参与角色扮演游戏，并自信地表达自己的想法。
- 幼儿是否理解药品是用来治疗疾病的，它能够帮助我们消除病毒和细菌。
- 对于生活经验较少的幼儿，教师应给予鼓励并引导他们积极参与讨论。

经验提升：每个家庭通常都有一个专门存放药品的抽屉或小药箱，里面装有治疗常见疾病的药品和医疗用品。当病毒和细菌侵入我们的身体时，我们可能会生病。药品能够帮助我们对抗这些入侵的病毒和细菌，使我们的身体恢复健康。因此，我们在生病时需要按医嘱服药。

三、观看视频，了解用药注意事项。

1. 讨论：生病时，能不能自行服药？应该怎样正确吃药？
2. 观看视频《用药小妙招》，初步了解用药的注意事项。

观察指导要点

- 幼儿观看视频后，能否在教师的提示下说出安全用药的方法。
- 对于不能独立讲述的幼儿，教师应给予特别关注，并利用图片等帮助他们回忆和表达。

经验提升：药品颜色多样，有的味道还很甜美，但绝不能随意服用，必须在医生的诊断下和成人的帮助下使用；服药时要严格遵循正确的剂量和用法，并在父母的监护下服用。

★ 活动拓展

1. 在角色扮演区设置医院场景，让幼儿体验看病就医的流程。在游戏中指导幼儿，服用药物必须在医生的诊断下进行，不可随意自行服药。
2. 在幼儿园和家庭中，应将药物妥善存放于幼儿无法触及的地方，以防止幼儿误服。

★ 家园共育

与孩子一同识别常见的药品，提醒孩子不要自行服用任何药物。

病菌小怪兽

★ 活动目标

1. 了解细菌与病毒的危害，培养勤洗手的卫生习惯。
2. 利用各种工具创造性地表现不同造型的“病菌小怪兽”。
3. 掌握使用牙刷作画的基本技巧。

★ 活动准备

1. 经验准备

知道病毒、细菌会使人生病。

2. 物质准备

配备材料：幼儿探究游戏活动材料“病菌小怪兽”，图片“病菌小怪兽”，实物材料中的海绵拓印棒和眼睛贴片。

自备材料：各色水粉颜料、调色盘、牙刷、水彩笔等。

★ 活动建议

一、观察与讨论，了解病毒带给人们的危害。

1. 出示图片“病菌小怪兽”，初步了解常见的细菌和病毒，观察它们在显微镜下的形状和颜色特征。
2. 讨论：病毒和细菌进入身体后会怎样？ 它们对身体有什么危害？

观察指导要点

- 观察幼儿是否能够表达细菌和病毒给人们身体健康带来的危害。
- 在讨论时，不要限制幼儿的想象力；引导幼儿理解病毒和细菌具有传染性，我们要做好防护。

经验提升：病毒和细菌非常微小，需要通过显微镜等设备才能观察到。它们的形态各异。病毒和细菌会对人们的健康造成危害，甚至可能使我们丧失生命。因此，了解病毒和细菌并采取有效的预防和控制措施对于保护我们的身体健康至关重要。

二、动手创作，大胆表现病毒和细菌。

1 引导幼儿在废旧报纸上练习使用牙刷和海绵拓印棒作画的基本技巧。教师重点指导用牙刷作画的方法。

2 使用幼儿探究游戏活动材料“病菌小怪兽”，完成绘画创作。

3 指导幼儿绘画。例如，可以使用海绵拓印棒蘸取颜料在画纸上印出“病菌小怪兽”的头部，然后用牙刷向四周刷出毛刺效果，待颜料干燥后，再绘制四肢并粘贴眼睛贴片等。

观察指导要点

- 幼儿是否能在教师的指导下正确使用各种作画工具。
- 观察幼儿是如何表现病毒和细菌的，使用了哪些颜色。
- 观察哪些幼儿能够有创意、有计划地进行绘画，哪些幼儿还处于随意涂鸦的阶段。
- 让幼儿独立完成作品，不要过多干预。

经验提升：在表现病毒和细菌时，我们可以自由选择喜欢的颜色，使用海绵拓印棒在画纸上印出“病菌小怪兽”的头部。接着，利用牙刷向四周刷出毛刺效果。待颜料稍干后，用水彩笔添加手脚等细节。最后粘贴眼睛贴片，这样一只生动的“病菌小怪兽”就完成了。

三、欣赏作品，培养良好的卫生习惯。

1 欣赏“病毒小怪兽”作品，讲述自己的感受。

2 讨论：如何打败“病菌小怪兽”？

观察指导要点

- 鼓励幼儿使用完整的语言表述对自己作品的评价，教师可以在病菌的形状、画面布局、颜色搭配等方面进行引导。
- 幼儿是否能说出消灭病毒和细菌的方法。

经验提升：在日常生活中，我们应注重个人卫生，如勤洗手、正确佩戴口罩、定期消毒等，这些都是有效防范病毒传播的重要措施。此外，还可以通过加强身体锻炼和保持均衡饮食来增强免疫力，进一步抵御病毒和细菌的侵袭。

★ 活动拓展

1. 结合日常盥洗环节，指导幼儿掌握并巩固正确的洗手方法，培养他们勤洗手的良好习惯。
2. 收集显微镜下病毒和细菌活动的视频资料，通过直观展示病毒和细菌的活动和传播的画面，强化幼儿勤洗手的意识。

★ 家园共育

1. 家长应尽量避免带孩子前往密闭空间或人多复杂的场所，以减少感染病毒和细菌的风险。
2. 在家中，培养孩子在餐前和如厕后洗手的习惯。

子主题 不做危险事

不去危险的地方

★ 活动目标

1. 了解身边的危险场所，树立在安全的地方玩耍的意识。
2. 认识注意安全标志，增强自我保护意识。
3. 能够发现周围环境中的潜在危险，培养观察能力。

★ 活动准备

1. 经验准备

知道有些地方存在安全隐患。

② 物质准备

配备材料：幼儿探究游戏活动材料“不去危险的地方”、注意安全标志贴纸。

自备材料：收集各种生活场所的图片，注意安全标志图片。

★ 活动建议

一、主题谈话，了解身边的危险场所。

① 谈话：我们身边有哪些地方存在危险？

② 播放楼房、河边、马路等各种生活场所的图片，引导幼儿分析、讲述哪些地方存在危险，可能发生什么危险。

观察指导要点

- 观察幼儿是否能够积极地参与讨论，指出存在危险的地方并正确识别存在的不安全因素。
- 特别关注那些不愿意表达的幼儿，同时留意幼儿的观察力和语言表达能力的发展。

经验提升：阳台、屋顶和窗台因距离地面较远，在这些地方游戏存在坠落风险；在河边、湖边玩耍时需小心，以免不慎落水；马路上车流量大、车速快，需注意交通安全；等等。

二、认识注意安全标志，排查生活中的危险因素。

① 出示注意安全标志，说说图片中有什么，代表什么意思。

② 在活动室内寻找存在危险的地方，并贴上注意安全标志贴纸。

③ 讨论：这些地方为什么很危险？怎样做才安全？

观察指导要点

- 观察幼儿是否认识危险标志，是否能说出标志的含义。
- 教师应密切关注活动室内存在安全隐患的区域，观察幼儿是否能够准确识别这些危险区域并表达自己的见解。
- 在寻找危险区域的过程中，观察幼儿是随意粘贴贴纸，还是有目的地选择合适的位置进行粘贴。

经验提升：注意安全标志通常是黄色的三角形，里面有一个黑色的感叹号，提醒人们此处可能存在危险，需注意安全。我们可以将注意安全标志粘贴在窗台、楼梯、卫生间等地方，以提醒大家注意安全。这些警示标志可以有效提高大家的安全防范意识，减少意外事故的发生。

三、游戏体验，提升自我保护意识。

1 使用幼儿探究游戏活动材料“不去危险的地方”，引导幼儿将人物贴纸贴在安全的区域内，通过这一活动巩固幼儿对生活环境中潜在危险的认知，并强化他们的安全意识。

2 情境游戏“安全地带”：在活动室及走廊中寻找安全的区域，开展自主游戏，并说说这里为什么是安全的。

观察指导要点

- 观察幼儿是否能够独立完成游戏操作，对于操作有困难的幼儿教师应提供个别指导；关注幼儿是否能按照要求准确完成任务，避免随意涂画。
- 观察幼儿是否能够识别并选择安全的地点进行游戏，同时提醒幼儿在游戏中避免推挤、踩踏等不安全行为。

经验提升：虽然生活中的大多数场所都是安全的，但我们仍需警惕潜在的不安全因素，并采取措施避免危险行为。例如，我们应该远离热水壶、不玩火、不触摸电源、不攀爬窗户或阳台等。通过自我约束，我们可以更好地保护自己，预防意外事故的发生。

★ 活动拓展

1 引导幼儿留意幼儿园中容易发生危险的地方，并鼓励幼儿随时粘贴注意安全标志，以提醒大家注意安全。

2 在活动区域放置“小心有毒”“小心触电”等警示标志，以此丰富幼儿的生活经验，并提升他们的自我保护能力。

★ 家园共育

在日常生活中，家长应随机对孩子进行安全教育，让孩子逐渐学会识别潜在的危险，了解如何在不同情况下保护自己，从而增强他们的安全意识和自我保护能力。

小狗的尖牙

★ 活动目标

1. 喜欢泥工活动，愿意使用各种材料表现立体事物。
2. 尝试用超轻黏土制作小狗的牙齿，能够独立完成泥工创作。
3. 掌握团、捏、压等基本泥工技能。

★ 活动准备

1. 经验准备

对小狗有一定的认知。

2. 物质准备

配备材料：幼儿探究游戏活动材料“小狗的尖牙”，实物材料中的白色超轻黏土和眼睛贴片。

自备材料：小狗的图片。

★ 活动建议

一、模仿动作，感知和表现小狗的基本特征。

1. 讨论：小狗是什么样子的？
2. 自由模仿小狗的叫声以及小狗行走和奔跑的动作，通过肢体动作来展现小狗的特征。
3. 展示小狗的图片，引导幼儿感知狗牙尖而锋利的特点。

观察指导要点

- 观察幼儿是否能够通过动作和声音等表现小狗的基本特征。
- 引导幼儿对图片中小狗的嘴巴和牙齿进行观察，为后续的艺术创作做好准备。

经验提升：狗，也称为犬，是一种常见的犬科哺乳动物，与狼有着密切的亲缘关系。狗的听觉和嗅觉极为敏锐，它们的牙齿呈三角形，锋利且适合撕咬。作为人类最早驯化的动物之一，狗被誉为“人类最忠实的朋友”。狗不仅在家庭中发挥着陪伴作用，还在许多领域如警务、搜救、导盲等方面发挥着重要作用。

二、创意制作，提升表现力与动手能力。

1. 观察幼儿探究游戏活动材料“小狗的尖牙”，说说图中的小狗缺少了什么。
2. 取出实物材料中的白色超轻黏土，自主练习和巩固团、搓、压等基本泥工技能。
3. 尝试用白色超轻黏土为小狗贴上“牙齿”并给小狗贴上眼睛贴片。
4. 教师在活动中巡回观察幼儿的操作情况，适时提供指导。必要时，对于操作有困难的幼儿，教师应亲自示范团、搓、压等泥工基本技巧，帮助他们更好地掌握这些技能。

观察指导要点

- 观察幼儿是如何表现狗牙的，具体使用了哪些基本泥工技法，如团、捏、压等。
- 检查狗牙的大小是否均匀、形状是否合理，以及是否表现出牙齿锋利的特点。
- 最大限度地尊重幼儿的创意和想法，鼓励他们自由地进行艺术表现。

经验提升：我们可以将白色超轻黏土分割成许多小块儿，通过团、搓、压等方法制作出尖锐的“牙齿”，然后依次将它们粘贴在画面中小狗的嘴巴里。

三、欣赏作品，初步学习评价同伴的作品。

1. 将幼儿的作品放在展览区里进行展示，幼儿之间相互欣赏。
2. 观察并比较哪只小狗的牙齿最锋利，初步学习评价他人的美术作品。

观察指导要点

- 倾听幼儿欣赏作品时说了什么，是否作出了简单的评价。
- 观察幼儿是否能较为客观地评价他人的作品。

经验提升：小狗体内可能携带病毒，如果被小狗咬伤，必须立即就医并注射疫苗。在日常生活中，我们应该避免招惹陌生的小狗，以确保自身的安全。

★ 活动拓展

收集有关小狗的图片或视频资料，结合幼儿的兴趣点，丰富和扩展幼儿对小狗的认知经验。

会咬人的电

★ 活动目标

1. 初步体验电给生活带来的便利与潜在的风险。
2. 能够描述安全用电的方法，培养安全用电的意识。
3. 能够识别当心触电标志，知道不触摸电源插座等安全用电的基本准则。

★ 活动准备

1. 经验准备

对生活中的家用电器有初步的了解。

2. 物质准备

配备材料：幼儿探究游戏活动材料“蚂蚁运粮”，当心触电标志贴纸，图片“神奇的电”，故事音频《会“咬人”的宝贝》，实物材料中的雪糕棒。

自备材料：胶棒，当心触电标志图片、家用插座、家用小电器等。

★ 活动建议

一、观察与讨论，体会电在生活中的用途。

1. 向每个小组提供家用小电器（如吹风机、扫地机器人等），并围绕“小电器如何工作”这一话题展开讨论。

2. 教师在确保安全的前提下为各种小电器通电，让幼儿观察小电器的工作状态。

3. 讨论：电有哪些能力？电给人们的生活带来了哪些便利？通过这样的讨论，帮助幼儿初步理解电的概念及其在日常生活中的应用。

观察指导要点

- 观察幼儿是否能够理解电器工作需要用电，知道可以通过将电器的插头插入插座来通电。
- 教师进行通电演示时，确保幼儿不直接参与通电操作，以保证安全。
- 了解幼儿对电的已有认知经验，如电的用途、电藏在哪里等，在此基础上进行进一步的教学和引导。

经验提升：生活中的电器都需要通电才能工作。例如，电饭锅通电后能煮米饭，洗衣机通电后能清洗衣物，吹风机通电后可以快速吹干头发，手机充电后可以用来打电话等。电为我们的日常生活提供了极大的便利，但同时我们也需要注意用电安全，避免触电。

二、初步认识电，了解不当用电造成的危害。

❶ 展示图片“神奇的电”，引导幼儿了解放电的现象。

❷ 播放故事音频《会“咬人”的宝贝》，分析、理解故事的内容，知道触电的严重危害。

观察指导要点

- 观察幼儿在观看图片时产生的情绪反应，是感到惊叹、恐惧还是兴奋。
- 检查幼儿是否理解故事内容，是否能够说出触电的危险性以及安全用电的重要性。

经验提升：电是一种看不见但能摸得到的“东西”，它常常藏身于电线里；我们看到的电弧是电在空气中产生的火花。电虽然很有用，但也很危险，我们千万不能用手触摸插座和电线，因为里面有会“咬人”的电。

三、认识标志，提高安全用电的意识。

❶ 展示当心触电标志，讨论标志的形状、颜色及图案的特征。

❷ 讨论：你在哪里见过这个标志？这个标志的含义是什么？

❸ 在活动室内外寻找可能存在电的地方，并在这些地方贴上当心触电标志的贴纸。

❹ 使用幼儿探究游戏活动材料“蚂蚁运粮”，按照步骤和要求，将蚂蚁卡

片粘贴在雪糕棒顶端模拟小蚂蚁，沿着镂空路径从一侧走到另一侧，注意不要让蚂蚁触碰到道路边缘，避免“触电”。

观察指导要点

- 对于未曾注意过当心触电标志的幼儿，教师可以准备一些带有该标志的场所的照片，以帮助他们回顾和认识这一警示标志。
- 引导幼儿将电与标志中的图案联系起来，以此加深他们对当心触电标志含义的理解。
- 在幼儿寻找电源并贴上警示标志的过程中，观察他们是否展现出一定的安全意识。

经验提升：当心触电标志通常会设置在变压器、配电室、高压线等有潜在危险的地方，以警示人们注意安全。在幼儿园内，出现当心触电标志的地方也是在提醒大家，这些区域存在触电风险，不可随意触碰。

★ 活动拓展

① 为班级内通电的插座装上防护套，防止幼儿触摸，发生危险。

② 引导幼儿寻找停止运作的电器，提醒教师给不使用的电器断电（从插座中拔出电源插头），减少意外风险。

★ 活动资源

故　事

会“咬人”的宝贝

一只小老鼠趁小山羊外出时，溜进他的家里偷东西。

他发现桌子上有一个宝贝。这个宝贝身上长着许多小洞洞，后面还拖着一根长长的细尾巴。小老鼠把电视机的插头往小洞洞里一插，电视机就会说话了；把台灯的插头往小洞洞里一插，台灯就亮了；把电风扇的插头往小洞洞里一插，电风扇就转起来了。

小老鼠想：“这可是个好宝贝，我要把它偷走。”可是，宝贝比小老鼠还大，怎么搬走呢？小老鼠刚出门去找人帮忙，就碰到了大灰狼，小老鼠说：“大灰狼，小山羊家有个宝贝，你敢不敢去偷？”大灰狼说：“我什么都不怕，快带我去吧！”

大灰狼看着小山羊家的宝贝，摇摇头："那是什么宝贝？不能吃，也不好玩儿，我可不要。"小老鼠着急地喊起来："那个宝贝能让电视机说话，能让台灯亮起来，还能让电风扇转起来。"大灰狼一听，立刻睁大了眼睛，一把抓起了宝贝，把手指伸进了那些小洞洞里。

"啊！"大灰狼大叫一声。他感到全身发麻，身上的毛全都竖了起来。小老鼠吓得大叫起来："危险！快扔掉！"可是，大灰狼怎么甩也甩不掉，他的手被"咬"住了，尾巴也着起了火，冒起了黑烟。大灰狼躺在了地上，小老鼠吓得赶紧逃走了。

子主题 不理陌生人

我不认识你

★ 活动目标

1. 体验与陌生人交流时的情绪，培养自我保护意识。
2. 尝试多种拒绝陌生人的方法，提高自我保护能力。
3. 知道不能吃陌生人给的食物、不跟陌生人走。

★ 活动准备

1. 经验准备

有基本的安全意识。

2. 物质准备

配备材料：视频《安全教育歌》。

自备材料：邀请其他班级的家长或后勤人员扮演陌生人，准备一些幼儿喜爱的食物、玩具等。

★ 活动建议

一、情境创设，了解幼儿遇到陌生人时的反应。

1. 和幼儿一起到户外开展游戏，让"陌生人"寻找单独玩耍的幼儿，并对幼儿说“我是你妈妈的好朋友，她让我给你送好吃的”或“妈妈来电话，让我帮她接宝贝回家”，观察幼儿是否接受食品或跟随陌生人走。

② “陌生人”应根据幼儿的反应尝试引导他们走到距教师较远的地方，若幼儿出现哭闹或表现出了抗拒，应立即停止活动。

观察指导要点

- 当“陌生人”出现时，观察幼儿是否会跟随离开。
- 了解并记录幼儿跟随“陌生人”离开的原因。

二、分享交流，讲述自己遇到陌生人时的做法。

① 集合幼儿，引导他们发现并寻找缺席的同伴。

② 讨论：刚才发生了什么事情？“陌生人”对你说了什么？你是如何反应的？

③ 安抚幼儿的情绪，告诉他们刚刚是一场情景模拟游戏，并不是真的有坏人意图拐骗小朋友。

观察指导要点

- 观察“陌生人”悄悄靠近时幼儿的不同反应；注意哪些幼儿接受了“陌生人”的食物，哪些幼儿跟随“陌生人”离开，在此过程中教师不要进行干预或引导。
- 关注哪些幼儿表现出犹豫不决，哪些幼儿坚决拒绝，以及他们是如何表达拒绝的。
- 分别请跟随“陌生人”离开（或接受“陌生人”食物）的幼儿和拒绝“陌生人”的幼儿分享自己的感受。

经验提升：在情景模拟游戏中，一些小朋友接受了陌生人给的食物，甚至有些小朋友跟随陌生人离开了，这些行为都潜藏着极大的风险。陌生人提供的美食或玩具可能是诱骗儿童的手段，小朋友们必须学会对陌生人保持警惕，拒绝接受他们提供的任何物品，不随他们离开。在面临潜在危险时，小朋友们可以大声呼救或哭闹来吸引路人的注意，防止自己被陌生人带走。

三、操作练习，强化自我保护意识。

① 再次邀请几位“陌生人”来模拟“拐骗”幼儿的场景，检验安全教育的效果。

② 利用过渡环节播放视频《安全教育歌》，提高幼儿的自我保护意识。

观察指导要点

- 鼓励幼儿大胆地讲述儿歌内容，并引导他们说出完整的话语。
- 观察当“陌生人”再次尝试“拐骗”时，幼儿是否表现出一定的安全意识。

经验提升：坏人看起来并不一定凶恶，他们有时可能表现得很温柔。对于陌生人所说的话，我们不能轻易相信。遇到麻烦时，我们不能跟随陌生人离开，而是应该寻求老师、警察或场所工作人员的帮助。当独自一人在家时，不能给陌生人开门，如果陌生人持续敲门、不离开，我们可以拨打“110”报警。

★ 活动拓展

定期开展防拐骗安全演习，持续加强幼儿的安全意识，提高自我保护能力。

★ 活动资源

儿　歌

安全教育歌

陌生人给我糖，不要，不要！
陌生人带我走，不行，不行！
陌生人敲家门，不开，不开！
我们是聪明宝贝，不上当！

小兔子乖乖

★ 活动目标

① 喜欢倾听故事并参与表演，树立不随意给陌生人开门的安全防范意识。

2. 能够运用简单的对话进行故事表演。
3. 学习词语“毛茸茸”，会使用“毛茸茸”形容物品或动植物。

★ 活动准备

1. 经验准备

知道狼会吃兔子。

2. 物质准备

配备材料：幼儿探究游戏活动材料“小兔子乖乖”，图片“小兔子乖乖”；图画书、故事音频《小兔子乖乖》。

自备材料：大灰狼和兔妈妈头饰各一个、三个小兔子头饰、毛绒玩具等。

★ 活动建议

一、阅读绘本，提高自我保护意识。

1. 观察图片“小兔子乖乖”中的角色形象，识别故事的主人公：兔妈妈、小兔子们（红眼睛、长耳朵、短尾巴）以及大灰狼。
2. 自主阅读图画书《小兔子乖乖》，初步理解故事的主要内容。
3. 倾听教师生动地讲述故事《小兔子乖乖》。当讲到小兔子们从门缝里看见大灰狼时，中断讲述，让幼儿猜想并说出小兔子们可能采取哪些办法对付大灰狼。
4. 讨论：在家里听见有人敲门时应该怎样做？

观察指导要点

- 幼儿是否愿意自主阅读，并能根据图片信息初步理解故事的主要内容。
- 幼儿是否能够提出对付大灰狼的办法，并具体说明是什么办法。
- 幼儿是否能准确表述在家里听见有人敲门时的正确做法。

经验提升：《小兔子乖乖》是一个经典童话故事，故事中的三只小兔子遵从妈妈的嘱咐，为了防范坏人，他们将家门紧紧关闭。他们辨认出了大灰狼的声音，积极思考、机智应对，成功地夹住了大灰狼的尾巴。这三只小兔子不仅聪明，还非常勇敢。在家中，如果听到敲门声，我们不要随意开门，可以通过门镜观察来访的人，或隔着门询问对方的身份和来意。不要给陌生人开门。

二、理解词语，模仿故事中的对话。

1. 观察图片“小兔子乖乖”，进一步理解故事的内容。

❷ 教师提问：

（1）兔妈妈的三个孩子分别叫什么名字？

（2）兔妈妈走到家门口时是怎样唱歌的？

（3）小兔子是如何发现敲门的是大灰狼的？它们用什么办法制服了大灰狼？

（4）“毛茸茸”是什么意思？你还知道哪些东西是毛茸茸的？

（5）你能模仿故事中不同角色的对话吗

观察指导要点

- 观察幼儿是否能够回答教师提出的各种问题。
- 重点指导幼儿模仿兔妈妈唱歌和小兔子们的对话，为下一步的表演做好准备。
- 幼儿是否能够说出“毛茸茸”的含义，是否能用“毛茸茸”形容生活中常见的物品。教师可以借助毛绒玩具等物品让幼儿进行触摸感知。

经验提升：（出示毛绒玩具）“毛茸茸”这个词语常常用来形容那些细毛多且柔软的动植物或物品，如小猫、小狗和小鸡等，它们身上都覆盖着柔软的细毛，给人以毛茸茸的感觉。毛绒玩具也同样具有这种毛茸茸的质感。

三、角色扮演，体会故事表演的乐趣。

❶ 倾听故事音频《小兔子乖乖》，复述故事的主要情节，并选择自己喜欢的角色进行简单的模仿和表演。

❷ 重点引导幼儿表现出大灰狼和小兔子的声音特点，例如大灰狼的声音应该是粗哑且凶狠的，小兔子们的声音应该是稚嫩且可爱的，兔妈妈的声音则应该是温柔的。

❸ 利用大灰狼、兔妈妈、小兔子头饰进行故事表演。

观察指导要点

- 观察幼儿是否喜欢故事表演，他们选择了什么角色进行表演。
- 观察幼儿能否准确记忆并复述他们所扮演的角色的对话内容。教师可以通过说故事旁白，适时提醒和指导。
- 观察并识别表演能力较强的幼儿，给他们提供单独表演的机会。

经验提升：要想成功表演故事，关键在于准确记住兔妈妈、三只小兔子和大灰狼的台词。此外，还要尝试根据每个角色的声音特质来呈现台词，如果能够融入角色特有的动作，表演会更加生动有趣。

★ 活动拓展

❶ 在语言区中投放幼儿探究游戏活动材料“小兔子乖乖”，尝试制作立体纸偶，讲述故事。

❷ 在一日生活中随机播放故事音频，引导幼儿在反复倾听中记住故事中的对话，并指导幼儿进行故事表演。

★ 家园共育

在日常生活中，家长要教育孩子不能随意接受陌生人提供的食物。当孩子独自在家时，不要给陌生人开门，培养孩子的安全防范意识和自我保护能力。

★ 活动资源

故 事

小兔子乖乖

兔妈妈有三个孩子，一个叫红眼睛，一个叫长耳朵，一个叫短尾巴。

有一天，兔妈妈对孩子们说：“妈妈要去地里拔胡萝卜，你们要好好看家，把门关得紧紧的，谁来叫门都别开，等妈妈回来了再开。”

兔妈妈说完话，就拎着篮子，到地里去了。小兔子们记住了妈妈的话，把门关得紧紧的。过了一会儿，大灰狼来了，他想把小兔子们当点心吃，可是小兔子们把门关得紧紧的，他进不去。

大灰狼坐在小兔子们的家门口，眯着眼睛，正在想坏主意，忽然看见兔妈妈回来了，连忙跑到一棵大树后，躲了起来。

兔妈妈走到家门口，推了推门，门关得紧紧的，就一边敲门，一边唱歌：

“小兔子乖乖，把门儿开开！快点儿开开，我要进来。”

小兔子们一听是妈妈的声音，一齐叫起来：“妈妈回来了，妈妈回来了！”他们抢着给妈妈开门，抢着帮妈妈拎篮子。嗬，妈妈拔了这么多胡萝卜回来了。

兔妈妈亲亲红眼睛，亲亲长耳朵，又亲亲短尾巴，夸它们是好孩子。

那只大灰狼呢？他躲在大树后，偷偷地把兔妈妈唱的歌学会了。他想：“哼，我有办法了，我有办法了。明天我再来。”

第二天，兔妈妈到树林里去采蘑菇，小兔子们把门关得紧紧的。过了一会儿，大灰狼又来了。一边敲门，一边用那又粗又哑的声音唱歌：“小兔子乖乖，把门儿开开！快点儿开开，我要进来。”

红眼睛一听，以为妈妈回来了：“妈妈回来了，妈妈回来了！”

短尾巴一听，也以为妈妈回来了：“快给妈妈开门哟，快给妈妈开门哟！”

长耳朵一听，拉住红眼睛和短尾巴：“不对，不对！这不是妈妈的声音。”

小兔子们往门缝里一看：“不对，不对！不是妈妈，是大灰狼。”小兔子们一齐说：“不开，不开，我不开！妈妈不回来，谁来也不开。”

大灰狼着急了：“我是你们的妈妈，我是你们的妈妈！”小兔子们说：“我们不信，我们不信！要不，你把尾巴伸进来让我们瞧一瞧。”“好嘞，我就把尾巴伸进来，让你们瞧一瞧。”大灰狼说。

小兔子们把门打开一点儿，大灰狼就把自己的尾巴伸了进去，嘿，一条毛茸茸的大尾巴。一、二、三，嘭——小兔子们一使劲，把门关得紧紧的，把大灰狼的尾巴给夹住了。大灰狼痛得哇哇叫：“哎哟，哎哟，痛死我了！放了我，放了我……”

这时候，兔妈妈回来了，她放下篮子，捡起一根木棍，朝着大灰狼的脑袋狠狠地打。大灰狼受不了了，使劲一拉，把尾巴拉断了。他扔下一大截尾巴，逃走了。

兔妈妈这才松了一口气，扔了木棍，捡起篮子，一边敲门，一边唱歌：“小兔子乖乖，把门儿开开！快点儿开开，我要进来。”

小兔子们听见妈妈的声音，抢着给妈妈开门，抢着帮妈妈拎篮子，兔妈妈高兴地说：“你们真是聪明又勇敢的乖孩子。”

走丢了怎么办

★ 活动目标

1. 感受父母的爱，知道保护好自己也是爱父母的表现。
2. 能够说出父母的姓名、电话和家庭住址等基本信息。
3. 知道走失后如何保护自己，掌握寻求帮助的方法。

★ 活动准备

1. 经验准备

知道父母的姓名、电话和家庭住址。

② 物质准备

配备材料：幼儿探究游戏活动材料“我会求助”。

自备材料：毛绒玩具若干。

★ 活动建议

一、交流讨论，感受孩子走失后父母的痛苦。

① 讨论：如果爸爸、妈妈把孩子弄丢了，他们会有什么感受？体会父母在失去孩子后的痛苦以及他们对孩子深深的爱。

② 鼓励幼儿大胆分享自己的心情和想法。

观察指导要点

- 幼儿是否感受到父母在寻找丢失的孩子时焦急、害怕的情绪。
- 幼儿是否能够表达出“要保护好自己”“不能离开爸爸、妈妈”等，展现出一定的自我保护意识。

经验提升：如果父母丢失了自己的孩子，他们会感到极度的焦急与悲伤。他们会竭尽全力去寻找，因为孩子是父母心中最珍贵的宝贝。

二、生活体验，尝试自己寻找并返回班级。

① 带领幼儿前往户外操场，安排一名教师在操场监护，另一名教师留在班级；同时，请幼儿园其他工作人员在走廊、楼梯等关键位置守候，确保幼儿的安全。

② 引导幼儿描述自己班级的名称、位置以及班级教师的名字等信息，为接下来寻找班级或寻求帮助做好准备。

③ 鼓励幼儿尝试独自进入教学楼内，自行寻找并返回自己的班级。

④ 回到班级后，幼儿分享自己找寻班级时的心情和采取的行动。

观察指导要点

- 观察幼儿是否愿意在没有教师陪伴的情况下自主寻找班级；对于情绪不佳的幼儿，不应强迫他们参与活动。
- 提前通知工作人员，根据幼儿的情绪和要求，适当提供路径指引。

- 教师应重点关注无法完成任务、找不到班级的幼儿，并给予适当询问和指导。

经验提升：寻找自己的班级时，我们可以向幼儿园的工作人员寻求帮助，告诉他们自己所在班级和教师的名字，请他们协助寻找。即便无法找到回班级的路也不必慌张，我们可以选择在原地等待，直到老师来接自己。

三、讨论交流，学习并掌握走失时的求助方法。

1. 讨论：我们在哪些地方容易走失？如果走失了，我们应该怎么做？
2. 使用幼儿探究游戏活动材料“我会求助”，学习求助的方法。

观察指导要点

- 观察幼儿是否能够准确地说出父母的姓名、电话号码以及家庭住址等信息。
- 幼儿是否能够通过图片理解求助的方法，并能独立讲述；对于不能独立讲述的幼儿，教师可以采用问答的形式进行引导。

经验提升：在商场、公园或人群密集的地方，孩子容易走失。若不慎走失，应站在原地不动，等待家人来寻；同时，可以寻求工作人员的帮助。在商场里，我们可以请工作人员协助到广播室播报，寻找家人。若在幼儿园门口与家长走散，我们可以返回幼儿园请老师帮助联系家长。在人多的地方，我们要紧跟家长，不要走出他们的视线范围。遇到陌生人提出带你离开时，坚决不要跟随。

★ 活动拓展

在幼儿园组织外出活动或返回班级时，教师务必要清点人数，确保不让任何幼儿离开集体，避免他们产生恐惧或焦虑的情绪。

★ 家园共育

前往人群密集的地方时，家长应尽量将孩子抱在怀里，或准备防走失的手环、定位手表等设备，以便在需要时迅速找到孩子并与孩子保持联系。

子主题 安全我知道

安全出口

活动目标

1. 喜欢参与消防演习活动，提高自我保护能力。
2. 掌握紧急情况下的避险知识。
3. 能够认识安全出口标志，并知道在公共场所要关注该标志。

活动准备

1. 经验准备

了解在火灾发生时撤离的正确做法，即弯腰并用湿毛巾或其他物品捂住口鼻，以减少吸入有毒烟雾和灰尘。

2. 物质准备

配备材料：幼儿探究游戏活动材料“走迷宫”。

自备材料：一段火灾警报声，安全出口标志卡。

活动建议

一、交流讨论，知道发生突发事件时应立即撤离危险现场。

设置情境：小朋友和爸爸、妈妈去旅游，入住宾馆时不幸发生了火灾。在这种情况下，他们应该怎么办？他们想要撤离危险现场，但不清楚楼内哪里有楼梯和通道，他们该怎么做呢？

观察指导要点

- 倾听幼儿的真实想法，并引导他们在发生突发事件时要保持冷静、不慌张，并跟随成人有序撤退。
- 观察是否有幼儿能说出在陌生的室内环境中，可以通过寻找安全出口标志来寻找楼梯和通道，进行安全撤离。

经验提升：在突发事件发生时，我们要保持镇定，不要焦急、害怕或慌张，要听从现场指挥，有序地进行撤离。如果找不到出口，可以沿着墙壁寻找安全出口标志，跟随它们的指引前进，不要盲目乱走，避免踩踏事故的发生。

二、生活体验，寻找幼儿园内的安全出口标志。

1. 展示安全出口标志卡，让幼儿认识标志上的文字和图案，并理解它们所代表的含义。
2. 带领幼儿前往教学楼内不太熟悉的走廊，引导他们寻找墙面上的安全出口标志，并尝试按照指示行走，体验标志的重要作用。

观察指导要点

- 观察幼儿是否能够识别安全出口标志，并依据标志的提示找到安全通道。
- 教师不应干预寻找过程，只需跟随幼儿，让幼儿在活动中体验安全出口标志的意义和作用。

经验提升：在公共场所，安全出口标志通常会设置在显眼的位置，例如楼梯和走廊靠近地面的墙面，或是靠近天花板的墙面。遵循这些安全出口标志的指引，我们就能找到通往安全地带的路。

三、消防演习，尝试根据标志快速逃离危险地带。

1. 将幼儿分成三组，每组由一名教师或保育员带领，分别前往幼儿园的不同楼层。
2. 播放火灾警报声，幼儿在前，教师在后，进行紧急疏散，引导幼儿根据安全出口标志的指示迅速前往户外。

观察指导要点

- 在紧急撤离时，教师要关注幼儿的情绪，告诉他们现在在进行安全演习，避免他们产生不良情绪。
- 观察幼儿是否能够积极寻找安全出口标志，并按照标志的指示找到出口。

经验提升：我们要养成在公共场所中关注安全出口标志的好习惯。这样能保证发生突发事件时迅速、有序地撤离，避免因慌乱而遇到危险。

★ 活动拓展

在活动区提供幼儿探究游戏活动材料“走迷宫”，帮助幼儿进一步加深对安全出口标志的认识和理解。鼓励幼儿尝试根据迷宫中的安全出口标志的指示找到走出迷宫的路。

★ 家园共育

带孩子到公共场所时，引导孩子寻找安全出口标志，并让孩子带领成人找到出口。

危险大排查

★ 活动目标

1. 乐意参与游戏，培养识别身边的危险因素的习惯。
2. 尝试用贴纸标记幼儿园室外的危险因素，提高安全防护意识。
3. 知道幼儿园中哪些地方不安全，容易发生危险。

★ 活动准备

1. 经验准备

知道户外活动中的危险行为。

2. 物质准备

配备材料：幼儿探究游戏活动材料中的注意安全标志贴纸。

★ 活动建议

一、游戏体验，了解幼儿的安全防护能力水平。

1. 与幼儿一同前往户外，进行短暂的分散游戏活动。
2. 讨论：在游戏中可能会遇到什么危险？你是怎么做的？

观察指导要点

- 观察幼儿在分散游戏中的表现，记录哪些幼儿表现出危险的动作或行为。
- 观察哪些幼儿具备风险预判能力，哪些幼儿缺乏安全意识。

经验提升：在幼儿园的户外游戏中，同样存在着潜在危险。人多时相互推挤，或是在不平整的地面上奔跑，都可能引发安全事故。这些危险是可以避免的，关键在于我们所有人都需要遵守游戏规则，互相提醒注意安全。此外，我们还可以提前识别出哪些地方存在潜在危险，并采取相应的预防措施进行防范。

二、预判危险，提高对环境的观察力与敏感度。

1. 从粘贴页中取下注意安全标志贴纸，在户外各个场所寻找可能对自己造成危险的物品及区域。
2. 跟随并观察幼儿，把他们发现的危险及时用手机拍照记录下来。

观察指导要点

- 跟随并观察幼儿，确保他们在自主活动中的安全。可以动员更多的教职工参与活动的安全防护。
- 鼓励幼儿大胆讲述自己的发现，并及时进行粘贴标记。

经验提升：户外活动中，如果在水池、沙池、大型玩具和台阶等地方操作不当或行走不慎，都可能发生危险。因此，在游戏过程中，我们不要做危险动作，并保持良好的秩序，注意保护自身安全。

三、学说儿歌，进一步提高安全防护意识。

1. 欣赏儿歌《安全知识歌》，进一步强化幼儿不碰危险物品的安全意识。
2. 引导幼儿学说儿歌，并尝试创编动作。

观察指导要点

- 欣赏儿歌时，鼓励幼儿自由创编动作，加深对儿歌的理解。
- 观察幼儿是否能一边诵读儿歌，一边做动作。

经验提升：我们身边潜在许多危险，但只要我们谨慎行事、不做危险动作并采取适当的预防措施，就可以大大降低风险。我们不必因为恐惧而畏首畏尾，应该勇敢面对并学会如何安全地应对各种情况。

★ 活动拓展

在一日生活中，随时发现身边的危险因素，并随机进行安全教育。

★ 活动资源

儿　歌

安全知识歌

有洞我不抠，有高我不爬，
小刀我不碰，热水我不拿，
宝贝真听话，妈妈把我夸。

橡皮膏小熊

★ 活动目标

1. 喜欢阅读绘本，愿意分享自己的想法。
2. 能够理解图意，并能简单讲述故事内容。
3. 能够理解故事内容，掌握自我保护的方法。

★ 活动准备

1. 经验准备

有在游戏中受伤的经历。

2. 物质准备

配备材料：幼儿探究游戏活动材料“连线讲故事”，图片“橡皮膏小熊”，图画书、故事音频《橡皮膏小熊》。

自备材料：贴满橡皮膏的小熊玩偶。

★ 活动建议

一、观察、猜想故事内容。

1. 出示贴满橡皮膏的小熊玩偶，引入故事情境：小熊身上为什么贴满了橡皮膏？可能发生了什么事情？

2. 每名幼儿一本图画书《橡皮膏小熊》，自主阅读，尝试通过图片理解故事的大致内容。

3. 鼓励幼儿大胆向同伴或教师讲述故事。

观察指导要点

- 幼儿是否能够理解画面内容，并描述图中发生的事件。
- 观察哪些幼儿能够较好地理解并讲述故事内容，哪些幼儿不愿意讲述。
- 为了让每个幼儿都有讲述的机会，建议多名教师同时到各组去观察和倾听，并鼓励幼儿之间互相讲述。

经验提升：在阅读图画书时，我们应该按顺序、一页接一页地仔细翻看，确保完全理解当前页面的内容后再继续翻至下一页。将每一页的内容连贯起来，就能构成一个完整的故事。《橡皮膏小熊》这个故事讲述了一只小熊由于缺乏安全意识，不遵守游戏规则，经常做出危险的行为而受伤。

二、分析、理解故事内容。

1. 展示图片“橡皮膏小熊”，逐一观察、分析。教师根据画面适时提问，帮助幼儿理解故事内容。

（1）小熊和谁一起玩耍？哪里受了伤？

（2）小熊为什么会受伤？如果你是小熊会怎么做？

（3）这个故事告诉了我们什么道理？

2. 取出图画书《橡皮膏小熊》，再次阅读，进一步理解故事内容。

观察指导要点

- 幼儿是否能够根据图片理解故事内容，并能较为准确地回答教师提出的问题。

- 幼儿是否能说出避免小熊受伤的方法。
- 引导幼儿适当拓展故事情节，并总结出更多避免危险发生的方法。

经验提升：小熊在不同的日子里经历了一系列的小意外。第一天，小熊和小狐狸玩球时不小心碰到了鼻子，结果不得不贴上了橡皮膏。第二天，小熊和小花猫一起滑滑梯，结果屁股撞在了地面，又需要贴上橡皮膏。第三天，小熊和小猴子玩耍时不慎从攀登架上摔下来，结果膝盖磕在了地面，再次贴上了橡皮膏。

三、回顾、讲述故事内容。

1. 播放故事音频《橡皮膏小熊》，进一步巩固对故事内容的理解。
2. 使用幼儿探究游戏活动材料“连线讲故事”，说说故事中都有谁，发生了什么事情。
3. 根据故事内容连线并大胆讲述故事。取出粘贴页中的橡皮膏贴纸，在小熊受伤的地方贴上橡皮膏。

观察指导要点

- 关注幼儿是如何讲述故事的，是否能根据故事情节进行正确连线。
- 幼儿单独讲述时，引导其他幼儿安静倾听，不打扰，培养幼儿良好的倾听习惯。

经验提升：在游戏时，我们要注意遵守规则，这样能够保护好自己，避免受到伤害。

★ 活动拓展

1. 在餐前、睡前等过渡环节，播放故事音频《橡皮膏小熊》，以进一步熟悉故事内容。
2. 将图画书《橡皮膏小熊》放置在图书区，鼓励幼儿自主讲述故事，初步理解图书上的文字与画面的对应关系，并逐步培养幼儿的阅读兴趣。

★ 活动资源

故　事

橡皮膏小熊

小熊有许多好朋友，他最喜欢和好朋友一起做游戏。

第一天，小熊和小狐狸一起玩皮球。小狐狸把皮球抛给了小熊，小熊却没用手去接，“咚”的一声，皮球碰在了鼻子上。鼻子碰得又红又肿，小熊呜地哭了出来。小狐狸连忙说：“别哭别哭，贴上橡皮膏就不痛了。”说着，小狐狸就在小熊的鼻子上贴上了橡皮膏。

第二天，小熊和小花猫一起滑滑梯。小熊没有扶好扶手，一下子从滑梯上面滑下来，“咚”的一声，屁股撞到了地面，变得又红又肿。小熊呜地哭了起来。小花猫连忙说：“别哭别哭，贴上橡皮膏就不疼了。”说着，小花猫就在小熊的屁股上贴上了橡皮膏。

第三天，小熊和小猴子一起爬攀登架。小熊没有抓紧攀登架，摔了下来，“咚”的一声，膝盖磕到了地面，变得又红又肿。小熊又呜地哭了起来。小猴子连忙说：“别哭别哭，贴上橡皮膏就不疼了。”说着，小猴子就在小熊的膝盖上贴上了橡皮膏。

小熊的鼻子、屁股、膝盖都贴了橡皮膏，小伙伴们都说：“哎呀，小熊变成了‘橡皮膏小熊’。”

遇见春天

主题价值

春天是万物复苏的季节，小草萌发，花儿绽放，雨水逐渐增多，微风也变得愈发温暖……在春天里，一切都充满了生机与活力。

对于幼儿来说，温暖的春天是他们接触自然、探索世界的最佳时机。小班幼儿对周围事物充满好奇，喜欢观察常见的动植物。在大自然的怀抱中，他们能够欣赏各种美丽的花草，感受春天的生机勃勃。他们体会天气的变化，沐浴在温暖的阳光下，接受春雨的滋润。在大自然的课堂中，他们能获得生动有趣的感性体验，感受生命的美好。

设置“遇见春天”主题活动，旨在引导幼儿走进大自然。在子主题“春日花园”中，幼儿将观察和体验植物的变化，感受春天特有的气息。在子主题“春雨沙沙”中，我们将引导幼儿通过观察外在的、明显的特征来认识简单的天气现象，帮助他们获取与春季相关的重要生活经验。在第三个子主题“收集春天”中，将鼓励幼儿充分利用周围的事物、现象及其变化，通过看、听、闻、触摸等多种方式，发现问题，探索世界，从而逐步培养幼儿自主探究与学习的兴趣和热情。

主题讨论

在主题活动组织与实施前，可以通过谈话、交流或问卷调查等方式，了解幼儿对春天中的植物变化、动物变化及天气变化的已有认知经验。将收集到的信息进行梳理和筛选，灵活运用于主题活动的设计上，创造性地开展主题活动。具体的谈话或讨论话题可以参考以下内容：

1. 春天在你眼中是什么样的？
2. 你喜欢春天里的什么？对于这个季节，你是否有想要探寻的秘密？
3. 哪些花儿在春天绽放？它们都是什么样子的？
4. 在这个美丽的春天里，你想去哪些地方？想做些什么事情呢？
5. 在春天，人们会种植各种花卉或蔬菜，有没有你想种植的植物呢？

……

主题目标

1. 感受天气的变化，在温暖的气候中，享受参与户外体育活动的乐趣。
2. 愿意与他人交流天气、植物等在春天的变化，愿意表达自己的见解和想法，能口齿清晰地说儿歌、讲故事。
3. 不随意采摘花草，具备初步的环境保护意识。
4. 乐于观察和探索身边的花草树木，尝试辨别不同季节和天气的基本特征，并萌发对春天的喜爱之情。
5. 喜欢动手实践，乐于探索天气、气候等自然现象。
6. 能够通过声音、动作和表情自由地表现与春天相关的音乐，乐于唱歌和跳舞。
7. 能够用泥塑、绘画、粘贴等多种方式利用丰富的材料来展现春天的特征。

主题资源

“遇见春天”活动资源一览表

子主题	活动名称	涉及领域	幼儿游戏资源			教师教学资源		
			实物	探究游戏活动材料	图画书	图片	音频	视频
春日花园	春天	艺术/科学					歌曲：春天	
	春天里的花	科学/语言		春天里的花				
	小草醒来了	科学/语言	塑料环扣	小草醒来了		小草醒来了	音频：雷雨声	小草醒来了
	花开朵朵	艺术/科学		花开朵朵				
	花儿好看我不摘	语言/社会	正方形彩纸	公园里的花				
	能干的园丁	社会/艺术		种植日记		绿化工人		
春雨沙沙	风来了	科学/艺术	羽毛	小扇子				
	下雨了	科学/语言	木夹、麻绳、塑料喷壶	云朵雨				
	大雨和小雨	艺术/科学					歌曲：大雨和小雨	

续表

子主题	活动名称	涉及领域	幼儿游戏资源			教师教学资源		
			实物	探究游戏活动材料	图画书	图片	音频	视频
收集春天	花草手帕	科学/艺术	棉布手帕、木锤	花草手帕				
	快乐寻宝	科学/数学		寻宝清单				
	植物手环	艺术/科学		植物手环				

主题环境

主题墙

1 师生共同收集与春天相关的图片、照片和幼儿的作品，精心布置活动室，营造“美丽的春天”场景。

2 收集枝条和花草等，投放至科学区或美工区，供幼儿进行水培或艺术创作。

3 留意幼儿对“春天”的兴趣点，在各类活动中及时捕捉他们提出的具有探究价值的问题，例如“春天的花草是什么样子的”“哪些植物最先开花”“我想种植 ××”等。根据幼儿的兴趣和探索愿望，积极引导他们进行探索，并将相关内容通过照片、图片、表格等多种形式，以图文并茂的方式展示在主题墙上。

4 收集与“春天”主题相关的资源，并将其展示在活动室或主题墙上。例如，可以在活动室的一角设置一个“春天”展台，展出发芽的植物、盛开的花朵和游动的小蝌蚪等；同样，也可以通过种植活动，展示植物的生长过程图片，以此来丰富和扩展幼儿的主题经验。

5 结合日常生活中的现象，引导幼儿了解春天的天气变化；可以通过收集晴天、雨天和阴天的图片或视频等资料，鼓励他们进行观察和讨论。

活动区

1 自然角：丰富自然角的内容，通过开展自主选择种子和自主种植活动，鼓励幼儿观察春季植物的生长变化。同时，将收集来的花草和枝条进行水培，让幼儿初步感受水对植物的重要性。此外，还可以开展饲养蝌蚪、蚕等小动物的活动，让幼儿体验生命的神奇变化。

② 建构区：提供大型积木块、纸盒、奶粉桶（也可以准备一些用来装沙土的容器作为花盆）、仿真花草、围栏等。通过观察和指导，鼓励幼儿运用垒高、延长、围合等技巧，共同协作搭建“春天的花园”。

③ 益智区：自制或投放 10 块以内的植物拼图，引导幼儿关注植物各个部位的特征，并通过观察图画之间的联系，尝试完成简单的拼图游戏。

④ 科学区：投放多种可充气的玩具，鼓励幼儿充气后进行持续观察并记录。同时提供透明容器、水槽和卡纸，指导他们进行实验操作，从中感受并认识空气。

⑤ 美工区：为幼儿提供超轻黏土、蛋托和彩纸，以制作各种花草。同时，收集彩色塑料、彩纸、毛根和纸杯等材料，引导幼儿创作并表现春天的植物。此外，还可以利用空花瓶以及制作好的作品进行插花游戏，提升游戏的趣味性与丰富性。

⑥ 语言区：投放一些适合小班幼儿阅读、与春天有关的图画书，如《春》《遇到春天》《春天什么时候来》《春天的手》等；指导幼儿阅读或与幼儿共读，培养幼儿良好的阅读习惯。

家园共育

① 利用节假日带孩子到公园、乡村等植被丰富的地方，认识并观察各种植物，感受春天生机勃勃的景象。

② 与孩子一同种植喜爱的植物，定期观察并按时浇水、照料，记录植物的生长过程，以培养孩子的观察力。

③ 关注园区内的花草，适时与孩子一起为这些植物浇水，从而培养孩子保护环境的意识。

④ 和孩子一起走进大自然，通过郊游、放风筝、亲子手工制作等活动增进亲子关系，帮助幼儿获得更多的与春天有关的感性经验。

⑤ 为幼儿树立良好的榜样，教导他们爱护花草树木，不随意踩踏草坪或采摘花朵。

子主题 春日花园

春天

★ 活动目标

1. 体验与同伴合作演唱的快乐，激发对大自然的热爱之情。
2. 能够根据歌词创编动作进行表演，能准确演绎休止符。
3. 掌握休止符的演唱技巧，并通过歌曲进一步巩固对春天基本特征的认知。

★ 活动准备

1. 经验准备

对春天有一定的认知经验。

2. 物质准备

配备材料：歌曲音频《春天》。

自备材料：蝴蝶、蜜蜂、小白兔的头饰若干。

★ 活动建议

一、欣赏歌曲，感受欢快的旋律和情感。

1. 引导幼儿说一说春天是什么样子的。
2. 播放歌曲音频《春天》，讨论：歌曲中都描述了哪些内容？你有什么感受？

观察指导要点

- 幼儿能否清楚地说出歌曲中提到的动物名称，是否能感受到歌曲传达出的欢快情绪等。
- 哪些幼儿能主动随着音乐自由表现歌曲。

经验提升：这首歌曲名为《春天》，歌曲描绘了春天的美丽景色和嬉戏的小动物们。歌曲的旋律轻快且愉悦，令人感受到春天的欢乐氛围。

二、理解歌曲内容，学习休止符的唱法。

1. 再次播放歌曲音频《春天》，欣赏歌曲并感受歌曲欢快的节奏。
2. 具体说一说歌曲里出现了哪些小动物，它们在做什么，花儿和树枝是什么样子的。
3. 随着音乐的旋律，自由模仿动植物，充分展现对歌曲的理解。
4. 认真倾听杨柳树枝在“弯弯腰”和小白兔在“又一跳”中的节奏变化；学习如何演唱休止符，明白休止符意味着需要停顿（静止），如“弯○弯○腰”“又○一○跳”。

观察指导要点

- 幼儿是否能安静倾听歌曲，是否不由自主地用肢体表现歌曲的内容或节奏。
- 幼儿能否识别出休止符，并随音乐准确表现出来。

经验提升：歌曲描绘了花儿盛开，杨柳在微风中轻轻摇摆，蝴蝶和蜜蜂在春天的花丛中翩翩起舞，小白兔轻快地跳跃的情景。当遇到休止符时，我们需要停顿或保持静止。

三、进行韵律活动，创编动作表演歌曲。

1. 钢琴伴奏，尝试模仿歌曲中动植物的动作，如小兔跳一跳、蝴蝶飞呀飞、蜜蜂嗡嗡叫、杨柳弯弯腰等。
2. 跟随歌曲《春天》的音频节奏齐声演唱，并自由创编动作进行韵律活动。

观察指导要点

- 幼儿是否能够根据音乐节奏的快慢和强弱等特点进行韵律活动。
- 幼儿是否能协调手脚动作并合拍地表演歌曲。若有难度，可以适当减少下肢动作。
- 不要强调动作的规范性或统一性，鼓励幼儿进行个性表现，只要合拍地模仿动作即可。
- 可以引导幼儿两人一组面对面进行律动，便于教师观察，避免碰撞；也可以进行集体或小组的韵律活动。

★ 活动拓展

1. 在一日生活中的过渡环节播放歌曲音频《春天》，引导幼儿做热身律动。
2. 定期观察幼儿园中的花草树木在春天的变化。

★ 活动资源

歌　曲

春　天

1=F $\frac{2}{4}$

盛璐德　词
马革顺　曲

动作参考

[1~4] 小节：双手向两侧伸，前后摇摆两次，双手向上举做花开状或托住脸。

[5~8] 小节：双手向上举，分别向左右两侧弯腰。

[9~12] 小节：双手向两侧伸，手心朝下，上下摆动，再前后摆动。

[13~16] 小节：两指竖起放在头顶，扮作兔子耳朵，双腿弯曲，前后跳动。

春天里的花

★ 活动目标

1. 知道要爱护植物，初步树立环境保护意识。
2. 在观察和探索中发现春天花草的变化。
3. 初步认识春季常见的花，了解花朵的基本特征。

★ 活动准备

1. 经验准备

对身边的花草有初步的认知经验。

2. 物质准备

配备材料：幼儿探究游戏活动材料“春天里的花”。

自备材料：收集常见花草的照片、图片以及仿真物品，将它们展示在主题墙上。

★ 活动建议

一、寻找春天的花草树木，感受春季植物的特征。

1. 教师与幼儿一同前往幼儿园的种植区或绿化带等地，引导幼儿自由观察花草树木。

2. 在观察的同时，讨论花草树木的外部特征。例如：小草的叶子是什么样的？树木的枝条是什么样的？花朵是什么形状和颜色的？

3. 鼓励幼儿将观察到的结果与同伴进行分享。

观察指导要点

- 幼儿是否能仔细观察花草树木的外部特征，并在交流中自如地表达；引导幼儿勇敢分享自己所观察到的事物，并在他人讲述时耐心倾听。
- 在幼儿交流讨论时，可以引导他们学习如何比较不同种类的草木和花朵，观察其明显的差异。

经验提升：在春天，小草从泥土中探出头来，小小的、绿绿的；有些树木虽然尚未长出新叶，却已经盛开各种颜色的花朵，有黄色的、粉色的、白色的等。

二、认识春季常见的花，感知花朵的基本特征。

1 结合幼儿园及其周边的自然环境，认识春天里常见的花，例如桃花、迎春花、苹果花和玉兰花等。引导幼儿去发现那些盛开的花朵，然后鼓励他们自主观察这些花的外在特征，并在教师的指导下，了解不同花的名称。

2 使用幼儿探究游戏活动材料“春天里的花”，到粘贴页取下花朵贴纸，把你找到的花朵的贴纸贴在空白的圆圈里或画下来，并和同伴说说它们是什么花。

观察指导要点

- 观察幼儿是否能分辨不同的花，并正确说出花的名称。
- 幼儿园的资源各异，教师应充分结合当地特色，提前做好活动准备。例如，可以提前收集附近常见的花朵的图案，供幼儿粘贴。

经验提升：春天来了，许多花朵盛开了：有黄色的迎春花和连翘，淡粉色的杏花和桃花，白色的梨花和苹果花……当花儿凋谢后，树木会长出新叶，有些还能结出果实。

三、欣赏春天的植物，讨论保护花草树木的方法。

1 鼓励幼儿寻找自己喜欢的花草树木，并为其拍照。

2 讨论：花草树木有什么作用？如果没有了花草树木，世界会变成什么样？我们应该如何保护这些植物、保护环境呢？

3 与幼儿共同制定保护花草树木的行为规范，例如，不随意采摘花草、不破坏草坪、不践踏花圃、不损伤树木等。

观察指导要点

- 在欣赏植物的同时，可以引导幼儿讨论：一旦没有了花草树木，我的生活环境会有什么变化？并向幼儿传递保护环境的意识。
- 可以根据幼儿提出的保护花草树木的方法，展开集体讨论。在讨论中提醒幼儿，他们提出的方法应易于执行，并且能有效地保护花草树木。

经验提升：花草树木能够吸收二氧化碳，释放氧气，净化空气。它们不仅能美化环境，还能保持水土。如果没有花草树木，土地就可能沙化，最终变成荒凉的沙漠。

★ 活动拓展

在班级的自然角中，为捡拾来的花草和树枝进行水培，或者制作成标本，供幼儿观察与研究。

★ 家园共育

1. 活动前，建议家长与孩子共同收集资料、交流讨论，丰富他们与主题相关的经验。
2. 带孩子去当地的公园、植物园等地，近距离观察春天里的花草树木，提高他们对周围事物的观察力。
3. 家长应以身作则，爱护身边的花草树木，为孩子树立榜样。

小草醒来了

★ 活动目标

1. 喜欢诵读散文诗，感受语言的优美。
2. 能用完整的语句或动作表现散文诗的内容。
3. 理解散文诗的内容，进一步感知春天动植物的变化。

★ 活动准备

1. 经验准备

对春天动植物的变化有基本的了解。

2. 物质准备

配备材料：幼儿探究游戏活动材料“小草醒来了”，实物材料中的塑料环扣，图片“小草醒来了”，视频《小草醒来了》，音频《雷雨声》。

★ 活动建议

一、渲染情境，引出散文的主题。

❶ 播放音频《雷雨声》，讨论：这是什么声音？ 春天里轰隆隆的雷声会把谁惊醒？

❷ 引导幼儿结合春天动植物的变化，想象动植物们被雷雨声唤醒的情景。冬眠的青蛙、蛇和小熊会在雷雨的轰鸣中苏醒，甚至连小草和花朵也会被唤醒。

观察指导要点

- 幼儿是否能辨识出雷雨声并说出“春雨”“春雷”等词汇。
- 幼儿是否能通过观察动植物的变化，发挥想象力，描述被雷声惊醒的动植物。

经验提升：在春天，随着气温的回升，在温润的春雨滋养下，动物和植物相继苏醒。沉睡了一整个冬天的青蛙、蛇和小熊在雷声中醒来；嫩绿的小草和娇艳的花朵似乎也在雷声中苏醒，重新焕发活力。

二、欣赏散文诗，理解散文诗的内容。

❶ 播放视频《小草醒来了》，初步理解散文诗的内容。

❷ 展示图片“小草醒来了”，引导幼儿仔细观察，并深入理解散文诗。教师结合画面提出相关问题：

（1）你睡醒的时候会做什么动作？

（2）小草醒来后会看到什么呢？都有谁向小草问好？他们是怎么问好的？

（3）小草变成了什么颜色？还有谁也变成了绿色？

（4）除了小草，还有谁醒来了？他们都有什么变化？

观察指导要点

- 幼儿能否在教师的引导下模仿春雨、春风、太阳、小草等，并相互问好。
- 幼儿是否能用散文诗中的词、句或相近的词、句来回答教师的提问。
- 幼儿是否能描述其他动植物的变化。

经验提升：随着春天的到来，阳光暖洋洋地洒在大地上，微风轻拂，春雨滋润着万物。小草从沉睡中苏醒，伸着懒腰，从地底钻出，向春雨、春风和太阳问好。他的兄弟姐妹们也披上了嫩绿的衣裳，草地一片生机勃勃，绿意盎然。

三、诵读散文诗，尝试替换词语进行简单的创编。

1 讨论：还有谁会看见小草？他们是怎样打招呼的？尝试替换散文诗中的词语进行简单的创编，如：

花朵笑眯眯地看着小草："你好，小草！"小草说："你好，小花！"青蛙笑眯眯地看着小草："你好，小草！"小草说："你好，青蛙！"

2 使用幼儿探究游戏活动材料"小草醒来了"，在空白卡里贴上或画上幼儿喜欢的事物，并尝试仿编简单的句子。

3 取下卡片，按照顺序叠放在一起，用实物材料的塑料环扣将卡片变成一本小书。

观察指导要点

- 幼儿是否能够有创造性地拓展、创编散文诗。
- 引导幼儿进行简单的词语替换，并鼓励其说出完整的句子。
- 幼儿选择了哪个动植物进行仿编，是否能根据该动植物的特点创编散文诗。

★ 活动拓展

制作一本名为《小草醒来了》图画书，引导幼儿收集常见的动植物图片，进行剪裁和装饰，丰富画面，并尝试继续仿编散文。

★ 活动资源

散文诗

小草醒来了

轰隆隆，轰隆隆，一声声响雷惊醒了小草甜甜的梦。

小草伸伸懒腰，踢踢腿，揉揉眼睛，醒来了。

春雨轻轻地打在小草身上："你好，小草！"小草说："你好，春雨！"

春风轻轻抚摸着小草："你好，小草！"小草说："你好，春风！"

太阳笑眯眯地看着小草："你好，小草！"小草说："你好，太阳！"

小草睁大好奇的眼睛，东看看，西瞅瞅，呀！所有的兄弟姐妹都穿上了嫩绿的衣服，多美呀！

花开朵朵

★ 活动目标

1. 喜欢绘画活动，乐意用画笔表现春天的事物。
2. 能够用不同的图形或线条大胆表现花朵的基本结构。
3. 认识花的基本结构，如花柄、花瓣、花蕊、萼片等。

★ 活动准备

1. 经验准备

会画直线、曲线、螺旋线等多种线条。

2. 物质准备

配备材料：幼儿探究游戏活动材料“花开朵朵”。

自备材料：蜡笔、水彩笔、水粉颜料、废旧报纸等。

★ 活动建议

一、欣赏春天里盛开的花，认识花的基本结构。

1. 欣赏幼儿园或周围环境中盛开的花，说一说花朵的名称、颜色、形态等，感受花的多样性。

2. 初步认识花的基本结构，结合对实物的观察进行提问：

（1）在这朵花上，你看到了什么？它由哪些部分组成？

（2）指认花的各个部位：哪里是花瓣？哪里是花蕊？哪里是花柄？

观察指导要点

- 幼儿能否迅速发现身边的花，并说出花的名称和颜色等。
- 幼儿在描述花朵时，使用了哪些词语，这些词语是否鲜明、生动且准确。
- 幼儿是否能准确指认花的基本结构，如花瓣、花蕊、花柄、萼片等。

经验提升：春天盛开的花儿种类繁多，色彩和形态各异。花一般由花柄、花托、花萼、花冠（由多个花瓣组成）和花蕊构成。

二、自由绘画，提升想象力和表现力。

1 使用幼儿探究游戏活动材料“花开朵朵”，尝试根据步骤图创作五颜六色的花朵，并添画出花柄和叶子。

2 取出幼儿探究游戏活动材料“花开朵朵”，结合提供的绘画材料，如废旧报纸和水粉颜料等，引导幼儿按照自己的想法和意愿，在纸上创作出各种各样的花朵。

观察指导要点

- 教师应尽量避免不必要的示范，充分发挥幼儿的想象力与创造力。
- 观察幼儿是如何使用材料的，是否能用各种形状和线条创作形态各异的花朵。
- 鼓励幼儿自主选择花朵的大小、颜色和形态等，教师应尽量减少干预。

经验提升：首先，把小块的废旧报纸揉成纸团儿，作为印花朵的工具；然后，将纸团儿蘸上自己喜欢的颜料，并在画纸上印出花朵图案；最后，在每朵花下面画上花柄和叶子。

三、展示作品，初步学习欣赏、评价他人的作品。

1 将颜色各异、形态不同的花朵作品挂在展览区，让幼儿互相欣赏和讨论。

2 通过观察和比较，讨论哪些花最美丽，以及自己最喜欢哪一朵。初步学习如何评价他人的美术作品。

观察指导要点

- 幼儿是否对他人的作品感兴趣。
- 幼儿是否能够较为客观地评价他人的作品。

经验提升：每个人创作的花朵都与众不同，只要大胆表现，每幅作品都是独一无二的。

★ 活动拓展

1 在美工区投放画纸，引导幼儿用多种方式绘制花朵，不断提高绘画能力。

2 在图书区为幼儿提供与花有关的图画书，进一步丰富幼儿对花的认知。

花儿好看我不摘

活动目标

1. 喜欢跟读韵律感强的儿歌，培养爱护花草树木的情感。
2. 能够做到不摘取花朵、不折断树枝、不踩踏植物。
3. 通过学说儿歌，理解不随意摘取花朵是基本的社会公德和规则。

活动准备

1. 经验准备

认识常见的花草树木。

2. 物质准备

配备材料：幼儿探究游戏活动材料“公园里的花”，实物材料中的正方形彩纸。

自备材料：胶水每人一个。

活动建议

一、户外体验，体会大自然的美好。

1. 教师和幼儿一起到户外有花朵盛开的环境中，鼓励幼儿自由观察和交流。
2. 选择自己最喜欢的花朵，教师帮助幼儿与花朵合影拍照。
3. 讨论：当你置身于美丽的大自然中时，有什么样的感受？

观察指导要点

- 观察幼儿在接触花朵时，是否表现出对花朵的喜爱和陶醉之情。
- 关注幼儿是否喜欢与花朵合影拍照；确保为每名幼儿拍照，可以是单人照，也可以是与同伴的合影。
- 幼儿是否能表达在大自然中的感受，如呼吸到了新鲜的空气、感到心情愉悦等。

经验提升：随着春天的到来，小草变得绿意盎然，花儿以五彩斑斓的色彩和迷人的香气盛开。这些花草不仅让我们的环境变得更加美丽，也让空气变得更加清新，使我们的心情更美好。

二、对比观察，萌发爱护花草树木的情感。

1 教师与幼儿一同前往没有花草树木的地方，引导幼儿描述自己的感受。

2 讨论：如果没有花草树木，我们的生活环境会是什么样子的？应该怎样爱护花草树木？

观察指导要点

- 引导幼儿理解花草树木不仅具有观赏价值，还有净化空气、降低噪声、加固土壤等作用。
- 观察幼儿如何形容没有花草树木的世界，他们想到了哪些爱护花草树木的方法。

经验提升：没有花草树木的世界就像沙漠一样缺乏生机；花草树木能够美化环境、净化空气、降低噪声，因此人们经常在马路两边栽种它们。花草树木还能阻挡风沙、改良土壤。我们不能随意摘取花草、折断树枝，不能踩踏植物，要保护环境，爱护花草树木。

三、学说儿歌，理解不随意摘取花朵是基本的社会公德。

1 学说儿歌《花儿好看我不摘》，理解儿歌内容，自由创编动作。

2 取出幼儿探究游戏活动材料“公园里的花”和实物材料中的正方形彩纸，根据步骤图，用对角折的方法折出美丽的郁金香，并粘贴在下方的花坛里。

观察指导要点

- 观察幼儿是否喜欢说儿歌，是否能口齿清晰地跟读儿歌。
- 观察幼儿是否能用自己喜欢的肢体动作和表情表现儿歌内容。
- 鼓励幼儿观察折纸步骤图，独立完成郁金香的制作，并将其粘贴在画面中的合适位置。

经验提升：在日常生活中，我们应该遵循儿歌中的教导，不采摘花朵、不破坏环境，努力成为一名环保小卫士。

★ 活动拓展

带领幼儿到户外检查花草树木是否有损坏，提醒幼儿及时养护；提示幼儿爱护幼儿园内的花草树木。

★ 活动资源

儿 歌

花儿好看我不摘

公园里，花儿开。
红的红，白的白。
花儿好看我不摘，
大家都说我真乖。

能干的园丁

★ 活动目标

1. 初步体会劳动与环境之间的联系，培养对劳动者的热爱和尊重之情。
2. 能够主动参与种植活动，通过栽培活动初步积累种植经验。
3. 认识园丁师傅，初步了解他们的日常工作内容。

★ 活动准备

1. 经验准备

知道花草树木需要人们的照料。

2. 物质准备

配备材料：幼儿探究游戏活动材料“种植日记”，图片“绿化工人”。

自备材料：每人一份花苗或菜苗，浇水壶、小铲子等种植工具若干。

★ 活动建议

一、观察与讨论，体会美丽环境背后的劳动付出。

1 幼儿园的园丁师傅（或社区的绿化工人）工作时，带领幼儿一同观察他们的工作内容。若不便于直接观察，可借助图片“绿化工人”进行观察。

2 讨论：园丁们在做什么？为什么要进行这些工作？

观察指导要点

- 幼儿是否能根据自己的观察描述园丁师傅（或绿化工人）的工作内容，例如给花草浇水、为大树剪枝、摆放花盆等。
- 幼儿是否能描述园丁师傅（或绿化工人）工作的意义，如促进植物生长、美化环境等。

经验提升：花园中的花草需要人们的细心照料才能茁壮成长。在街道、公园、花园等地栽培和护理植物的人们，我们称为“园丁”。正是他们的不懈努力和辛勤劳动，才让我们的生活环境变得美丽宜人。

二、参与劳动，培养热爱和尊重劳动者的情感。

1 邀请园丁师傅分享他们每天的工作内容，以拓展幼儿对植物养护相关工作的认知经验。

2 与园丁师傅互动，和他们一起参与除草、为花草浇水等简单的劳动，体验劳动的辛苦与快乐，培养尊重劳动者的情感。

3 劳动结束后，鼓励幼儿扮成小花、小草、大树，对园丁师傅说一句话，表达感谢。

观察指导要点

- 幼儿是否能认真倾听并记住园丁师傅的工作内容。
- 幼儿是否能积极参与劳动；活动时，教师要注意控制劳动强度，同时避免不必要的危险。
- 观察幼儿是如何表达对园丁师傅的感谢之情的。

经验提升：照顾花草并非易事，需要付出辛勤的劳动。园丁师傅们为了美化我们的环境，日夜操劳。我们应当爱护花草树木，保护我们的生活环境，尊重那些在我们身边默默付出的劳动者。

三、体验种植，感受做“园丁”的乐趣。

① 每位幼儿领取一份花苗或菜苗，尝试用小铲子将小苗移栽到花园或种植区。

② 幼儿自由探索移苗的方法，必要时教师给予指导和帮助。

观察指导要点

- 观察幼儿是如何使用种植工具的，是否能够独立完成移苗工作。
- 根据幼儿的表现，适时进行示范或指导：首先，选择合适的位置挖好小坑，将小苗取出放入坑中；然后，扶正小苗，用土填埋小坑直到表面平整；最后，给小苗浇水。

经验提升：小苗种好后，还需要我们每天悉心照料。我们要按时浇水、捉虫、施肥、除草，这样它们才能茁壮成长。

★ 活动拓展

① 每天在户外活动时，和幼儿一起观察种植的小苗，定期浇水、施肥，了解其生长情况。

② 使用幼儿探究游戏活动材料“种植日记”，定期把小苗的生长情况记录下来。

③ 根据幼儿园的实际情况，选择合适的时机带领幼儿观察城市中绿化工人的日常工作，增强幼儿对其工作内容的认知和理解。

子主题 春雨沙沙

风来了

活动目标

1. 喜欢探索自然，愿意参与寻找风的活动。
2. 能够用简单的方法制造风，并使一些物体动起来。
3. 初步了解风的产生及作用。

活动准备

1. 经验准备

知道风可以使一些物体动起来。

2. 物质准备

配备材料：幼儿探究游戏活动材料“小扇子”，实物材料中的羽毛。

自备材料：轻软的物品如纸条、纱巾等，风筝、风车、泡泡机等玩具若干。

活动建议

一、观察体验，感受风的存在。

1. 选择一个有风的日子，教师与幼儿一起到户外进行游戏，感受风的存在。

2. 观察周围的物体，例如小旗、树枝、小草和小花，讨论它们在起风时发生了什么变化。

3. 尝试将轻软的物品如纸条、纱巾和实物材料中的羽毛放置在地上，观察并描述起风时它们的变化。

观察指导要点

- 教师可以通过提问，如“我们如何知道风来了”，了解幼儿的认知经验。
- 观察幼儿如何判断和描述风的存在，是否注意到起风时小旗会被风吹起来、树枝在摇动等现象。

经验提升：风是一种常见的自然现象，虽然我们无法直接用眼睛看到风，但我们可以通过观察周围事物的变化来感知风的存在。当风吹过时，许多物体会发生移动或发出声音，比如旗帜和树枝会摆动，树叶沙沙作响。此外，我们也可以通过皮肤感受到风，比如微风拂过脸颊时会感到凉爽。

二、自主游戏，体会风的作用。

1. 自由选择风车、风筝或泡泡机等玩具进行自主游戏，体验风的作用。
2. 利用风的特性，尝试使用生活中常见的材料进行游戏，如纱巾、丝带等。
3. 讨论：风有什么本领？

观察指导要点

- 观察幼儿是否能利用风的力量使玩具或材料动起来。
- 倾听幼儿对风的作用的描述，并判断其描述是否准确。

经验提升：风就像一个无形的大力士，它拥有强大的力量。风能使风车旋转，让风筝在空中翱翔，能吹干湿漉漉的衣服，还能带来雨水和雪花。此外，人们可以利用风力发电机，将风的动能转化为电能，为我们的生活提供电力。

三、自由探索，初步了解风的产生。

1. 选择无风的地点或进入室内，将纸条、羽毛、纱巾、风筝、风车等物品放在桌面或地面上，讨论如何使它们动起来。
2. 使用幼儿探究游戏活动材料“小扇子”，用贴纸装饰好扇面后，取下扇子卡片，自由探索制造风的方法。

观察指导要点

- 观察幼儿是否能用自己的方法让物品动起来，并具体使用了哪些方法。
- 幼儿是否能理解通过吹、扇等方法使空气流动起来，从而产生风。

经验提升：当我们进行吹气、扇动或跑动时，周围的空气会随之发生流动，这种空气的流动就产生了风。

活动拓展

结合日常生活，引导幼儿认识风衣、防风镜等与防风相关的生活用品。

下雨了

活动目标

1. 愿意关注天气变化，激发探索气象的兴趣。
2. 能够用语言描述下雨前后自然界的明显变化。
3. 初步了解雨的基本特征和重要作用。

活动准备

1. 经验准备

对雨有一定的认知经验。

2. 物质准备

配备材料：幼儿探究游戏活动材料“云朵雨”，实物材料中的木夹、麻绳、塑料喷壶。

自备材料：雨伞、雨鞋、雨衣等雨具，小碗、小桶等盛水工具。

活动建议

一、雨前观察，发现天气的变化。

下雨前，带领幼儿到户外进行天气观察活动，并进行提问和讨论：

（1）现在的天空是什么样子的？

（2）你发现云朵有什么变化？

（3）你感受到风了吗？

观察指导要点

- 幼儿是否能感受到下雨前的各种气象现象。
- 幼儿是根据什么来判断即将下雨的，他们是如何表达的。

● 幼儿对下雨有哪些具体的认知经验。

经验提升：在下雨之前，我们可以感受到云和风的变化。例如，天空逐渐变暗，乌云开始聚集，遮挡住太阳，风力逐渐增强，有时还能听到远处响起的隆隆雷声。这些迹象都在向我们表明，一场大雨即将来临。

二、雨中观察，感受雨的基本特征及作用。

1. 准备好雨伞、雨鞋、雨衣等雨具，携带小碗、小桶等盛水工具，在无雷电且降雨量较小的情况下带领幼儿外出活动。
2. 幼儿在雨中自由游戏，如奔跑、踩水、接雨等。
3. 引导幼儿观察雨滴落下时的情景，并适时提问：

（1）雨是什么样子的？落在身上、手上有什么感觉？

（2）下雨时，花草树木和地面有什么变化？

（3）雨从哪里来？下雨有什么好处？

观察指导要点

● 幼儿是否能够发现并描述下雨时事物的变化，例如空气更加潮湿、地面出现积水等。

● 观察幼儿在雨中的行为和兴趣点，尽量不要干扰他们的游戏活动。

● 引导幼儿用面部或手部感受雨水，并描述雨水落在皮肤上的感受，比如湿湿的、凉凉的等。

● 观察哪些幼儿能够描述雨的由来或下雨的好处。

经验提升：雨是大气中云层相互碰撞后释放的水滴。春季的雨往往雨量适中，雨丝柔和而细腻，它们轻轻落下，湿润了大地。在春季，雨水的到来能够促进花草树木的生长，使庄稼得以更好地萌发。

三、雨后观察，感受下雨前后的明显变化。

1. 雨后，和幼儿一起外出，探索并发现周围事物的变化。
2. 在观察的基础上提问：

（1）下雨前后，周围事物有哪些变化？

（2）大口呼吸雨后的空气，你有什么感觉？

观察指导要点

- 通过个别询问的方式，引导幼儿分享他们的体验和观察结果。
- 观察幼儿是否能够用语言准确地描述下雨前后周围事物的明显变化，并注意他们是如何表达的。

经验提升：雨后，花草树木仿佛喝饱了水，树叶变得更加翠绿，花儿也更加明艳；气温随之下降，带来一丝凉意；大型玩具和地面上的尘土被雨水冲刷干净，使得空气变得更加清新宜人。

★ 活动拓展

1. 在美工区，投放水粉颜料和实物材料中的木夹、麻绳、塑料喷壶，完成幼儿探究游戏活动材料“云朵雨”。
2. 选择细雨绵绵的日子，鼓励幼儿在雨中嬉戏，让他们充分感受在大自然中游戏的快乐。

大雨和小雨

★ 活动目标

1. 喜欢操作打击乐器，体验用乐器为歌曲伴奏的乐趣。
2. 能够用歌声和沙锤声表现大雨和小雨的节奏和强弱。
3. 掌握用沙锤演奏的正确方法。

★ 活动准备

1. 经验准备

对音乐的节奏有一定的感知和表现力。

② 物质准备

配备材料：歌曲音频《大雨和小雨》。

自备材料：每人 2 个沙锤或自制沙罐。

★ 活动建议

一、欣赏歌曲，感受歌曲的节奏与旋律。

① 播放歌曲音频《大雨和小雨》，初步感受歌曲的节奏与旋律。

② 再次欣赏歌曲，尝试跟随音乐拍打节奏。

③ 讨论：歌曲带给你怎样的感受？歌曲是怎样表现下大雨的？又是怎样表现下小雨的？

观察指导要点

- 幼儿是否能够随着音乐准确地拍打出歌曲的节奏。
- 幼儿是否能运用歌曲中的词汇来描述大雨和小雨的不同特点，例如用“哗啦啦”来形容大雨，用“淅沥沥”来形容小雨。
- 幼儿是否能够感受到歌曲中高低声的变化。

经验提升：歌曲《大雨和小雨》以明快的旋律带给人愉悦的感受。在歌曲中，大雨被表现为声音较大、响亮，模拟了大雨倾盆的气势；而小雨则以轻柔、细微的声音呈现，表现了小雨淅淅沥沥的细腻。通过这首歌，我们可以感受到不同雨势的声音特点。

二、跟唱歌曲，用声音表现雨势的大小。

① 利用音频或钢琴伴奏跟唱歌曲，引导幼儿掌握歌词内容和歌曲的节奏。

② 尝试通过调整声音的大小来表现大雨和小雨的强弱对比。

观察指导要点

- 幼儿是否能够随着音乐哼唱歌曲，并反复跟唱。
- 幼儿是否能够根据歌词内容，用声音表现出大雨和小雨的强弱对比。

经验提升：表现大雨时，我们要让声音更加响亮和有力；而表现小雨时，则应让声音变得轻柔和细腻。通过这种方式，我们可以更好地用声音表现大雨和小雨的不同特点。

三、自由探索，学习用沙锤演奏与表现的方法。

① 每名幼儿自取 2 个沙锤，分别握好沙锤的手柄，自由探索使沙锤发出声音的方法。

② 播放歌曲音频《大雨和小雨》，尝试跟随音乐用沙锤为歌曲伴奏。

③ 引导幼儿思考和实践：如何使用沙锤表现大雨和小雨的不同特点？

观察指导要点

- 幼儿是否能够正确使用沙锤，观察他们是如何让沙锤发出声音的。
- 幼儿是否能够跟随音乐，让沙锤有节奏地发出声音。
- 哪些幼儿展现出了使用沙锤表现声音强弱的意识和能力。

经验提升：在使用沙锤时，我们要手握沙锤的手柄，随着音乐的节奏上下摆动，使其产生清脆悦耳的沙沙声。当模拟大雨时，要用力且快速地挥动沙锤，使其发出响亮的声音；在模拟小雨时，则要轻柔地、适当停顿地挥动沙锤，以营造出细小的声音效果。

四、合奏练习，用乐器表现节奏的强弱。

① 再次播放歌曲音频《大雨和小雨》，跟随音乐用沙锤为歌曲伴奏，并准确表现出大雨和小雨的强弱对比。

② 跟随音乐进行合奏练习。

观察指导要点

- 幼儿是否能够用沙锤准确地表现大雨和小雨的不同特点，是否能根据歌词内容及时调整演奏乐器的力度。
- 幼儿的演奏是否整齐且悦耳。

经验提升：通过与同伴协调一致地演奏，共同创造出和谐的音乐效果，巩固使用沙锤表现歌曲强弱变化的方法，提升对歌曲的理解。

★ 活动拓展

可以使用手铃或铃鼓等打击乐器来表现大雨的效果，使乐曲伴奏活动更加丰富、更具挑战性。

活动资源

歌　曲

大雨和小雨

1=C $\frac{2}{4}$　　　　汪爱丽　词曲

子主题　收集春天

花草手帕

活动目标

1. 喜欢参与敲拓印染活动，体验艺术表现的多种方式。
2. 能够使用敲击、按压等方法将植物色素转移到手帕上。
3. 掌握植物拓印的基本方法和技巧，感受植物的多样性。

活动准备

1. 经验准备

有敲击物品的生活经验。

2. 物质准备

配备材料：幼儿探究游戏活动材料“花草手帕”，实物材料中的棉布手帕、木锤。

自备材料：一条做好的花草手帕，各种植物的叶片或花瓣（用适量的食用盐水浸泡30分钟，擦干后再用）若干。

★ 活动建议

一、欣赏花草手帕，感受植物拓染的独特艺术效果。

1. 欣赏教师制作好的花草手帕，引导幼儿描述手帕上的图案特点，体验植物拓染的独特艺术魅力。
2. 讨论：花草图案是如何印到手帕上的？

观察指导要点

- 观察幼儿是否对花草手帕表现出兴趣，并且能够专注地欣赏和讨论。
- 引导幼儿观察花草手帕上的图案与真实花草之间的联系，感知这些图案并非绘制上去的，而是通过用真实花草敲拓印染形成的。

经验提升：花草手帕上的图案是通过将植物的叶片或花瓣放置在手帕上，用敲击和按压等方式将植物的颜色转印到手帕上的。因此，手帕上的图案在形状和颜色上与真实的花瓣和叶片非常相似。

二、尝试制作花草手帕，初步了解植物拓印的基本方法。

1. 取出实物材料中的棉布手帕和木锤，仔细观察幼儿探究游戏活动材料“花草手帕”中的步骤图，说说如何制作一条花草手帕。
2. 选择自己喜欢的叶片或花瓣，用纸巾吸干植物表面多余的水分，根据自己的喜好排列、摆放在棉布手帕的一侧。
3. 将手帕对折、压平，用木锤持续地捶打，直至叶片和花瓣与棉布手帕几乎融为一体。
4. 轻轻打开手帕，移走植物后，叶片和花瓣的图案就会留在手帕上。

观察指导要点

- 幼儿是否能擦干植物表面多余的水分；为了便于操作，也可以提前将植物洗净并晾干后再使用。
- 提醒幼儿将植物的叶片和花瓣摆放在手帕的一侧，以便下一步折叠。
- 引导幼儿持续捶打手帕，直至手帕上显现出叶片和花瓣的图案。

经验提升：首先，将叶片和花瓣摆放在手帕的一侧；接着，对折手帕，确保叶片和花瓣被夹在手帕中间并铺平；然后，使用小锤子轻轻捶打，使植物的色素转印到手帕上；最后，移除用过的叶片和花瓣，并晾晒手帕以固定颜色。

三、晾晒手帕并欣赏，感受艺术表现的多种形式。

1. 将拓染完成的手帕放置于阴凉且通风的地方进行晾干，避免清洗和直接暴晒。
2. 欣赏幼儿完成的花草手帕，并讨论哪个手帕上的图案最美观。

观察指导要点

- 提前为幼儿准备晾晒场地或设置可供悬挂手帕的细绳。
- 引导幼儿欣赏并评价他人的作品，初步感受图案的对称性特点，体会艺术表现的多样性。

经验提升：通过敲击和转印的方式，我们可以将叶片和花瓣中的汁液和色素染在棉布手帕上，这种方式被称为植物敲拓染。敲拓染出的图案不仅真实，而且美丽动人。由于我们在制作过程中对手帕进行了对折，因此手帕上的图案会呈现出左右对称的特点与美感。

★ 活动拓展

1. 完成幼儿探究游戏活动材料“花草手帕”中手帕图案的设计和绘制。
2. 在美工区里投放一些餐巾纸，用来替代棉布手帕进行更多植物敲拓染创作。

★ 活动资源

知识链接

植物敲拓染的技巧

1. 在选择植物时，要确保所选的植物不要太干，否则可能会由于颜色浓度不高，难以敲出理想的颜色效果。

2. 避免选择水分过多、汁液过于丰富的植物。植物的汁液过多可能会导致图案模糊。

3. 尽量避免使用颜色过浅的植物，这类植物的颜色可能无法很好地表现出来，影响整体效果。

4. 多选择叶脉明显、纹路清晰且颜色深的植物，它们不仅能更好地呈现原色，还能显现出丰富的图案效果。

快乐寻宝

活动目标

1. 喜欢走进大自然，体验收集活动的乐趣。
2. 能够将寻找到的自然材料进行初步的分类和整理。
3. 能够认识常见的自然材料。

活动准备

1. 经验准备

认识常见的植物。

2. 物质准备

配备材料：幼儿探究游戏活动材料“寻宝清单”。

自备材料：收纳袋每人一个、防护手套每人一副，消毒湿巾若干。

活动建议

一、走进大自然，收集喜欢的物品。

1. 每名幼儿携带一个收纳袋，戴好防护手套，前往幼儿园的绿化区或附近的公园、小树林等地，探索并收集大自然中的“宝物”。

2. 与他人交流分享自己找到的“宝物”，并将其装入收纳袋中。

观察指导要点

- 幼儿在捡拾物品前，可以根据实际情况佩戴防护手套，避免划伤。
- 观察幼儿在大自然中收集了哪些物品，检查其中是否有不安全的物品并及时丢弃。
- 随时关注幼儿收纳袋里的物品，适时使用消毒湿巾擦拭、消毒。

经验提升：大自然是一个充满神奇的地方，等待着我们去探索和发现。在收集“宝物”的过程中，我们要做好安全防护。发现了任何可能存在危险的物品时，要立刻告诉老师。让我们安全地享受大自然的乐趣，一起发现更多大自然里的“宝物”。

二、分类整理，初步辨识自然材料。

❶ 将从大自然中收集来的物品摆放到纸盘里，相互欣赏并介绍各自找到的“宝物”。

❷ 尝试对“宝物”进行分类，讨论哪些属于自然材料（如植物、矿物和岩石、土壤等），哪些属于人工制造的物品。

观察指导要点

- 观察幼儿是否能够区分自然材料与人造物品，并在必要时给予引导。
- 观察幼儿是否能够识别自己收集的自然材料，并能说出它们的名称，如树叶、果实等。

经验提升：人造物品是人类加工、生产出来的，如玻璃瓶、塑料珠等。自然材料指的是自然界中存在的、未经人类加工或改造的物品。这些物品通常包括植物（树叶、花朵、树枝、草等）、石头和矿物（鹅卵石、水晶、各种岩石等）、水体（河流、湖泊、海洋中的水）和土壤等。虽然动物本身不是物品，但动物的某些部分，如羽毛、贝壳等，可以被视为自然材料。自然材料是自然环境的一部分，可以被人们用于多种目的，包括艺术创作、建筑设计、室内装饰等。

三、任务挑战，完成寻宝游戏。

❶ 使用幼儿探究游戏活动材料“寻宝清单”，观察画面并说出“寻宝清单”上需要寻找的“宝物”是什么。

❷ 自由寻宝，在找到的“宝物”下的方框内做好标记，并描述是在哪里找到它们的。

观察指导要点

- 观察幼儿是否能够准确说出自然材料的名称，并用画图的方式进行记录。
- 观察幼儿是如何寻找并发现这些自然材料的。
- 关注幼儿在游戏中的需求，并提供必要的支持。

★ 活动拓展

❶ 在户外活动中，让幼儿继续寻找自然材料，并将它们带回科学区或美工区进行观察或用于艺术创作。

❷ 对幼儿收集的人造物品进行筛选和消毒，然后投放到活动区供幼儿对比观察。

植物手环

★ 活动目标

❶ 愿意使用收集到的自然材料进行手工制作。

❷ 能够创造性地制作植物手环，并能独立完成植物的粘贴制作。

❸ 巩固对自然材料的认知。

★ 活动准备

❶ 经验准备

认识常见的自然材料。

❷ 物质准备

配备材料：幼儿探究游戏活动材料“植物手环”。

自备材料：一条做好的植物手环，双面胶或胶水每人一个。

★ 活动建议

一、制作手环，萌发艺术创作的愿望。

❶ 观察教师用鲜花、小草、种子等自然材料制作的手环，并描述手环上面都有哪些自然材料。引导幼儿讨论如何让手环看起来更美观。

❷ 使用幼儿探究游戏活动材料“植物手环”，按照步骤图将条形卡片取下，然后进行围合和固定。

❸ 在手环外侧贴好双面胶或涂上胶水并套在手腕上。

观察指导要点

- 幼儿是否对用鲜花、小草、种子等自然材料制作的手环表现出兴趣。
- 幼儿是否能够独立完成手环的制作，包括围合、固定和粘贴双面胶等步骤；教师应根据实际情况及时提供帮助和指导。

经验提升：大自然中的花、草、种子等都可以作为装饰品粘贴在手环上，让手环更漂亮。

二、用植物装饰手环，发展动手能力。

① 和幼儿一起前往幼儿园或周边的绿化区，收集各种用于装饰手环的自然材料。

② 在收集自然材料的同时，尝试将它们粘贴在自己的手环上，或者将自然材料集中起来，从中挑选出自己喜欢的进行粘贴和装饰。

③ 在粘贴的过程中思考：如何让手环看起来更美观？

观察指导要点

- 幼儿是否能够收集大小和重量适中的自然材料进行粘贴和装饰。
- 观察幼儿是如何粘贴自然材料的，哪些幼儿能按照一定的规律进行粘贴装饰。
- 充分尊重幼儿的审美喜好，不必强求幼儿按照一定规律进行装饰。

经验提升：在装饰手环时，我们要尽量选择较小的花朵、叶子、种子等自然材料，它们更适合用来装饰手环。使用多种颜色的自然材料可以让手环看起来更加绚丽多彩。此外，按照一定的规律进行装饰，比如交替使用不同颜色或形状的自然材料，也能使手环看起来更加美观。

三、展示植物手环，提高审美能力。

① 幼儿展示自己制作的植物手环，并分享在制作过程中使用了哪些自然材料。

② 播放一段音乐，鼓励幼儿随着音乐自由起舞，感受自由进行艺术表达的乐趣。

③ 集中展示幼儿制作的植物手环，并组织幼儿欣赏、评价，提升幼儿的审

美鉴赏能力。

观察指导要点

- 幼儿是否能够准确说出手环上各种自然材料的名称，是否对自己的作品感到满意。
- 幼儿是否能够发现新颖独特的作品，是否能对他人的作品作出简单、客观的评价。

★ 活动拓展

在美工区提供丰富的自然材料，鼓励幼儿发挥想象，进行手工制作。

走走逛逛

主题价值

幼儿的生活圈包括满足日常需求的基本服务设施和公共活动场所，有幼儿园、学校、超市、社区服务中心以及医疗服务机构等。社会生活构成了幼儿园教育的重要组成部分，“生活圈”教育正在逐渐被家庭教育和幼儿园教育所认识和接受。充分利用我们周围的社区资源，将广阔的社会环境作为幼儿认识世界、学习成长的生动课堂，能帮助幼儿更好地自我发展，并适应未来复杂多变的生活挑战。

以家庭和幼儿园为核心构建的“生活圈”是幼儿探索周围世界、积累生活经验的重要场所。根据小班幼儿的年龄特点，我们设置了主题活动“走走逛逛”，旨在引导孩子们在日常生活中发现和学习。围绕“我的生活圈”这一子主题，我们设计了一系列参与、体验式活动，旨在帮助幼儿关注他们身边的事物，从而丰富他们的生活经验。从幼儿熟悉且感兴趣的交通工具出发，我们进一步开展了子主题二“热闹的马路”，旨在帮助幼儿初步建立规则意识、树立安全意识，并形成基本的生活能力。

主题讨论

在主题活动开展之前，我们可以对幼儿园周边的资源进行调查。在预设活动的基础上，可以适当增设一些适宜的、安全的、具有一定教育价值的资源或活动场所。必要时，可以提前与社区进行沟通和协调，确保活动的顺利进行。开展本主题活动前，我们可以和幼儿一起展开讨论：

1. 幼儿园附近都有哪些设施和场所？它们各自有什么用途？
2. 你家周围有什么设施和场所？
3. 马路上有什么？你了解哪些交通规则？
4. 你想了解幼儿园周围的哪些设施或场所？

……

主题目标

1. 在逛社区活动中，能够行走大约 1 公里的路程，具有一定的耐力。
2. 树立安全意识，能在成人的提醒下注意交通安全，具备基本的安全知识和初步的自我保护能力。
3. 在体验社会生活的过程中，乐于表达自己的需求和发现，必要时能通过肢体动作辅助表达和解释。
4. 能够口齿清晰地朗诵儿歌；在成人的提醒下，能够对各场所的工作人员使用恰当的礼貌用语。
5. 能够感知和了解周围的环境，发现并认识社会生活中常见的事物，例如马路上的斑马线、盲道、井盖、车辆等，了解它们的特殊作用。
6. 对身边的事物和科学现象充满兴趣，能够运用多种感官去探索，并且乐于积极寻找答案。
7. 喜欢艺术活动，乐于使用声音、肢体动作、线条、色彩、图形等表现与主题相关的艺术作品。

主题资源

“走走逛逛”活动资源一览表

子主题	活动名称	涉及领域	幼儿游戏资源			教师教学资源		
			实物	探究游戏活动材料	图画书	图片	音频	视频
我的生活圈	家在哪里	社会/语言		我的生活圈				
	逛一逛	社会/语言						
	小小理发师	艺术/社会		小小理发师			歌曲：理发师	
	大树的白裙子	科学/语言		大树的白裙子				
	危险的井盖	社会/健康						危险的井盖
	快乐远足	健康/社会		快乐远足				

续表

子主题	活动名称	涉及领域	幼儿游戏资源			教师教学资源		
			实物	探究游戏活动材料	图画书	图片	音频	视频
热闹的马路	马路上的车	社会/科学		公共汽车 热闹的马路				
	车轮滚画	艺术/科学	纸盘	车轮滚画				
	认识轿车	科学/语言	子母扣	汽车嘀嘀				
	过马路	语言/社会		过马路		过马路	故事： 过马路	
	洒水车	艺术/科学				洒水车	歌曲： 洒水车	
	有用的盲道	社会/科学		感官垫		盲人的世界		

主题环境

主题墙

❶ 围绕家庭和幼儿园构成的生活圈，并结合幼儿的兴趣点以及他们提出的与主题相关的问题，与幼儿一起进行讨论和探索。引导幼儿将他们感兴趣的内容及探索出的答案，通过绘画作品、图片、简单的符号等，展示在主题墙上，不断丰富他们的主题经验。

❷ 将主题活动中幼儿创作的各种表征作品展示在主题墙上，如“大树的白裙子”“车轮滚画”等绘画作品、手工作品以及记录单，供幼儿随时欣赏、讨论和学习。

❸ 收集与主题相关的教育资源，以图片或照片等形式将自己居住小区的配套设施、公共服务区域的设施、各种车辆以及马路上的标志等展示在主题墙上，为幼儿的主题探究和拓展活动提供丰富多样的素材。

活动区

❶ 建构区：尝试使用各种积木搭建不同类型的车辆；提供小汽车玩具、马路拼接板、信号灯等游戏材料，以引导幼儿搭建并表现与马路相关的主题作品。

② 益智区：投放幼儿园、学校、超市、文化活动中心、社区服务中心、医院等场所的图片，以引导幼儿进行识别和简单的分类活动。

③ 科学区：投放眼罩、触摸玩具等，提高触觉的灵敏度；投放一些大的汽车模型供幼儿观察和探索。

④ 美工区：提供卡通汽车的黑白线稿，供幼儿涂色；提供大小不一的纸盒，鼓励幼儿自由地进行与主题相关的创意美工活动；投放玻璃球、颜料、鞋盒等材料，以创作滚画作品。

⑤ 语言区：将幼儿收集到的居住区域的图片整理成一个影集，供幼儿随时翻阅和讲述；引导幼儿关注马路上的事物，如公交车站、路灯等，并鼓励他们积极主动地与老师和同伴分享所见所闻；引导幼儿阅读与交通和各种生活场所有关的图画书。

家园共育

① 带孩子了解自己的生活圈，通过观察和体验，进一步认识社区内的各种场所和设施。

② 引导孩子关注周围环境中的常见事物，不断丰富他们的社会生活经验，例如马路上的斑马线、盲道、路灯、室外消防栓、信号灯等。

③ 带孩子乘坐公共交通工具，如公共汽车、有轨电车、地铁等；在体验过程中，引导他们关注地铁盲道、电梯盲文等。

④ 家长应为孩子树立遵守交通规则的榜样，引导孩子遵守社会规则、注意安全防范，不断强化他们的安全意识。

⑤ 积极带孩子参与社区活动，让他们感受社会生活的丰富和有趣。

子主题 我的生活圈

家在哪里

★ 活动目标

① 愿意了解自己的居住区域，喜欢自己的居住环境。

❷ 能够准确说出自己居住的小区或所在街道的名称，以及周边的标志性建筑物。

❸ 学习用观察、比较的方法发现自己家周边的环境与幼儿园周边环境的相似与不同。

★ 活动准备

❶ 经验准备

对自己的居住区有一定的了解。

❷ 物质准备

配备材料：幼儿探究游戏活动材料“我的生活圈”。

自备材料：每人收集自己的居住区中的设施和场所的照片。

★ 活动建议

一、调查体验，了解自己的居住环境。

❶ 活动前，在父母的陪伴下使用幼儿探究游戏活动材料“我的生活圈”，了解居住的小区或街道的名称，并记录居住区中的设施和场所，用粘贴或绘画的方式记录下来。

❷ 将完成的幼儿探究游戏活动材料“我的生活圈”带回幼儿园。

观察指导要点

- 在活动开始前，将幼儿探究游戏活动材料“我的生活圈”提前分发给幼儿，以便家长能够指导幼儿完成调查与记录。
- 提示幼儿，当发现粘贴页上没有的场所时，可以采用绘画或粘贴照片的方式进行记录。
- 请家长指导孩子根据调查表进行简单的讲述，为后续的交流做准备。

二、分享交流，熟悉居住区中的基本场所及设施。

❶ 结合调查表，鼓励幼儿与同伴分享自己居住的小区内外的设施和场所。

❷ 引导幼儿说出自己居住的小区或所在街道的名称。

❸ 对幼儿交流的内容进行记录，整理并统计他们的居住区内常见的场所和设施。

观察指导要点

- 当幼儿讲述自己居住区的环境时，观察他们是否能够进行较清晰的描述。鼓励幼儿慢慢讲述，并在必要时适时给予补充。
- 幼儿是否能够正确说出自己家所在的街道或小区的名字。对于说不清楚的幼儿，应给予适当的提示，帮助他们反复记忆。
- 教师可以提前收集常见的居住区中的设施及场所的图片，以便在活动中使用。

经验提升：在居住的小区或街道里，我们通常能见到楼房、道路、绿化带以及健身娱乐设施等。在小区的出入口附近，我们常常可以找到超市、餐馆、药店和公交车站等，这些设施和场所极大地方便了我们的日常生活。

三、丰富认知，培养对生活环境的热爱。

1 鼓励幼儿描述居住区内最喜欢的设施或场所，并说明这些设施或场所的用途，以及它们给人们的生活带来了哪些便利。

2 依据统计出的居住区内常见的设施和场所，结合幼儿活动前收集的照片，引导幼儿认识常见的设施和场所，并了解它们的功能和用途。

观察指导要点

- 幼儿是否能说出自己对居住区内的设施和场所的认知经验。
- 引导幼儿借助照片进一步感受居住区内常见的设施和场所的功能。

经验提升：在我们的居住区内，餐馆、理发店、超市、快递站、药店和公园等场所随处可见，它们极大地便利了我们的生活。超市让购物变得更加便捷，快递站的设立使得收寄快递变得更加方便，公园为人们提供了运动和娱乐的场地，而餐馆、理发店和药店则满足了我们日常生活中的饮食、理发和用药需求。这些场所共同组成了我们丰富多彩的生活圈。

★ 活动拓展

将自己的居住区的照片带到幼儿园，在主题墙上进行展示，让幼儿直观地了解和分享自己生活的环境。

逛一逛

活动目标

1. 对周边的生活环境有浓厚的兴趣，并乐于参与游览活动。
2. 能够在适当提醒下，遵守活动规则及公共场所的规定。
3. 熟悉周边的生活环境，并了解常见的公共设施及其用途。

活动准备

1. 经验准备

对生活中常见的设施和场所有基本的认知经验。

2. 物质准备

自备材料：水彩笔若干，每人准备好书包、水壶、纸巾等日常生活用品。

活动建议

一、交流讨论，共同制订出行计划。

1. 教师和幼儿围坐在一起，交流并讨论到幼儿园所在社区及其周边“逛一逛”的想法。

2. 尝试制订出行计划，比如讨论逛社区时需要注意什么、应遵守哪些规则以及需要携带哪些物品等。

观察指导要点

- 观察幼儿是否能够勇敢地将自己的想法清晰地表达出来，教师可以通过个别询问深入了解幼儿的想法和计划。
- 教师可以采用事件引导的方法，引导幼儿说出在逛社区活动中需要遵守的规则、应注意的安全事项以及需要携带的物品等。

经验提升：在公共场所参观时，应遵守秩序和规则，保持礼貌，不脱离队伍，不能大声喧哗，不与陌生人同行。在活动过程中，需要携带书包、纸巾、水壶等日常生活用品。

二、实践体验，参与社会活动。

1 在教师的组织下，一同前往幼儿园所在社区及其周边，开展“逛一逛”活动。

2 在园外的活动中，通过停停走走、看看说说的方式，鼓励幼儿分享自己的发现，并随时提醒他们注意安全，保持行为礼貌。

3 在确保安全的前提下，根据参观场所的特点，适当给予幼儿自主体验和探索的机会。

观察指导要点

- 教师应让幼儿“逛”的过程更加随意，时间安排要宽松，避免设置过多不必要的限制，并尽量减少“导游式”的讲解和指导。
- 关注幼儿的不安全、不礼貌行为，并及时提醒。
- 当幼儿对某些场所或设施表现出兴趣时，应尽量满足他们的探究兴趣和好奇心。
- 往返行走的路程以1公里左右为宜，避免幼儿过度劳累；同时，适时提醒幼儿喝水、休息等。

经验提升：在户外活动时，应注意交通安全，不能在马路上奔跑，要避让车辆，并在过马路时观察信号灯。进入公共场所时，应使用礼貌用语与工作人员打招呼。面对新环境和陌生人时，要表现得大方得体，勇于表达自己的想法，并在离开时礼貌地说再见。

三、分享总结，丰富认知经验。

1 鼓励幼儿与同伴交流他们在逛社区活动中的发现和体验，说说自己喜欢社区里的哪些设施和场所，以及它们的用途。

2 利用电子设备记录幼儿在活动中感兴趣的事物和良好行为，用于活动总结和经验提升。

观察指导要点

- 观察幼儿是否能够大胆表达自己的所见所感。
- 观察幼儿对社区中的哪些事物感兴趣，并引导他们感受社区生活的丰富多彩。

经验提升：幼儿园所在的社区与自己家附近的社区十分相似。我们能看到超市、餐馆、理发店等生活服务场所，也能看到健身器械等休闲娱乐设施。

活动拓展

根据幼儿的需求，可以利用户外活动时间多次组织到社区游览的活动。

家园共育

与孩子一同探索家周边的环境，深入了解各个设施和场所的功能与价值。

小小理发师

活动目标

1. 喜欢剪纸活动，并勇于大胆表现自己的创意。
2. 能够使用剪刀沿着直线、曲线剪纸，发展手部精细动作和手眼协调能力。
3. 掌握正确使用剪刀的方法，提升剪纸技巧。

活动准备

1. 经验准备

有理发的生活经验。

2. 物质准备

配备材料：幼儿探究游戏活动材料“小小理发师”、歌曲音频《理发师》。

自备材料：画有直线的废旧纸每人一张，剪刀每人一把。

活动建议

一、音乐律动，模仿为他人理发的情境。

1. 谈话：你去过理发店吗？理发店的叔叔阿姨是怎样为大家理发的？
2. 播放歌曲音频《理发师》，欣赏歌曲，并自由模仿理发的动作。

观察指导要点

- 观察幼儿是否有去理发店理发的经验，是否能结合自身经历描述理发的过程。
- 可以让幼儿先欣赏一遍歌曲，了解歌曲内容后再进行有目的的模仿。

经验提升：我们的头发会不断地生长，当长到一定长度后，就需要通过理发来剪短。理发师就是使用剪刀等工具，帮助我们修剪头发、打造出美观发型的专业人士。

二、实践操作，巩固剪直线的技巧。

① 让幼儿使用废旧纸张自由剪纸，熟练掌握用剪刀剪纸的技能。

② 指导幼儿沿着废旧纸张上画的直线进行剪纸，练习将纸张剪成笔直的细纸条。

观察指导要点

- 观察幼儿使用剪刀的情况，对于操作不准确、不熟练的幼儿给予重点指导，确保他们安全使用剪刀，避免受伤。
- 提前在废旧纸张上画若干直线，直线的长短要适宜，以便幼儿能够快速剪下。
- 提醒幼儿在剪纸时要沿着直线剪，提高剪纸的精准度。

经验提升：剪纸时，首先需要仔细观察直线的位置，然后打开剪刀使刀刃“咬住”这条直线，并沿着它剪下去，直到纸张被完全剪开。在剪的过程中，要注意保持切口与直线基本吻合。

三、游戏提升，进一步发展手部精细动作。

① 使用幼儿探究游戏活动材料“小小理发师”，观察图中小朋友的头发，说一说应该如何为她们理发。

② 幼儿扮演理发师，用剪刀沿虚线剪一剪，让图中小朋友的头发分开并飘动起来。

观察指导要点

- 提醒幼儿沿着虚线剪，力求切口与虚线基本吻合，并注意控制剪的方向和力度。
- 引导幼儿先从直线开始剪，对于能力较强的幼儿，可以鼓励其挑战剪曲线。
- 鼓励剪完“头发”的幼儿用嘴吹一吹剪好的“头发”，尝试让“头发”飘动起来，体验成功的喜悦。

经验提升：剪直线时，将剪刀的刀刃对准直线并持续沿着线剪下去，直至“头发”被完全剪开；剪曲线时，先将剪刀的刀刃对准曲线的一端，然后随着线条的方向不断调整刀刃的方向，直至“头发”被完全剪开。

★ 活动拓展

在美工区投放可供幼儿沿线剪的纸张，继续巩固剪纸的技能。

★ 活动资源

歌　曲

理发师

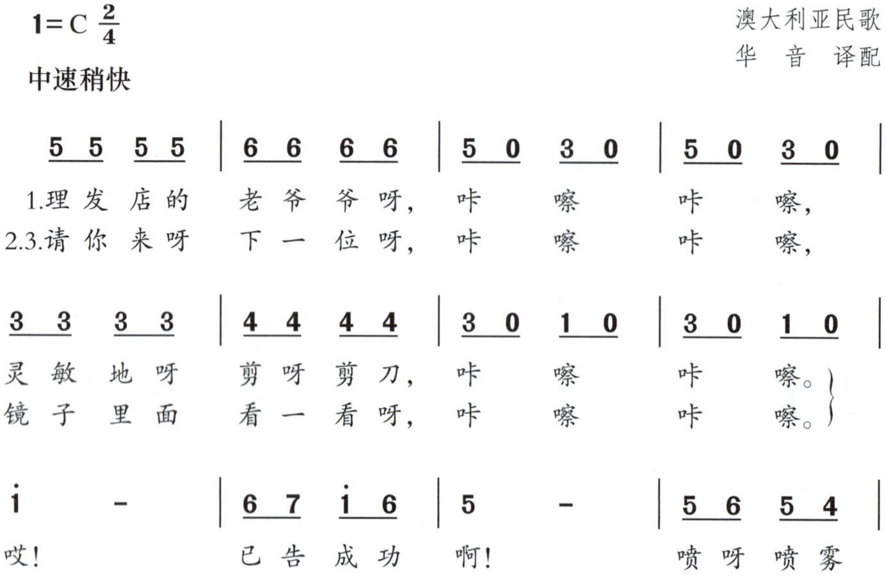

3	1 |	1	1 |	1	- |	0	0 ‖
沙	沙	沙	沙	沙。			

大树的白裙子

★ 活动目标

1. 对身边的树木感兴趣，喜欢亲近大自然。
2. 能够清晰地描述给大树刷白的原因及作用。
3. 知道给大树刷白能够更好地保护树木，增强保护环境的意识。

★ 活动准备

1. 经验准备

对大树树干被刷白的现象有初步印象。

2. 物质准备

配备材料：幼儿探究游戏活动材料“大树的白裙子”。

自备材料：白色蜡笔每人一支。

★ 活动建议

一、观察与讨论，发现给大树刷白的现象。

1. 与幼儿一同在幼儿园内外寻找并观察树木。
2. 讨论：你发现大树的树干有什么特别之处吗？

观察指导要点

- 引导幼儿自由观察并描述大树，不要急于提示幼儿大树树干被刷白的现象。
- 观察幼儿是否能注意到大树刷白的现象，以及他们是否对白色的涂料表现出兴趣。

经验提升：无论是在城市街道还是在乡村小径，我们经常能见到大树的树干靠近地面的一段被均匀地涂上一层白色的保护层。这不仅为树木提供了保护，也赋予了它们一种别致的外观，就像给它们穿上了一条“白裙子”。

二、猜想与探究，了解给大树刷白的原因。

❶ 讨论：为什么大树需要穿上“白裙子”？是谁给大树穿上了“白裙子”？
❷ 通过观察、嗅闻，感受“白裙子”的特征。

观察指导要点

- 观察幼儿如何解释大树被刷白的原因；幼儿可能会有许多有创意的想法，教师可以引导他们从季节变化、预防虫害等方面进行讨论。
- 观察幼儿是否愿意探究白色涂料，并从颜色、气味等方面描述白色涂料的特性。

经验提升：天气转冷的时候，虫子会爬到树上或在树皮的缝隙中产卵过冬。大树若经常被虫子啃咬可能会死亡。为了防止病虫害，环卫工人会在大树的树干靠近地面的一段刷上白色涂料，这样地面上的害虫就不敢沿着树干爬到树上了。此外，大树的“白裙子”还具有御寒保暖的作用，可以帮助大树度过寒冬。

三、操作与体验，感受给大树刷白的过程。

❶ 邀请幼儿园的绿化师傅展示已调好的石灰水，并在园内选择一棵树进行涂刷示范。

❷ 观察后讨论：白色的涂料是什么？绿化师傅是如何给大树穿上“白裙子”的？需要用到哪些工具和材料？

观察指导要点

- 观察幼儿是否对给大树刷白的活动感兴趣，是否能条理清晰地描述给大树刷白的过程。
- 引导幼儿认识石灰水，并准确说出刷子、桶等涂刷工具的名称。
- 在观察过程中，提醒幼儿保持适当距离，避免直接接触石灰水，防止皮肤受到刺激；若无法实现现场观摩，可利用图片或视频进行观察和学习。

经验提升：大树的“白裙子”是由特制的、具有一定黏性的石灰水制成。石灰水对人体有一定危害，需避免使其接触眼睛或皮肤。绿化师傅和环卫工人给大树刷白是一项辛苦的工作，我们应当爱护树木，尊重他人的劳动成果。

★ 活动拓展

❶ 将幼儿探究游戏活动材料“大树的白裙子”及白色蜡笔投放在美工区，尝试为大树涂上“白裙子”。

❷ 利用户外活动时间，持续观察被刷白的大树树干的变化。

★ 活动资源

知识链接

为什么给大树刷石灰水

我们经常会发现一些大树的树干被刷成白色，远远望去整齐而美观。这一做法背后有着实际的科学依据。

1. 杀菌杀虫：石灰具有一定的杀菌和杀虫效果，能够消灭寄生在树干上的一些越冬真菌、细菌和害虫。

2. 防止害虫攀爬：害虫通常偏好黑暗、脏乱的环境，而不喜欢明亮、干净的地方。树干涂上洁白的石灰水后，土壤中的害虫便不愿沿着树干爬到树上。

3. 防寒防晒：在冬季，夜间温度很低，而白天阳光照射下气温会升高。树干若是黑褐色的，则易于吸收热量，导致白天树干温度迅速上升。这种温度变化容易导致树干开裂，尤其对于树干粗大、颜色深、组织韧性差的大树来说，更是如此。涂上石灰水后，能够反射一定的阳光，从而减小树干在白天和夜间的温度差异，降低树干裂开的风险。此外，石灰还可以给大树御寒保暖。

危险的井盖

★ 活动目标

❶ 培养对周围环境的兴趣，增强安全防护意识。

② 能够主动避开井盖，避免在井盖上行走或跳跃。

③ 初步了解下水井的功能，知道在井盖附近玩耍的危险。

★ 活动准备

① 经验准备

对地面上的井盖有一定认知经验。

② 物质准备

配备材料：视频《危险的井盖》。

自备材料：小红旗若干。

★ 活动建议

一、探索与认识，发现井盖并了解其基本特征。

① 与幼儿一同在户外寻找井盖，并在井盖四周插上小红旗加以标记。

② 分享与交流，讨论：你发现的井盖有哪些特点？你还在哪里见过井盖？

观察指导要点

- 在活动前务必检查周围井盖的安全性，避免幼儿发生意外；提醒幼儿不要在井盖上行走或跳跃。
- 观察哪些幼儿能够独立寻找井盖并进行标记，哪些幼儿是跟随他人行动的。
- 评估幼儿是否能描述井盖的外形特征，如形状、颜色、质感等。

经验提升：在我们的生活中，井盖随处可见。井盖主要分布在绿化带、人行道和马路上，多为圆形；井盖的颜色多为灰色或灰黑色，它们沉重且坚硬，多由水泥、金属或强化塑料等材料制成。

二、观察与交流，深入了解井盖的主要作用。

① 讨论：井盖有什么作用？你认为井盖下面藏着什么？

② 在确保安全的条件下，邀请幼儿园的工作人员在移开 1 至 2 个下水井的井盖，让幼儿站在安全区域分组观察井下，感知井盖下的环境。活动时应选择深度较浅且无污水的下水井进行观察。

观察指导要点

- 评估幼儿是否了解井盖的作用，以及他们是否对井盖下的环境有一定认知经验。
- 严格把控幼儿活动时的安全，确保分组观察、逐一监督，防止意外发生；对于不具备现场观察条件的幼儿园，可以利用视频或图片，让幼儿了解下水井。

经验提升：井盖主要用于覆盖地面上的下水井口，为了防止人或物体意外坠落。下水井有许多功能，一些井道专门用于排放污水和雨水，而另一些则用于安置电线、电缆或暖气管道等基础设施。

三、讨论与学习，培养自我防护意识。

1. 讨论：踩踏井盖或在井盖上蹦跳是否安全？这样的行为可能会带来哪些后果？
2. 观看视频《危险的井盖》，理解井盖可能隐藏的危险因素，提升安全意识。

观察指导要点

- 观察幼儿是否能识别井盖的潜在危险，例如井盖损坏或不稳固时可能导致人掉入井中。
- 知道在井盖上踩踏或玩耍存在危险，要绕开井盖行走。

经验提升：由于长期暴露在阳光下或受到车辆碾压等，井盖会受到损坏或变得不牢固，人在井盖上行走或蹦跳极易掉入井中，造成危险。因此，遇到井盖时应绕道而行，避免发生意外。

★ 活动拓展

在外出进行逛社区活动或其他户外活动时，要特别关注路面上的各种井盖，知道绕开井盖行走，避免发生危险。

快乐远足

活动目标

1. 体验远足的乐趣，提升体能与耐力。
2. 培养坚韧不拔的精神，能独立完成较长距离的行走。
3. 学习制订简单的出行计划，并按计划开展活动。

活动准备

1. 经验准备

能独立行走 1 公里左右。

2. 物质准备

配备材料：幼儿探究游戏活动材料“快乐远足”。

自备材料：穿好合适的运动服装、运动鞋，每名幼儿准备好背包、水壶、纸巾等出行用品，便携式扩音喇叭一个。

活动建议

一、制订出行计划，做好出行准备。

1. 讨论：我们要离开幼儿园，在外面行走较长的路程，需要携带哪些物品？有哪些事项需要特别注意？

2. 将幼儿的讨论结果以图文并茂的方式记录下来，制订详细的活动计划并引导幼儿按照计划进行准备。

观察指导要点

- 询问幼儿是否愿意参与此次远足活动，鼓励幼儿勇敢面对可能出现的身体疲劳。
- 观察幼儿是否能根据要求检查自己的着装、准备好携带的物品，并独立装入背包等。
- 询问幼儿出行需要注意的安全事项，重点引导他们遵守规则，注意出行安全。

经验提升：远足是在老师的指导下进行的长距离行走活动。在远足过程中，要紧跟队伍，不要随意跑动，行走时要注意安全，并听从老师的指令，发现任何问题要及时向老师汇报。

二、开展园外远足，增强体能与耐力。

1. 确保每位幼儿都携带好出行用品，排好队后从幼儿园出发。班级三名教师要全程参与外出活动，根据需要还可邀请保安、家长志愿者同行。
2. 在行走途中适时进行交通安全教育，例如提醒幼儿走路时要靠右侧通行、过十字路口时要看交通指示灯等。
3. 在远足过程中，根据所见所闻，适时进行谈话。例如，当遇到社区功能性建筑或特殊车辆时，教师可以随机进行介绍并引导幼儿讨论它们的功能和用途。
4. 走完总路程的一半时，组织幼儿在安全地带适当休息，并提醒幼儿饮水。

观察指导要点

- 观察幼儿是否能在教师引导下跟随队伍，并按照要求行走。
- 观察幼儿对周围哪些事物感兴趣，教师可根据他们的兴趣进行讨论和介绍。
- 鼓励幼儿及时饮水，适当休息，避免过度疲劳。

三、讲述远足见闻，记录自己的发现。

1. 回到幼儿园后，与幼儿进行交流，询问远足时是否感到疲惫，以及在感到疲惫时是如何应对的。
2. 利用幼儿探究游戏活动材料“快乐远足”，鼓励幼儿通过在画面上粘贴小红旗贴纸的方式，记录自己在远足中的见闻。

观察指导要点

- 通过谈话，了解幼儿是如何克服远足中的困难完成活动的，并及时给予鼓励和表扬。
- 观察幼儿的讲述和标记内容，了解他们的感受，并利用过渡环节进行交流分享，确保每名幼儿都有机会讲述自己的发现。

经验提升：在远足活动中，小朋友们都展现出了坚强和勇敢的品质。走路能锻炼我们的身体，增强力量和耐力，是一种健康的运动方式。我们应该多走路、少坐车，以此来提升身体素质，充分享受户外活动的乐趣。

家园共育

多带孩子参与户外活动，为他们创造走路的机会；在短途出行时，尽量减少乘车，选择步行。

子主题 热闹的马路

马路上的车

活动目标

1. 对马路上的车辆感兴趣，培养安全意识。
2. 能够辨识马路上的不同车辆，并能制作简单的公共汽车模型。
3. 认识车辆的多样性，初步了解不同车辆的不同用途。

活动准备

1. 经验准备

对生活中常见的车辆有一定的认知经验。

2. 物质准备

配备材料：幼儿探究游戏活动材料“公共汽车”“热闹的马路”。

自备材料：不同类型的车辆玩具或模型若干。

活动建议

一、观察了解，认识马路上常见的车辆。

1. 和幼儿一起到安全的地点观察马路上来往的车辆，鼓励他们尝试说出过往车辆的种类，如轿车、工程车、公共汽车等。

❷ 引导幼儿分享他们看到了哪些车辆，描述这些车辆的样子以及它们可能的用途。

观察指导要点

- 选择一个安全、便于观察的地点进行车辆观察。
- 倾听幼儿自由交谈的内容，关注他们对车辆的已有经验，并适时进行引导和纠正。
- 关注幼儿对哪些车辆感兴趣，以及他们是如何描述车辆的外形特征和用途的。

经验提升：在马路上，我们可以看到各式各样的车辆，包括家庭常用的轿车、方便出行的出租车、沿固定路线行驶的公共汽车、用于运输货物的货车，以及在建筑工地上工作的工程车。此外，还有救护车、消防车、警车等执行特殊任务的车辆。

二、动手制作，加深对公共汽车的认知。

❶ 使用幼儿探究游戏活动材料“公共汽车”，将公共汽车卡片取下来，根据步骤图制作一辆公共汽车模型。

❷ 使用幼儿探究游戏活动材料“热闹的马路”，取下卡片，与其他小朋友的卡片连接成一条长长的马路。

❸ 将做好的公共汽车模型四散摆放在马路上，与同伴一起让马路上的车行驶起来。

观察指导要点

- 制作公共汽车模型时，重点关注幼儿折叠卡片的方向，提醒幼儿确保将图案展示在外侧。
- 建议使用黏性强的双面胶进行粘合，以确保模型的稳固性。
- 引导幼儿观察并讲述公共汽车的基本特征，如形状、结构等。

经验提升：制作立体公共汽车模型时，可以想象它如同一个小盒子。首先，沿着虚线向后折叠卡片，确保带有图案的一面朝外。接着，将边缘围合起来，并使用胶水或双面胶进行粘合。

三、情境游戏，表现马路上行驶的车辆。

① 提供多个不同种类汽车的玩具或模型，让幼儿在地面模拟“马路上”的情境。

② 引导幼儿使用建构材料搭建车辆或模拟马路、街道等环境，使游戏变得更加丰富和有趣。

观察指导要点

- 观察幼儿选择了哪种车辆，以及他们如何在“马路上”模拟行驶。
- 注意幼儿在游戏中是否与他人的车辆发生冲撞，观察他们如何解决这些问题。
- 在游戏中适时引入交通安全教育，帮助幼儿建立交通安全意识。

经验提升：在马路上，车辆必须在指定的道路上行驶，避免发生碰撞；汽车驾驶员需要遵守交通规则，不能超速行驶，要密切关注信号灯的变化。同时，行人过马路时要走斑马线。在遇到执行紧急任务的特殊车辆时，行人及其他车辆应及时礼让，确保道路安全畅通。

★ 活动拓展

① 在建构区利用各种材料，开展以“马路上”为主题的搭建游戏，让幼儿通过动手实践来构建自己的马路场景。

② 通过车辆玩具和模型，进一步探究车辆的结构和种类，巩固幼儿对车辆的认知。

★ 家园共育

在节假日带孩子出行时，可以一起尝试平时不常乘坐的交通工具，比如公共汽车、地铁等，让孩子在实际生活中体验不同的出行方式。

车轮滚画

活动目标

1. 乐意参与混色游戏，提高对色彩的敏感度。
2. 能够使用彩色的、交织的线条表现艺术作品，表达创意。
3. 感知车轮滚动的特性，学习滚画的基本方法。

活动准备

1. 经验准备

知道玩具车的车轮可以向前、后转动。

2. 物质准备

配备材料：幼儿探究游戏活动材料“车轮滚画”，实物材料中的纸盘。

自备材料：玩具车每人一个，废旧报纸一张，丙烯颜料若干。

活动建议

一、操作体验，探索车轮滚画的方法。

1. 在地上或桌面上操作玩具车，让幼儿亲身体会车轮向前、后转动的特性，并熟练掌握使玩具车辆移动的技巧。

2. 活动前将丙烯颜料适当稀释，装入实物材料中的纸盘里，供幼儿观察。引导幼儿讨论：如何利用玩具车在报纸上留下车轮印？

3. 幼儿自由探索车轮滚画的方法，尝试将车轮上的颜料印在报纸上。

观察指导要点

- 观察孩子们是否能根据车轮的转动特性，说出用车轮滚画的方法。
- 调制的颜料浓度要适中，观察幼儿是如何在报纸上印出车轮印的。
- 根据幼儿的不同表现，适时进行指导，帮助他们更好地掌握滚画方法。

经验提升：将玩具车的车轮轻轻压入颜料中，确保车轮表面均匀蘸上颜料。选择一张废旧报纸作为画布，在废旧报纸上来回滚动玩具车，让车轮上的颜料均匀地印在报纸上，形成独特的图案。

二、自由表现，掌握车轮滚画的技巧。

1. 使用幼儿探究游戏活动材料“车轮滚画”，尝试在纸上滚画出颜色丰富、纵横交织的车轮印，创作出一幅色彩斑斓的图画。
2. 鼓励幼儿之间交换不同颜色的颜料，体验色彩混合后的奇妙变化。

观察指导要点

- 观察幼儿使用的颜色是否丰富多样，鼓励他们尝试用多种颜色进行滚画。
- 观察幼儿是否能正确说出画面中的不同色彩，并关注他们是否注意到混色现象。
- 指导幼儿使用抹布擦拭洒出的颜料，保持创作环境的整洁。

经验提升：想要得到美丽的画作，我们可以将玩具车放在纸上，让蘸上颜料的玩具车向不同方向行驶，比如横向、纵向或交叉行驶，以形成丰富的图案，或者运用不同颜色的颜料进行滚印，观察不同颜色混合后产生的色彩效果。

三、欣赏评价，体验滚画的独特艺术魅力。

1. 将完成的滚画作品进行晾晒、展示，并鼓励幼儿欣赏和评价彼此的作品。让幼儿分享自己最喜欢的作品，并阐述理由。
2. 鼓励幼儿观察自己的作品中出现了哪些新颜色，探讨颜色混合的奇妙效果。
3. 引导幼儿根据印出的线条和色彩进行想象，并尝试给自己的作品起一个贴切的名字。

观察指导要点

- 观察幼儿是否愿意主动与同伴交流分享自己的作品，以及他们是如何评价他人作品的。引导幼儿从颜色、线条等方面进行评价。
- 引导幼儿感受不同色彩混合后带来的美感；关注幼儿是如何给自己的作品命名的。

经验提升：创作美丽图画的方式多种多样，车轮滚画就是一种富有创意的表现方式。利用滚画，我们能够轻松创作出既简约又不失美感的图画。

★ 活动拓展

在美工区投放颜料盘、玻璃球、鞋盒等多种材料，鼓励幼儿探索并创作出独特的滚画作品。

认识轿车

★ 活动目标

1. 喜欢探索生活中的车辆，乐于提出问题并寻求答案。
2. 能够准确地说出家用轿车的主要结构及功能。
3. 认识家用轿车，并初步了解轿车的基本构造。

★ 活动准备

1. 经验准备

对轿车有一定的认知经验。

2. 物质准备

配备材料：幼儿探究游戏活动材料“汽车嘀嘀”，实物材料中的子母扣。

自备材料：一辆供幼儿观察的真实轿车。

★ 活动建议

一、外部观察，感知家用轿车的外部特征。

1. 将轿车驾驶进幼儿园或停放在安全的场地，以便幼儿进行观察和体验。
2. 鼓励幼儿自由观察轿车，并分享交流他们的认知经验和想法。
3. 指导幼儿识别轿车外部的主要特征，并尝试描述各部分的功能和用途。

观察指导要点

- 观察幼儿是否愿意参与观察活动，并聆听他们之间的对话，以了解幼儿的已有经验。
- 鼓励幼儿向他人介绍车辆的各个部分，并在过程中适时给予指导和纠正。

经验提升：轿车作为家庭常用的私人交通工具，满足了多样化的出行需求，如上班通勤、度假旅行、日常购物等。轿车外部有保险杠、后视镜、车灯、车窗、车门、车轮等，每个部分都有其独特的功能和用途。

二、内部探秘，感知车辆的内部特征。

1. 将发动机盖打开，引导幼儿观察发动机，感知车辆内部结构的复杂性。
2. 将车门、后备厢打开，鼓励幼儿分组进入轿车车厢内，感受车辆内部的结构。

观察指导要点

- 观察幼儿对车辆内部结构的兴趣，并引导他们重点关注发动机、方向盘、仪表盘、座椅等。
- 观察幼儿对车辆内部哪些部分较为了解，对哪些部分表现出兴趣，并根据这些反馈适时调整活动的重点。
- 提醒幼儿注意安全，特别是在操作发动机盖、车门、后备厢时，避免夹伤幼儿。

经验提升：轿车内部隐藏着许多秘密，等待我们去发现。发动机是汽车行驶的动力源泉，它使汽车得以在道路上行驶。驾驶员通过控制方向盘来操纵汽车的行驶方向，确保驾驶安全。乘客可以舒适地坐在座椅上，享受旅途。安全带是我们生命安全的守护者，在行驶过程中给我们提供必要的保护。后备厢则具有强大的储物功能，可以容纳许多物品，方便我们的出行。

三、启动车辆，了解乘车的安全事项。

1. 讨论：怎样才能让轿车行驶起来？
2. 演示轿车启动（但不行驶）的过程，让幼儿感受发动机的振动，观察车灯、车内仪表盘的变化等。

③ 讨论轿车启动后应注意的安全事项。

观察指导要点

- 观察幼儿是否能根据生活经验描述启动车辆的方法。
- 注意幼儿对轿车启动后各种变化的反应，是否表现出兴奋或好奇。
- 引导幼儿了解轿车启动后要注意的安全事项，如不在车前或车后逗留、确保车门关闭、系好安全带等。

经验提升：汽车的行驶依赖能源，无论是汽油还是电力。使用车钥匙可以解锁并打开车门。汽车启动后，我们要避免在汽车前后方逗留，以防发生意外；确保车门完全关闭，防止在行驶过程中意外打开；所有乘客都应系好安全带，以保护自身安全。

活动拓展

将幼儿探究游戏活动材料“汽车嘀嘀”和实物材料中的子母扣投放到美工区，鼓励幼儿进行手工制作。

家园共育

拥有轿车的家长可以根据孩子的兴趣，在确保安全的前提下为孩子创造机会，让他们更深入地观察和探索车辆。

过马路

活动目标

① 培养阅读图书的兴趣，养成良好的阅读习惯。
② 能够口齿清晰地讲述故事，并准确表达正确过马路的方法。
③ 能够理解故事内容，认识斑马线。

★ 活动准备

❶ 经验准备

有过马路的生活经历。

❷ 物质准备

配备材料：幼儿探究游戏活动材料“过马路”，图片“过马路”，故事音频《过马路》。

自备材料：儿童车若干、信号灯指示牌两套、一个画有斑马线的场地等。

★ 活动建议

一、观察学习，初步了解过马路的方法。

❶ 在活动开始前，带领幼儿前往附近设有信号灯和斑马线的路口，实地观察行人如何过马路。如果条件不允许，可以通过播放相关视频和图片，引导幼儿进行观察和讨论。

❷ 播放故事音频《过马路》，帮助幼儿理解故事内容，学习如何安全地过马路。

观察指导要点

- 利用户外活动时间组织观察活动，确保幼儿的观察地点既安全又不会妨碍行人和车辆正常通行。可以安排幼儿分组、分批次到现场进行观察和体验，以确保活动有序进行。
- 观察幼儿是否能够认真倾听故事，并评估他们对故事内容的理解程度。

经验提升：故事《过马路》讲述了小动物们最初不懂得如何安全过马路，在熊猫的指导下，他们学会了识别斑马线和信号灯。最后，大家排成一队，一起安全地穿过了马路。小动物们掌握了过马路的技巧后，感到非常高兴和自豪。

二、分析图片，掌握过马路的方法。

❶ 通过逐页展示图片“过马路”，引导幼儿观察图画中的各种信息，分析故事内容。教师适时提出问题：

（1）故事中有哪些角色？他们想要去哪里？

（2）熊猫是如何带领小动物们安全过马路的？斑马线是什么样子的？

（3）遇到红灯时应该怎么做？黄灯和绿灯亮起时又该怎么做？

② 鼓励幼儿分享讨论过马路的正确方法。

③ 引导幼儿再次倾听故事音频《过马路》，深入理解故事内容。

观察指导要点

- 观察幼儿是否能够在教师的引导下理解并复述故事的基本内容。
- 观察幼儿是否能够准确说出过马路的正确方法，例如在斑马线上通过、遵循信号灯指示等。

经验提升：过马路时，我们应保持镇定，不要四处乱跑。站在路口时，我们要认真观察道路对面的信号灯，遵守“红灯停，绿灯行”的交通规则，并确保走在斑马线上。

三、游戏体验，理解遵守交通规则的重要性。

① 利用儿童车和信号灯指示牌，在画好斑马线的场地创设一个过马路的游戏情境。

② 幼儿将分组扮演司机和行人，根据信号灯指示牌“驾驶”车辆或穿越“马路”。

③ 引导幼儿讨论马路上的不安全或不文明行为，并探讨这些行为可能带来的危险。

观察指导要点

- 将游戏的主动权交给幼儿，让他们自主选择游戏材料和玩法。鼓励幼儿在遇到问题时首先自己寻找解决方案，教师在必要时提供指导和帮助。
- 教师负责出示两套信号灯指示牌，一个用于指示“司机”，另一个用于指示“行人”，并确保两个信号灯指示牌交替出示，颜色不同，以模拟真实的交通情况。
- 观察幼儿是否能够根据生活经验和游戏经验识别交通违规行为及其潜在危险，并引导他们遵守交通规则，增强交通安全意识。

经验提升：马路上的车辆较多，车速也较快。无论是司机还是行人，都必须严格遵守交通规则。司机应按照信号灯的指示驾驶车辆，而行人则应通过斑马线穿过马路，这样才能确保每个人的人身安全。

活动拓展

在益智区投放幼儿探究游戏活动材料“过马路”，引导幼儿剪下人物并折立在画上，帮助小朋友按信号灯指示穿过斑马线，走到幼儿园。

家园共育

在日常生活中，家长应该以身作则，无论是驾车还是步行，都应严格遵守交通规则。特别是在过马路时，家长应避免闯红灯，以确保自己和孩子的安全。

活动资源

故　事

过马路

小动物们放学了。

他们想要回家，需要先穿过一条马路。可是，怎么过马路呢？小动物们发愁了。熊猫说：“别担心，我来带领大家过马路。”

熊猫告诉大家：“马路上一排白色的横线叫斑马线。黑白相间的路面就像小斑马身上的条纹。我们先排好队，在斑马线的一端站好。”小动物们赶紧排好整齐的队伍。

“红灯亮了，表示禁止通行，我们要耐心等待；黄灯亮了，提醒我们马上要变灯了；绿灯亮了，我们就可以过马路了。”

大家左看看，右看看，汽车都停下了。小动物们手拉手，赶快走过斑马线。老虎警察说：“孩子们，不用着急，要注意安全！”

小动物们学会了过马路，真是太开心了。

洒水车

活动目标

1. 喜欢模仿动作，愿意参与音乐游戏。
2. 尝试一边演唱歌曲，一边进行音乐游戏。

③ 认识洒水车，巩固附点音符的唱法。

活动准备

① 经验准备

见过在马路上工作的洒水车。

② 物质准备

配备材料：歌曲音频《洒水车》，图片“洒水车”。

自备材料：小喷壶若干，一段洒水车工作时的音频，在地面画两个大的同心圆。

活动建议

一、观察认知，了解洒水车的外形特征及功能。

① 通过模仿开车的动作和模仿各种车辆的声音，进行发声练习，提高幼儿的模仿能力和声音识别能力。

② 创设情境：当一辆特殊的车在马路上行驶时，引导幼儿猜测这是什么车。播放洒水车工作时的音频，让幼儿根据经验说出车辆的名称。

③ 观察图片“洒水车”，让幼儿描述洒水车的外观特征，并讨论它有什么特殊的功能。

观察指导要点

- 幼儿是否能够根据音频里的声音识别出洒水车，并根据图片准确地描述洒水车的外形特征及其功能。
- 引导幼儿结合日常生活经验或对图片的观察，理解洒水车洒水的功能和用途。

经验提升：洒水车配备了一个巨大的水箱，能够容纳大量的水。这些水通过车上的喷水器喷洒出来。在炎热的夏天，洒水车在马路上洒水，有助于降低路面的温度；当路面灰尘较多时，洒水车可以通过洒水湿润灰尘，防止尘土飞扬；它还能为道路两旁的植物提供水分。此外，在干旱时期，洒水车还能运输急需的水资源。

二、哼唱歌曲，巩固附点音符的唱法。

❶ 播放歌曲音频《洒水车》1～2遍，引导幼儿交流歌曲内容，并讨论洒水车是如何工作的。

❷ 引导幼儿哼唱歌曲，并模仿歌曲中洒水车“嘟嘟嘟嘟”的声音，以此来巩固附点音符的唱法。

观察指导要点

- 观察幼儿是否愿意跟随音乐哼唱歌曲，对于兴趣不足的幼儿，教师应适时调整和变化活动形式，以激发他们的参与热情。
- 重点指导幼儿掌握歌曲中附点音符的正确唱法，特别是模仿洒水车声音的“嘟嘟嘟嘟”以及“路”“拖个”等部分的唱法。

经验提升：洒水车在执行任务时，就像在快乐地唱歌一样，拖着它那巨大的水箱在马路上洒水。我们模仿洒水车的声音“嘟嘟嘟嘟”时，要注意节奏的变化：第三个“嘟”要唱得短促，而第四个“嘟”则需要唱得稍长一些。同样，在唱“拖个”这个词时，前面的“拖”字要唱得稍微长一些，而后面的“个”字则要唱得短而快。

三、游戏体验，感受音乐游戏的乐趣。

❶ 讲解游戏的玩法与游戏规则。

（1）玩法：将幼儿分为两组，一组扮演洒水车，另一组围合成马路。扮演洒水车的幼儿在地面同心圆的环形区域内（马路）行走；其他幼儿分散站在两个圆上（马路两边）。“洒水车”手持小喷壶，一边哼唱歌曲一边模仿车辆行驶的动作碎步前行；其余幼儿站立不动，并随音乐节奏拍手。当歌曲唱到“嘟嘟嘟嘟”时，“洒水车”开始喷水，其余幼儿迅速蹲下并用手臂盖住头部。游戏可更换角色反复进行游戏。

（2）规则：只有唱到“嘟嘟嘟嘟”的时候“洒水车”才能喷水。

❷ 播放歌曲音频《洒水车》，引导幼儿一边哼唱歌曲一边模仿洒水车做出不同的动作，进行音乐游戏。

观察指导要点

- 指导幼儿在音乐游戏中，每两拍喷水一次，避免过于频繁地喷水，以保持游戏的节奏和趣味性。
- 观察幼儿是否能跟随节拍做动作，以及是否能够按照游戏的玩法和规则进行游戏。
- 引导幼儿在游戏过程中互换角色，多次参与游戏，让他们体验不同角色带来的乐趣和挑战。

经验提升：遵循游戏的玩法和规则进行游戏，不仅能确保游戏的公平性，还能增加游戏的乐趣。当每个人都遵守规则时，游戏的体验将更加愉快和有意义。

★ 活动拓展

临近街道的幼儿园，可以随时留意洒水车的到来。一旦洒水车出现，幼儿园应抓住这一教育机会，及时组织幼儿进行现场观察，让幼儿亲身体验和学习。

★ 活动资源

歌　曲

洒水车

1= F $\frac{4}{4}$

再　耕　词
汪　玲　曲

(5 6 5 6 5 1 7 6 | 5 6 5 6 5 1 7 6) |

5 1 2 3· | 5 1 2 3· |
1.(独白)嘟 嘟 嘟 嘟， 嘟 嘟 嘟 嘟，
2.(独唱)嘟 嘟 嘟 嘟， 嘟 嘟 嘟 嘟，
3.(齐唱)嘟 嘟 嘟 嘟， 嘟 嘟 嘟 嘟，

2 2 3· 1 2 2 2 | 2 2 3· 1 6 6 6 |
跑 一 路， 唱 一 路， 后 面 拖 个 大 水 壶，
跑 一 路， 唱 一 路， 后 面 拖 个 大 水 壶，
跑 一 路， 唱 一 路， 后 面 拖 个 大 水 壶，

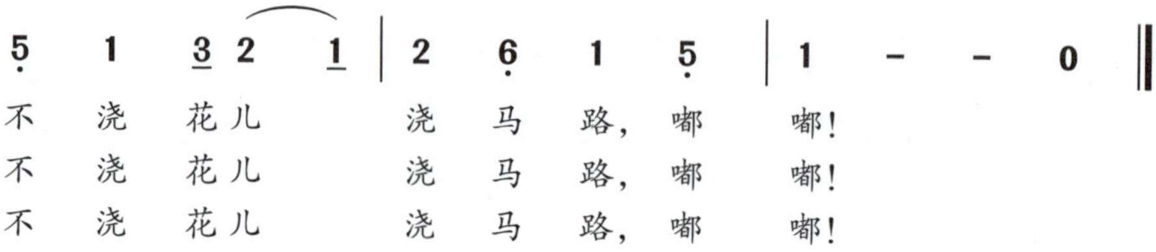

有用的盲道

★ 活动目标

1. 感受盲人在生活中遇到的不便，萌发关爱他人的情感。
2. 通过游戏，体验盲人依靠触觉、听觉和嗅觉来感知周围的环境和事物。
3. 初步知道盲道的概念，了解盲道的功能以及它对盲人出行的重要性。

★ 活动准备

1. 经验准备

对盲人有一定的了解。

2. 物质准备

配备材料：幼儿探究游戏活动材料“感官垫”，图片“盲人的世界”。

自备材料：眼罩每人一个，人民币、盲文书籍若干，质感不同的小物品，如绒布、瓦楞纸、砂纸、软塑料膜、仿真皮革等。

★ 活动建议

一、了解盲人，感受盲人的不便。

1. 幼儿佩戴眼罩，在开阔的室外场地自由走动，初步体验看不见周围事物的感受。

2. 与幼儿围坐在一起讨论：当眼睛看不见东西时，你会有什么样的感受？

3. 引导幼儿了解盲人无法看见周围的事物，生活中有很多不方便，有些盲人会使用盲杖或依靠导盲犬辅助出行。

观察指导要点

- 观察幼儿戴上眼罩后的行为反应，是试探性地行走还是因为害怕而不敢动。教师可以适当牵手引导，但应尊重幼儿的意愿，不强迫他们行走。
- 询问并记录幼儿如何描述自己的感受。
- 教师可利用图片引导幼儿了解盲人及其常用的辅助工具，如导盲棍和导盲犬，增强他们对盲人生活状态的理解。

经验提升：“盲人”是指那些视力严重受损或完全丧失视力的人，他们无法像视力正常的人那样进行日常活动。盲人可能完全看不见，也可能只能感知到光线和阴影，却无法辨识物体的形状、颜色和细节。盲人可以使用各种辅助工具和技能来帮助他们更好地导航和与世界互动，比如利用导盲犬或盲杖辅助出行或者使用特殊的阅读设备阅读书籍等。

二、认识盲道，体会盲道的用途。

1. 带领幼儿前往设有盲道的人行道，观察盲道的设计，并尝试在上面行走，体验其凹凸不平的特点。
2. 鼓励幼儿分享他们的行走体验，描述盲道凸凹不平的触感。
3. 讨论：这条凸凹不平的小道有什么用？为什么要铺设这样的地砖？

观察指导要点

- 观察幼儿在盲道上的行走情况，是否能够发现并体验盲道凸凹不平的特点。为了增强体验感，可以引导幼儿先在平地上行走，再在盲道上行走。
- 评估幼儿对盲道的认识程度，是否能够理解并说出盲道的用途和重要性。

经验提升：盲人的世界是充满挑战的，他们需要比健康的人付出更多的努力来适应日常生活。由于视觉受限，盲人的其他感官，尤其是触觉，变得异常灵敏。他们能够通过脚底的触感来识别路面和方向，因此在盲道上行走对他们来说是一种安全的方式。盲道通常铺设在人行道、车站等地，盲道上的地砖与普通地砖明显不同。我们应当保护盲道不受破坏，不在盲道上放置任何物品，以免妨碍盲人行走。

三、拓展经验，关爱生活中的盲人。

① 利用图片“盲人的世界”以及人民币、盲文书籍等，向幼儿介绍盲人的生活和他们常用的辅助工具，让幼儿初步感受到社会对盲人的关怀和支持。

② 引导幼儿闭眼触摸人民币和书籍上的盲文（小凸起），通过这种体验，让幼儿理解盲人如何依靠触觉来辨识事物，体验他们的生活方式。

③ 使用幼儿探究游戏活动材料“感官垫”，取下圆形卡片，在卡片上涂上胶水或贴上双面胶。取出质感不同的小物品，如绒布、瓦楞纸、砂纸、软塑料膜、仿真皮革等，选取一种或几种自己喜欢的材料粘贴在卡片的圆环内，然后闭眼摸一摸，并说说自己的感觉。

观察指导要点

- 利用图片向幼儿展示公共场所中为盲人提供的便利设施，使幼儿知道破坏公共设施的行为会给盲人的生活带来不便。
- 幼儿是如何描述触摸盲文时的感受的，是否对盲文感兴趣。
- 为幼儿提供细小物品制作感官垫时，提醒幼儿注意安全，不要将这些细小物品塞入口鼻，以防发生意外。

经验提升：社会对盲人的关爱体现在许多细微之处，比如在人民币、电梯按钮、药盒等日常物品上特别附上了盲文，通过触摸这些盲文盲人可以获取很多信息。此外，地铁等公共交通设施中也铺设了盲道，可以帮助盲人安全导航。这些专为盲人设计的设施不仅方便了他们的生活，也展现了社会的包容性和对弱势群体的关怀。

★ 家园共育

在节假日外出或旅游时，家长可以和孩子一起在公共场所寻找并识别配备盲文的设施和设备。让孩子了解社会对盲人的关怀，理解无障碍设施的重要性。

清凉一夏

主题价值

夏天是一个美好的季节，以其多彩的景致和炎热的气候影响着自然生态和人类的日常生活。由于季节的变化与幼儿的日常生活紧密联系，幼儿总是对四季的交替变化充满强烈的好奇心和求知欲。他们热爱观察、欣赏自然界的美丽；喜欢探索周围事物在不同季节的变化，尤其是对夏日的清凉饮品、色彩斑斓的衣裳、鲜艳的花草以及丰富有趣的水上游戏充满兴趣。

"清凉一夏"主题活动旨在通过"炎热的夏天"和"夏日游乐场"两个子主题，以融入自然和体验探究为主要活动形式，引导幼儿在与夏季各种事物的互动中，进一步感知夏天的显著特征，并体会夏天的美好。同时，本主题活动旨在拓展幼儿对自然与社会生活的认知，提高他们对周围事物及自然现象的观察力，通过相关活动提高他们的想象力和创造力，激发他们对自然探索的愿望。

主题讨论

在"清凉一夏"主题活动实施前，我们将结合幼儿的年龄特点和生活经验，从"炎热的夏天"和"夏日游乐场"两个子主题出发，与幼儿共同探讨相关话题。这些话题包括夏季的显著特征、夏日里人们的活动以及夏季的美食和游戏等。这样的讨论旨在一方面初步了解幼儿对夏季已有的认知经验，另一方面将本地区夏季的特色活动或独特习俗，以幼儿感兴趣的方式，作为主题活动的素材。通过这种方式，我们能够满足幼儿在主题下的学习与发展需求，并根据本地实际情况，因地制宜地开展主题活动。开展"清凉一夏"主题活动前，我们可以和幼儿一起展开讨论：

1. 你能说出一年中有哪些季节吗？每个季节都有哪些特征？
2. 夏天给你怎样的感觉？在夏天，我们通常可以做些什么活动？
3. 你喜欢夏天吗？能分享一下你喜欢或不喜欢夏天的原因吗？
4. 在夏天，有哪些美食和游戏是你喜欢的？
5. 你有哪些玩水的好想法？你想要怎样玩水？

⑥ 关于夏天，你还有什么想知道的事情？

……

主题目标

① 学习并初步掌握夏季防暑降温的基本方法，培养自我保护意识。

② 愿意与老师和同伴分享自己在夏天的所见所闻；喜欢阅读图书，并乐于讲述和分享交流。

③ 识别夏季的显著特征和常用物品，如伞、扇子等，并初步了解它们的用途。

④ 喜欢走进大自然，收集自然材料，并愿意创造性地使用这些物品进行游戏。

⑤ 感知水、石头、泥土等自然材料的基本特性，并乐于参与相关的科学探究和游戏活动。

⑥ 愿意使用石头、水、泥土等自然材料进行艺术创作和表达。

⑦ 能够通过演唱歌曲、韵律活动等表达对夏天的喜爱之情。

主题资源

“清凉一夏”活动资源一览表

子主题	活动名称	涉及领域	幼儿游戏资源			教师教学资源		
			实物	探究游戏活动材料	图画书	图片	音频	视频
炎热的夏天	天热了	科学/健康		寻找夏天				
	夏天来到了	艺术/科学		夏天来到了			歌曲：夏天来到了	
	伞的聚会	科学/艺术		漂亮的小花伞				
	美味冰激凌	艺术/健康		美味冰激凌		冰激凌		
	小松鼠找凉快	语言/科学		动物消暑有办法	小松鼠找凉快	小松鼠找凉快	故事：小松鼠找凉快	
	拍蚊子	艺术/健康	雪糕棒	蚊子拍、蚊子贴纸			乐曲：拍蚊子	

续表

子主题	活动名称	涉及领域	幼儿游戏资源			教师教学资源		
			实物	探究游戏活动材料	图画书	图片	音频	视频
夏日游乐场	海洋袋	健康/科学	密封袋、绒球、亮片	海洋袋				
	水枪大战	健康/科学						
	树叶吹泡泡	科学/艺术	泡泡工具杆	树叶吹泡泡				
	石头穿花衣	艺术/科学		石头树				
	救小鸭	语言/科学		救小鸭		救小鸭		
	玩泥巴	科学/艺术	模具					

主题环境

主题墙

1. 关注幼儿在主题活动中的言行，捕捉幼儿活动的兴趣点，留意并记录下他们提出的有思考价值的问题，如“夏天为什么这么热”“水从哪里来的”“为什么会打雷”等，积极和幼儿一起探索、寻找答案，并将问题的答案以涂鸦、照片、图片等多种形式在主题墙上展示，以便幼儿更好地理解主题，进一步拓展和探究。
2. 将“寻找夏天”“漂亮的小花伞”“美味冰激凌”等活动的记录单、绘画及手工作品等展示在主题墙上，供幼儿欣赏与讨论。
3. 收集与主题相关的教育资源并布置在主题墙或主题环境中，如提供类型、功能不同的伞，形状各异的石头等供幼儿探究和运用，不断拓展和丰富幼儿与夏天有关的经验。

活动区

1. 建构区：提供塑料桶和玩沙工具；在沙池中引入水源，指导幼儿通过游戏进一步感知沙子和水的特性，享受建构游戏的乐趣。

2 科学区：投放大盆和各种玩水工具，引导幼儿自由玩水，感知水的特性，体验玩水的乐趣；提供食盐、白糖等材料，引导幼儿通过搅拌观察溶解现象；投放深口瓶、塑料鸭子等，让幼儿通过实验操作初步感知水的浮力。

3 美工区：提供石头、树枝、树叶、木片等自然材料以及颜料和小喷壶等，引导幼儿创作自己喜欢的美术作品，如树叶喷画、石头装饰画等，感受多样的艺术表现形式；提供黄泥，引导幼儿尝试进行简单的泥塑活动。

4 角色区：打造户外角色区，在草丛中或树下搭建小帐篷，并放置地垫、布帘等游戏材料；收集废旧的平底锅、勺子、盘子等厨房用具，为幼儿户外游戏的开展创造条件。

5 语言区：在图书区投放与夏天有关的图画书，如《蚂蚁和西瓜》《夏天》《夏天的天空》等；将图画书《小松鼠找凉快》投放在语言区，引导幼儿看图讲述故事，提高阅读与表达的能力。

6 戏水区：在户外增设具有季节特点的戏水区。例如，可以设置一个充气大水池并将其注满水，同时提供各种玩水工具，如水枪、水桶、水气球和儿童捞鱼网等，以满足幼儿游戏的需求。

家园共育

1 利用节假日带孩子去水上乐园、海边等地方，让他们亲身体验夏天尽情玩水的乐趣。

2 教育孩子在夏天不要过度贪凉，虽然冷饮和空调能带来凉爽，但过量食用或过度使用会对健康造成不良影响。

3 与孩子一起走进大自然，开展野趣游戏，发掘自然材料的玩具功能；鼓励孩子运用多种感官去探索、感知和体验夏天，更深入地了解这个季节。

4 在确保安全的前提下，鼓励孩子探索和体验家里的厨房，引导他们在日常生活中成为家里的小帮手，参与简单的家务活动，如为家人准备夏日清凉饮品或健康小吃。

5 为了应对夏季的高温，可以采取以下措施来保护孩子的健康：

- 给孩子选购柔软舒适、透气清爽的纯棉面料的衣服，避免穿得过多、过厚。
- 外出时，随身携带饮用水，并鼓励孩子多喝白开水，减少含糖饮料的摄入，培养健康的饮食习惯。
- 提醒孩子在家要穿好袜子。脚底神经末梢丰富，在夏季许多家庭会开空调，室内温度相对较低，光脚行走容易受凉。
- 由于孩子的汗腺分泌旺盛，容易出汗，汗湿的衣物若没有及时更换可能会导致感冒。因此，孩子的衣物、被单和枕巾需要勤洗勤换，保持清洁和干燥。

子主题 炎热的夏天

天热了

★ 活动目标

1. 体验夏季高温对日常生活的影响。
2. 能够描述消暑降温的有效方法，提高自我保护意识。
3. 了解夏季的主要特征，包括气候、自然景观的变化等。

★ 活动准备

1. 经验准备

对夏天的基本特征有初步的了解。

2. 物质准备

配备材料：幼儿探究游戏活动材料“寻找夏天”。

自备材料：遮阳伞、扇子、遮阳帽等常见的防暑降温工具。

★ 活动建议

一、寻找夏天，感受夏季的特征。

1. 带领幼儿到户外，与他们一起探索季节的变化。提出问题：现在是什么季节？太阳照在身上感觉如何？夏天给你留下了怎样的印象？

2. 引导幼儿开展“寻找夏天”活动，比如观察花草树木的生长状态、倾听鸟虫鸣叫声、感受阳光下物体的温度等。

观察指导要点

- 为幼儿提供充足的时间和空间，让他们能够运用多种感官进行全面的观察、探索和表达。
- 鼓励幼儿观察、闻嗅、聆听、触摸周围的环境，倾听他们如何描述夏季的特征。

- 评估幼儿是否能够描述夏天植物的状态，是否能够注意到某些动物的叫声，是否能够识别花香和泥土的气味，是否能够通过户外的玩具、石头等物品感受到夏天的温度。

经验提升：夏季气温较高，阳光炙热，室外的物品常常被晒得滚烫；人们会换上更轻薄的衣物以保持凉爽。此外，夏季也是一个多雨的季节，在雨水的滋润下，花草树木茁壮成长，呈现出一片繁茂的景象。

二、感受高温，探索消暑降温的方法。

1. 与幼儿一起在阳光下站立片刻，体验夏季阳光的热度。活动中，注意根据当天的气温适当调整体验时间，防止幼儿中暑。
2. 鼓励幼儿积极寻找消暑的方法，如到房屋、大树或大型玩具下的阴凉处避晒；靠近水源，比如水池或喷泉，感受水的清凉；使用扇子扇风；打开遮阳伞或戴上遮阳帽保护皮肤免受阳光直射。
3. 讨论：夏天炎热的天气有什么危害？我们可以采取哪些措施来保持凉爽？

观察指导要点

- 关注幼儿在阳光下的状态，不要站立过久，以避免中暑。同时，引导幼儿表达自己的感受，比如是否感到晒、热，阳光是否刺眼等。
- 观察幼儿采取的消暑措施，并评估这些方法的有效性。比如，他们是否能找到阴凉处，是否懂得利用遮阳伞或帽子来保护皮肤。
- 了解幼儿对消暑降温方法的掌握情况，评估他们能否根据生活经验提出其他的消暑降温方法，如穿着轻薄的衣物、合理安排户外活动时间、保持充足的水分摄入等。

经验提升：夏季天气炎热，我们的身体会感到不舒服。感觉炙热难耐的时候要寻找阴凉处躲避日晒，也可以通过洗澡、到海边玩水、用扇子扇风等方法降温。炎热的天气会让我们出很多汗导致身体缺水，因此我们要多喝水。

三、游戏操作，加深对夏季特征的认知。

1. 使用幼儿探究游戏活动材料“寻找夏天”，将粘贴页中与夏天有关的物品贴在画面的合适位置。
2. 结合画面，讲述一个关于夏天的故事。

观察指导要点

- 观察幼儿是否能够有目的地进行观察，并选择合适的物品贴纸进行粘贴。
- 倾听幼儿的讲述，结合幼儿的兴趣点进行活动拓展，尽量满足幼儿的游戏需求。
- 指导幼儿完整、清晰地表达自己的想法；引导幼儿认真倾听他人讲述，培养与他人沟通交往的能力。

经验提升：夏季是一个充满活力的季节，自然界中充满了生机。我们能听到青蛙在池塘里呱呱叫，看到荷花在水中优雅地盛开。在夏季，人们会换上轻薄的短袖衣服和短裤，携带着泳圈和遮阳帽等，在海边尽情嬉戏和游泳，享受夏日的乐趣。

★ 活动拓展

随机观察夏季的各种自然现象，例如：白天会变得更长，日落更晚；雨水增多，下雨时常常伴随着雷电；雨后，蚯蚓会从湿润的土壤中爬出，而蜗牛则在墙上缓缓爬行；等等。

夏天来到了

★ 活动目标

1. 乐意哼唱歌曲和模仿相关动作，萌发对夏天的喜爱之情。
2. 能用自然的声音演唱歌曲，并大胆地模拟自然界的各种事物。
3. 通过学唱歌曲，帮助幼儿巩固对休止符的理解和掌握。

★ 活动准备

1. 经验准备

对夏天的打雷声、蝉鸣声有一定了解。

❷ 物质准备

配备材料：幼儿探究游戏活动材料“夏天来到了”，歌曲音频《夏天来到了》。

★ 活动建议

一、发声练习，为歌唱做好准备。

❶ 播放任意一首歌曲，鼓励幼儿随着音乐自由做动作。

❷ 弹奏钢琴进行发声练习。例如，可以模拟歌曲中的雷声“轰隆隆”、知了“吱吱吱”、青蛙“呱呱呱”等声音，通过这些有趣的模仿练习，为歌唱做好准备。

观察指导要点

- 指导幼儿保持正确的唱歌姿势，并使用自然的声音在c1—g1的音域内歌唱，避免音量过高，以保护他们的声带。
- 允许并鼓励幼儿自主模仿自然界中的声音和动植物。

二、学唱歌曲，熟练掌握休止符的唱法。

❶ 播放歌曲音频《夏天来到了》，引导幼儿初步理解歌曲的内容，体会歌曲欢快、活泼的情绪，并尝试跟随音乐哼唱歌曲。

❷ 通过拍手、跺脚、转圈等动作，配合歌曲的节奏进行说唱练习，重点练习休止符的唱法。

观察指导要点

- 观察幼儿是否能说出歌曲欢快、活泼的情绪。
- 鼓励幼儿说出歌曲描绘的情景，并尝试用肢体动作表现歌词内容。

经验提升：歌曲《夏天来到了》描绘了生动的夏日场景：雨中，雷声轰鸣，仿佛鼓声般响亮；知了趴在树上，吱吱地叫着，似乎在诉说着夏日的炎热；小青蛙在池塘里欢快地跳跃，呱呱地唱着歌，庆祝着夏天的到来。在演唱这首歌曲时，我们要带着欢快的情绪，表现出自己对夏天的喜爱。

三、表演歌曲，大胆模仿动作。

❶ 说说歌曲《夏天来到了》中有几个角色，它们分别都是谁。

❷ 使用幼儿探究游戏活动材料“夏天来到了”，取下条形卡片，卷成圆环

并粘合，套在手腕上。

③ 鼓励幼儿戴上腕偶，跟随旋律哼唱歌曲，大胆地表现和模仿歌曲中各角色的动作。

观察指导要点

- 幼儿在制作腕偶的过程中，提醒幼儿把卡片粘牢，确保腕偶的稳固和使用安全。
- 观察幼儿是否能跟上音乐的节奏，避免拖长音。
- 活动初期，教师可以先邀请能力较强的幼儿做表演示范。
- 注意变换不同的歌唱形式，避免长时间大声歌唱，以保护幼儿的声带。

经验提升：歌唱时，我们应该使用自然、悦耳的声音，避免大声喊叫，这样可以保护嗓子，也让歌声更加动听。同时，一边唱歌一边结合歌曲内容做动作，能让整个表演看起来更加生动和精彩。

★ 活动拓展

在一日生活的各个环节中，随时播放歌曲，让幼儿在不知不觉中熟悉歌曲的旋律和歌词内容，从而能够更自由、更自然地表现歌曲。这种潜移默化的方式有助于幼儿在轻松愉快的氛围中掌握歌曲，同时培养他们对音乐的感知和表达能力。

★ 活动资源

歌　曲

夏天来到了

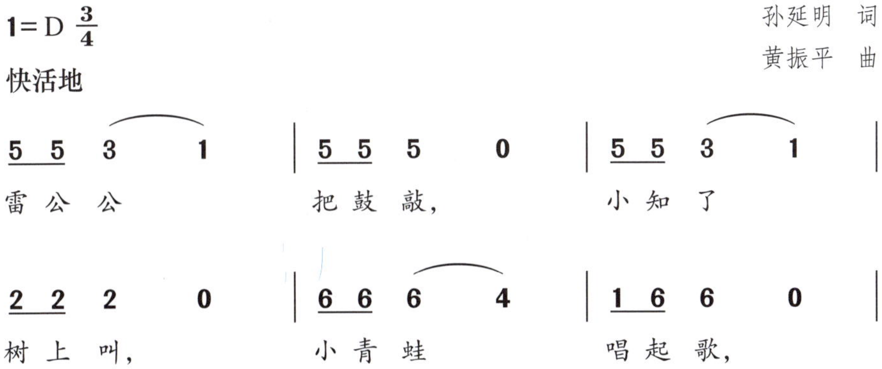

5 6	5	3	2 2	2	3	1	-	- :‖
告 诉	我	们	夏 天	来	到	了。		

伞的聚会

★ 活动目标

❶ 感受伞在生活中的重要性，享受玩伞和画伞的乐趣。

❷ 能够自由创作和表现伞面的颜色和图案，提升艺术创造力和审美能力。

❸ 了解伞的基本结构及主要用途。

★ 活动准备

❶ 经验准备

有使用雨伞或遮阳伞的经验。

❷ 物质准备

配备材料：幼儿探究游戏活动材料“漂亮的小花伞”。

自备材料：雨伞每人一把，洒水器或带小孔的塑料瓶一个，水彩笔若干。

★ 活动建议

一、游戏体验，感受伞的主要用途。

❶ 选择一个阳光明媚的日子在户外开展游戏活动。鼓励幼儿打开伞，并引导他们讨论伞在生活中的用途。

❷ 通过用洒水器喷水或用水瓶挤压出水柱模拟下雨的场景，让幼儿亲身体验伞的防雨作用。

观察指导要点

- 观察幼儿是否能根据自己的经验描述伞的多种用途，例如遮阳防晒或遮雨防湿。
- 指导幼儿学习伞的正确收放方法和使用方法，确保他们能够安全、正确地使用伞。

经验提升：伞是一种常见的用品，它不仅能为我们遮挡阳光，还能在雨雪天为我们遮风挡雨。中国是世界上最早发明雨伞的国家，这一发明体现了我们祖先的智慧。伞在不使用时可以轻松收起，节省空间，方便携带。在使用伞时，我们需要注意伞尖的方向，避免将其朝向他人，防止意外碰伤。

二、观察交流，了解伞的基本结构。

1. 将手中各式各样的伞撑开并放置于地面，仔细观察伞的基本构造，并欣赏伞面上的图案。
2. 讨论：伞由哪些部分组成？这些部分有什么作用？
3. 比较自己的伞与同伴的伞，说说有什么相同和不同之处。

观察指导要点

- 引导幼儿按照一定的顺序观察雨伞，如由内到外或从上到下观察；鼓励幼儿讲述自己的发现。
- 幼儿是否能说出伞的基本结构，用了哪些词语描述伞的各部分。
- 引导幼儿在观察、比较中感受伞的多样性，如材质、图案、折叠方式等方面的不同特点。

经验提升：伞主要由四个部分组成：伞柄、伞柱、伞骨和伞面。伞柄是手持的长杆，方便我们握持和操控伞。伞柱是连接伞柄和伞骨的长杆。伞骨负责支撑和折叠伞面，使得伞在不使用时可以紧紧地收起。伞面的主要功能是遮阳和遮雨。伞面的图案丰富多样，花纹和颜色各异，许多伞面的图案呈现出规律性，给人以视觉上的美感。

三、装饰伞面，感受自由创作的乐趣。

1. 使用幼儿探究游戏活动材料“漂亮的小花伞”，在空白伞面上进行粘贴和绘画，装饰伞面，并与同伴说说自己的小花伞有什么用途。
2. 幼儿相互欣赏、评价装饰后的伞面。

观察指导要点

- 鼓励幼儿自由创作和涂鸦，让幼儿的想象力和创造力得到充分发挥，教师应避免过多介入。
- 引导幼儿从图案和颜色等方面对伞面进行评价。

经验提升：在伞面上绘制图案能够为伞增添美感，因此许多伞都拥有独特的图案设计。规律的图案设计往往给人以和谐与平衡的视觉效果，使得伞不仅仅是一件实用工具，更是一种时尚的装饰品。

★ 活动拓展

下雨时，请幼儿使用雨伞进行户外游戏，进一步感受伞的作用。

美味冰激凌

★ 活动目标

1. 愿意参与手工活动，体验制作成功的喜悦。
2. 能够使用扇形卡片及各种装饰材料制作手工作品。
3. 了解冰激凌的色彩与形状。

★ 活动准备

1. 经验准备

吃过或见过冰激凌甜筒。

2. 物质准备

配备材料：幼儿探究游戏活动材料“美味冰激凌”，图片“冰激凌”。

自备材料：各色超轻黏土、贴纸、亮片等装饰材料，水彩笔若干。

★ 活动建议

一、回顾讨论，巩固对冰激凌甜筒的认知。

1. 讨论：在炎热的夏天，你们都见过或吃过哪些冰点或冷饮？
2. 鼓励幼儿描述自己见过或吃过的冰激凌的形状、颜色和口味。

观察指导要点

- 了解幼儿对冰激凌的认知经验，如他们对冰激凌的口味、颜色、形状的了解情况；根据幼儿的讲述，适时进行引导和补充。

● 幼儿是否能够用形状或常见的物品名称来形容冰激凌的外形特征，比如将冰激凌的形状比作山峰或花朵等。

经验提升：冰激凌是夏天常见的冰点，主要由奶油和牛奶制成。冰激凌甜筒的形状接近三角形，里面盛装的冰激凌可以呈现螺旋形、球形等多种形状。冰激凌的颜色通常以白色为主，但也有红色、绿色、黄色、紫色等多种颜色。由于冰激凌较寒凉，会对肠胃造成刺激，因此在夏天应适量食用，尽量少吃或不吃。

二、动手制作，尝试创作个性化的手工作品。

① 展示图片“冰激凌”，欣赏不同造型的冰激凌。

② 使用幼儿探究游戏活动材料“美味冰激凌”，取下卡片卷成锥筒，并将两边粘合在一起。在锥筒里塞进纸团儿，再用超轻黏土及其他材料制作并装饰漂亮的冰激凌。

观察指导要点

● 观察幼儿在选择材料时的偏好，以及他们如何运用这些材料来表现冰激凌的特点。
● 鼓励幼儿尝试使用拼贴、泥工等多种手法完成手工制作，丰富他们的作品表现力。
● 对于作品颜色较为单一的幼儿，可以适时进行引导。例如，询问幼儿制作的冰激凌的口味，或者表达对颜色丰富、外观吸引人的冰激凌的喜爱，以此激发他们尝试更多样的颜色搭配。

经验提升：我们可以在幼儿探究游戏活动材料“美味冰激凌”中的卡片上进行拼贴和装饰，创造出独特的手工作品。此外，还可以将卡片与超轻黏土结合，制作出不同形状和“口味”的“冰激凌”。

三、情境游戏，体验、欣赏与评价他人作品的快乐。

① 幼儿分享交流自己制作的“冰激凌”的味道、形状和图案等特征，并欣赏和评价同伴的作品。

❷ 组织开展“买卖冰激凌”的角色扮演游戏，让幼儿轮流扮演售货员和顾客。在游戏中，“售货员”需要向别人介绍自己的“冰激凌”并尝试将其“售卖”出去，而“顾客”则可以根据个人喜好选择并“购买”自己喜欢的“冰激凌”。

观察指导要点

- 评估幼儿是否能够较完整地介绍自己的作品，包括“冰激凌”的味道、形状和图案等特征。同时，观察他们是否对同伴的作品表现出兴趣，是否积极参与讨论。
- 观察哪些幼儿的“冰激凌”“销售”得较快，分析他们的“销售”策略和吸引顾客的方式。同时，注意不同角色之间的互动，观察幼儿在游戏中是如何进行有效的沟通和交流的。

★ 家园共育

在炎炎夏日，家长应注意不要让孩子摄入过多的冷饮和冰点。食用过量的冷食可能会影响孩子的肠胃健康。

小松鼠找凉快

★ 活动目标

❶ 喜欢倾听故事，乐意阅读图书。
❷ 能够根据故事画面了解小松鼠找凉快的全过程，并做出合理的判断。
❸ 了解不同的消暑方式，知道哪种消暑方式最适合小松鼠。

★ 活动准备

❶ 经验准备

知道在炎热的夏天，需要消暑降温。

❷ 物质准备

配备材料：幼儿探究游戏活动材料“动物消暑有办法”，图片“小松鼠找凉快”，图画书、故事音频《小松鼠找凉快》。

自备材料：扇子每人一把。

★ 活动建议

一、自主阅读，看图理解故事内容。

① 为每位幼儿提供图画书《小松鼠找凉快》，让幼儿先进行自主阅读。在阅读过程中，鼓励幼儿根据画面进行猜想，帮助他们初步理解故事内容。

② 鼓励幼儿分享自己对故事的理解，可以讲述故事中的某一个片段，也可以讲述整个故事的大致内容。

观察指导要点

- 观察幼儿在阅读图书时是否能够认真专注，以及是否能展现出良好的阅读习惯，如正确的坐姿和翻页方式等。
- 鼓励幼儿将他们在图画书中看到的内容讲述出来，关注他们的语言表达情况，确保幼儿能够说出完整的句子。
- 关注幼儿的阅读理解能力，识别哪些幼儿阅读与理解的能力较强，哪些需要教师的帮助，并适时给予个别指导。

经验提升：故事《小松鼠找凉快》讲述了小松鼠在炎热的夏天寻找让自己变得凉快的方法的故事。在找凉快的过程中，他遇到了各种动物，每个动物都有自己独特的消暑方法，来让自己保持凉爽。小松鼠最终找到了自己的好朋友小兔子，与他聊起了去年冬天一起经历的趣事，最终在朋友的陪伴下找到了凉快的地方。

二、观察图片，进一步理解故事。

逐一出示图片“小松鼠找凉快”，引导幼儿分析并猜想画面的内容并适时提问：

（1）在故事中，小松鼠都遇到了哪些动物？

（2）这些动物的消暑方法分别是什么？

（3）最后，小松鼠是如何找到“凉快”的？

观察指导要点

- 观察幼儿是否能够根据画面内容准确地说出图片上有谁以及发生了什么事情。

- 关注幼儿在阅读过程中是更倾向于自主阅读还是依赖教师的提问引导。在活动中，应鼓励幼儿尽可能地自主理解故事内容，培养他们的独立思考能力。在必要时，教师可以通过提问来引导幼儿深入思考故事的深层含义。

经验提升：在故事《小松鼠找凉快》中，小松鼠在寻找消暑方法的过程中，先后遇到了水牛、大象、猪哥哥、猪弟弟、鸵鸟和小兔子。每个动物都有自己独特的消暑方法。如水牛选择躲在河里消暑；大象用鼻子喷水给自己降温；小猪兄弟通过在泥塘里打滚来降低体温；鸵鸟则通过扇动翅膀来降温。最终，小松鼠和小兔子一起回忆起去年冬天共同玩耍的快乐时光，意识到在炎热的夏夜，好朋友的陪伴就是最好的消暑良方。

三、复述故事，发展语言表达能力。

1. 播放故事音频《小松鼠找凉快》，引导幼儿进一步理解故事内容，重点引导幼儿理解故事中“冰凌”的意思。
2. 尝试借助图画书和故事音频《小松鼠找凉快》，让幼儿看图复述故事的大致内容。
3. 使用幼儿探究游戏活动材料“动物消暑有办法”，巩固并拓展幼儿对动物消暑方法的认知，丰富相关经验。

观察指导要点

- 观察幼儿是否能够认真倾听故事，并在教师的引导下理解并说出“冰凌”的含义。
- 重点引导幼儿模仿故事中的对话，提高他们的语言模仿能力，并为后续复述故事奠定基础。
- 拓展相关经验，通过讨论和游戏活动帮助幼儿了解更多动物消暑的方法，从而增加幼儿对动物行为的认识。

经验提升：“冰凌”是指在冬季低温下，由水凝结成的冰，它们通常呈现出针状或柱状的形态，例如在屋檐下形成的长而细的冰柱。冰凌通常具有透明或半透明的特性，是自然界中冰的一种独特展现。

★ 活动拓展

1 在语言区投放图画书《小松鼠找凉快》，引导幼儿看图讲述故事或进行简单的故事表演。

2 了解更多的动物消暑降温的方法。

★ 活动资源

故　事

小松鼠找凉快

夏天真热啊，动物们都想凉快点儿。

小松鼠在树林里走啊走啊，来到小河边。一头水牛躲在河里，只露出两个大鼻孔在出气。大象妈妈正带着小象在河边玩水，他们用鼻子不停地喷水，真舒服呀！猪哥哥和猪弟弟在泥塘里打滚。嘴巴里还不停地说："真凉快！"

鸵鸟使劲儿拍打着大翅膀，扑哧扑哧地扇着风，高兴地问小松鼠："小松鼠，这么热的天，去哪儿玩呀？"小松鼠说："鸵鸟大哥，我去找凉快。"鸵鸟说："哦，如果你有翅膀就好了，使劲儿扇扇翅膀就凉快了。"

小松鼠看看自己，没有大大的翅膀，只有一条大大的尾巴。他使劲儿摇了摇，一点儿都不凉快。

小象对小松鼠说："小松鼠，来水里玩玩吧，又舒服又凉快！"小松鼠想到去年自己掉进水里差点被淹死，就摇摇头说："不行，不行，我不喜欢玩水。"小松鼠想去找好朋友小兔子，看看他是怎样让自己变凉快的。

小松鼠找到了小兔子，小兔子正坐在树荫下乘凉呢！两个好朋友坐在大树底下，又说又笑。他们聊起了去年冬天一起玩耍的情景，想起了那白茫茫的雪地和飘舞的雪花，想起了树枝上挂着的长长的冰凌，谈到了怎样在雪地里奔跑，一起掉进了大雪坑……他们越谈越起劲，聊了整整一夜。

小松鼠感到这是整个夏天最凉快的一个晚上！

拍蚊子

★ 活动目标

① 喜欢参与音乐游戏，乐于用肢体动作模拟生活情境。
② 能够随着音乐的变化准确地拍打节奏，并模仿拍蚊子的动作。
③ 感知音乐的节奏和声音的长短，提高反应与表现能力。

★ 活动准备

① 经验准备
能够随着旋律表现节奏。
② 物质准备
配备材料：幼儿探究游戏活动材料“蚊子拍”、蚊子贴纸，实物材料中的雪糕棒，乐曲音频《拍蚊子》。

★ 活动建议

一、欣赏乐曲，感受乐曲的旋律和特点。

① 创设游戏情境：在夏天的夜晚，耳边传来“嗡嗡嗡”的声音，是谁来了呢？

② 播放乐曲音频《拍蚊子》，感受乐曲的旋律特点；引导幼儿与同伴分享自己的感受。

③ 再次播放歌曲音频《拍蚊子》，鼓励幼儿随着音乐扭动身体，模仿蚊子飞舞的动作。

观察指导要点

- 观察幼儿是否愿意进行动作模仿，能否生动地展现蚊子飞舞的姿态。
- 引导幼儿回忆蚊子的动作特点，例如飞行速度和轨迹，并鼓励他们用语言来描述这些特点。

经验提升：这首乐曲充满活力和热情，轻松愉快；乐曲的基本旋律多次重复，某些部分的音符在重复的基础上逐渐延长，这与夏天里蚊子飞舞的情景非常相似。

二、倾听乐曲，感知空拍和长音。

1. 播放乐曲音频《拍蚊子》，引导幼儿倾听并辨别乐曲中的空拍和长音。当听到空拍时，用拍手来表示；听到长音时，用手指书空画横线来表示。

2. 再次播放乐曲音频，重点引导幼儿记忆长音出现的次数。例如，在乐曲第一段中，长音出现一次；在乐曲第二段中，长音出现两次；在乐曲第三段中，长音出现三次……依次类推。

观察指导要点

- 观察幼儿是否能正确辨识空拍和长音，教师可以通过动作给予提示。
- 引导幼儿在听到空拍时想象自己发现了蚊子，并用手拍打；在听到长音时，用肢体动作模拟蚊子飞舞的样子。

经验提升：在这首乐曲中，空拍和长音遵循一定的规律出现：首先出现长音，紧接着是空拍；在每段音乐的重复中，长音的次数会递增一次。

三、开展游戏，初步表现乐曲。

1. 使用幼儿探究游戏活动材料“蚊子拍”，将卡片取下后对折，将实物材料中的雪糕棒夹在卡片中间，并粘牢固。

2. 将小蚊子贴纸粘贴在活动室内的任意位置；播放乐曲，帮助幼儿熟悉节奏。

3. 进行“拍蚊子”游戏。随着音乐的节奏自由模仿寻找蚊子的动作，当听到长音时，表示发现了飞舞的蚊子；长音停止时，表示蚊子已落下。在空拍出现时，立即拍打对应的蚊子贴纸，并根据音乐节奏数一数自己每次成功拍打了多少只“蚊子”。

观察指导要点

- 引导幼儿专注地倾听乐曲，当蚊子出现时，提醒他们做好准备，并在音乐结束时成功拍打蚊子。
- 熟悉乐曲后，可以鼓励幼儿根据乐曲旋律进行大胆想象，将平时玩游戏的经验迁移到音乐游戏中，进行肢体动作表现。

经验提升：仔细倾听乐曲，当长音出现时，举起蚊子拍以确定目标；当空拍出现时，迅速拍下去，模拟拍打蚊子的动作。

★ 活动拓展

在一日生活中的过渡环节，随机播放乐曲，进行音乐游戏。

★ 活动资源

歌 曲

拍蚊子

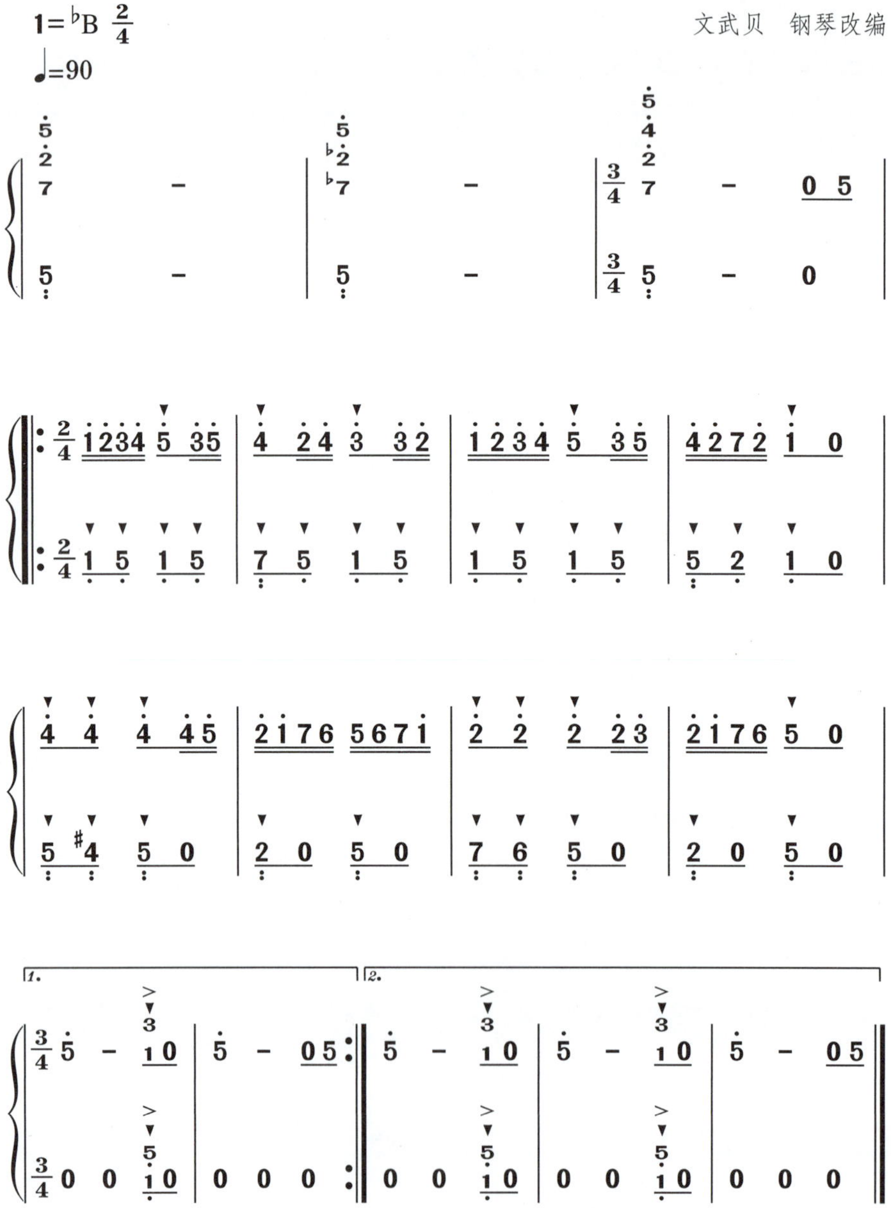

子主题 夏日游乐场

海洋袋

★ 活动目标

1. 乐于参与动手制作活动，喜欢夏季的海洋。
2. 能够独立完成海洋袋的制作，提升动手能力和感知觉。
3. 通过了解海洋世界，丰富对海洋的认知。

★ 活动准备

1. 经验准备

对海洋有基本的认知。

2. 物质准备

配备材料：幼儿探究游戏活动材料“海洋袋”，实物材料中的密封袋、绒球、亮片。

自备材料：地球仪一个，蓝色颜料、海洋生物小玩具若干。

★ 活动建议

一、认识海洋，丰富对海洋的认知经验。

1. 创设夏季在海边玩水的情境，播放一段轻松的音乐，引导幼儿模仿戴上游泳圈在海边玩水的动作。
2. 讨论：大海是什么样子的？大海里都有哪些生物？
3. 引导幼儿观察地球仪，指出哪些地方是海洋，并讨论海洋的特点。

观察指导要点

- 观察幼儿是否能够跟随教师自由地模仿动作，并注意哪些幼儿能够自主创编动作。
- 了解幼儿对海洋的已有认知经验，例如知道海水是咸的，远看呈蓝色，以及海洋里生活着许多鱼、螃蟹、虾等生物。

- 观察哪些幼儿能够在地球仪上准确指认海洋，引导幼儿认识并了解地球仪上的海洋区域。

经验提升：在地球仪上，通常用蓝色表示海洋。海洋是地球上最广阔的水体。地球上大部分区域都被海洋覆盖，海洋里生活着各种生物。

二、动手制作，表现海洋的基本特征。

❶ 使用幼儿探究游戏活动材料“海洋袋”，观察步骤图，说说如何制作一个海洋袋。

❷ 取下海洋生物的卡片，将相同图案的卡片背对背贴合在一起。

❸ 将粘好的海洋生物卡片、亮片、绒球以及海洋生物小玩具放入密封袋；再将蓝色颜料滴入水杯中调色，然后倒入密封袋；最后封好袋口，可用胶带再次加固、密封袋口，防止密封袋破裂或漏水。

观察指导要点

- 提醒幼儿袋子里的物品和水不宜过满，以免影响密封效果；封口前，要先排除密封袋内多余的空气。
- 选择安全无毒的颜料，例如食用色素和儿童专用颜料；为了丰富海洋袋的触感，可以在密封袋中加入一些芦荟胶或吸水树脂颗粒。

经验提升：我们可以用海洋袋表现大海。制作海洋袋时，我们可以先将海洋生物小玩具和海洋生物卡片放入袋子中，然后向袋子里灌入调好颜色的水，最后封好袋口并防止漏水。

三、游戏体验，促进感知觉的发展。

❶ 让幼儿自由地触摸和抓捏海洋袋，并鼓励幼儿表达自己的感受。

❷ 将所有的海洋袋平铺在光滑、平整的地面上，鼓励幼儿光脚轻轻踩踏和体验，以此丰富幼儿的触觉体验，促进感知觉的发展。

观察指导要点

- 提醒幼儿避免用锋利的物品接触袋子，以防海洋袋破裂。

● 鼓励幼儿分享玩海洋袋的感受，允许幼儿在游戏中根据个人喜好调整海洋袋中的材料和水量。

经验提升：我们在抓捏、轻踩海洋袋时，能够感受到水在袋子里的流动；海洋袋中的卡片和玩具好似各种各样的海洋生物在大海里畅游；抓捏、轻踩海洋袋，给我们带来了不一样的触感体验。

★ 活动拓展

收集较大的密封袋及相关游戏材料，制作更大的海洋袋，供幼儿在户外开展游戏。

水枪大战

★ 活动目标

1. 能够使用水枪玩水，享受夏季玩水的乐趣。
2. 通过水枪游戏锻炼手部力量，并培养躲闪和奔跑的能力。
3. 掌握水枪的使用方法，同时感知水在防暑降温中的重要作用。

★ 活动准备

1. 经验准备

有玩水枪的经验。

2. 物质准备

自备材料：每人一套雨衣、护目镜、防水凉鞋、水枪和换洗的衣物，水盆或水池等。

★ 活动建议

一、做好准备活动，制定游戏规则。

1. 选择一个炎热、阳光充足的日子，在户外场地开展活动。组织幼儿穿上雨衣、戴好护目镜，并换上防水凉鞋等。

② 让幼儿尝试练习给自己的水枪注满水，确保他们了解如何操作水枪。

③ 讨论：我们可以怎样玩水枪？如何安全地进行水枪游戏？教师和幼儿一起讨论并制定游戏规则。

观察指导要点

- 观察幼儿是否能够独立穿、脱衣物；若遇到困难，鼓励幼儿之间相互帮助。
- 检查幼儿的着装情况，确保他们的游戏安全；指导幼儿正确掌握给水枪注水和使用水枪的方法。
- 确保游戏用水充足，优先使用经过太阳暴晒的水，以减少水温过低给幼儿带来的不适。
- 在教师的引导下，鼓励幼儿说出游戏规则和安全事项，加深幼儿对游戏安全的认识。

经验提升：在进行水枪游戏时，确保每次射击前先将水枪灌满水；可以利用水枪远距离射击任何一名同伴或其他目标，但禁止使用水枪近距离喷射或朝向他人挥舞；当遭遇水枪攻击时，可以选择躲闪或奔跑，以避免被水击中。

二、自由戏水，发展动作的灵活性。

① 教师与幼儿共同参与“水枪大战”游戏，通过躲闪、奔跑和推动水枪射水的过程，发展动作的灵活性。

② 在游戏中，指导幼儿掌握水枪的正确使用方法，并引导他们感知水的防暑降温作用。

③ 提醒感到疲劳或身体较凉的幼儿适时到操场边休息或晒太阳。

观察指导要点

- 观察幼儿是否能积极、主动地参与游戏；对于不愿意参与游戏的幼儿，不强迫其参与。
- 提醒幼儿注意喷射目标与水枪的距离，避免过远或过近，以确保射击的安全性和准确性。
- 指导幼儿学会水枪的正确使用方法，提醒他们握紧水枪，瞄准目标后再用力推射。

经验提升：参与“水枪大战”游戏时，我们需要通过奔跑和躲闪避开对方射来的水柱。水具有防暑降温的效果，因此身体被淋湿后会感到凉爽。但如果感到寒冷，则应立即停止游戏并晒太阳取暖，避免受凉或感冒。

三、分享交流，丰富戏水游戏的经验。

1. 游戏结束后，引导幼儿脱掉雨衣并换上干爽的衣物。
2. 把游戏中潮湿的衣物挂起来晾晒，让幼儿初步观察和感受水分蒸发的自然现象，激发对科学现象的探究兴趣。
3. 在阴凉处集合，鼓励幼儿一起分享游戏中的感受和发现，通过交流分享，丰富幼儿的游戏经验。

观察指导要点

- 鼓励幼儿及时更换衣物，避免着凉。
- 在晾晒衣物时，允许幼儿自主选择晾晒地点和方式，教师应尽量减少干预，让幼儿有机会自主实践。
- 根据对幼儿的观察，引导他们进行有意义的游戏分享，以提升他们的沟通能力和表达能力。
- 在拿取晾晒好的衣物时，引导幼儿讨论：衣服上的水去哪里了？启发幼儿关注水的蒸发现象。

经验提升：衣服上的水分在阳光的照射下会转化为看不见的水蒸气，随后飘散到空气中。这个过程就是水的蒸发，是自然界中水循环的一部分。

★ 活动拓展

在炎热的夏日里，可以随时开展这样的戏水游戏，让幼儿尽情享受玩水的乐趣。

树叶吹泡泡

★ 活动目标

1. 知道可以利用有孔洞的物品吹出泡泡。
2. 能够通过给树叶打孔的方法制作简单的吹泡泡工具。
3. 掌握在树叶上打孔的方法，体验自制吹泡泡工具的乐趣。

★ 活动准备

1. 经验准备

玩过吹泡泡游戏。

2. 物质准备

配备材料：幼儿探究游戏活动材料“树叶吹泡泡”，实物材料中的泡泡工具杆。

自备材料：每人一瓶泡泡液、一把剪刀、一个压花器；带有小孔洞的物品，如苍蝇拍、浴花、漏勺等；树叶若干、颜料若干。

★ 活动建议

一、自由吹泡泡，发现吹泡泡工具的基本特征。

1. 准备树叶、剪刀以及带有小孔洞的物品，如苍蝇拍、浴花、漏勺等，并取出实物材料中的泡泡工具杆，让幼儿尝试用这些不同的物品蘸取泡泡液吹泡泡。
2. 引导幼儿讨论用哪些物品能成功吹出泡泡，以及这些物品有什么特点。

观察指导要点

- 观察幼儿吹泡泡的过程，并指导他们掌握正确的吹泡泡方法：确保泡泡工具不接触嘴巴，同时避免对着他人的脸部吹泡泡。
- 鼓励幼儿尝试使用各种不同的物品来吹泡泡，探索不同工具吹泡泡的效果。
- 引导幼儿观察泡泡的产生过程，并思考是否能用完整的树叶直接吹出泡泡。

经验提升：把带有小孔洞的物品蘸上泡泡液后就能够吹出泡泡，例如泡泡工具杆、苍蝇拍、漏勺等。完整的树叶由于没有孔洞，通常无法直接吹出泡泡。

二、把树叶制成吹泡泡工具，探索用树叶吹泡泡的方法。

1. 讨论：如何利用树叶吹出泡泡？我们可以通过什么方法在树叶上制造小孔洞？
2. 尝试使用剪刀、压花器等工具在树叶上剪出小洞，或打出各种形状的小孔。
3. 用有孔洞的树叶蘸取调配好的彩色的泡泡液，吹出彩色的泡泡。使用幼儿探究游戏活动材料“树叶吹泡泡”，让泡泡落在纸上，看看它会变成什么。

观察指导要点

- 观察幼儿是否能够运用已有经验，提出在树叶上打洞的想法以及具体实施的方法。
- 关注幼儿选择和使用的工具，以及他们是如何为树叶打洞的。
- 建议选择较大且具有一定硬度的树叶，例如杨树或枫树的叶子等。

经验提升：把树叶轻轻对折，然后剪出小洞，或者使用压花器直接在树叶上压出小洞。树叶上有了这些小孔洞，就可以用它们来吹泡泡了。

三、使用树叶吹泡泡，体会自制工具的成就感。

1. 使用已经打好孔洞的树叶蘸取泡泡液来吹泡泡，观察哪些树叶能够吹出泡泡，哪些不能。
2. 对于未能成功吹出泡泡的幼儿，引导其思考原因，并鼓励他们重新利用树叶制作吹泡泡工具。
3. 让幼儿自由使用树叶吹泡泡工具或与同伴交换使用，感受自制工具带来的成就感与自豪感。

观察指导要点

- 观察那些未能用树叶吹出泡泡的幼儿，引导他们反思并调整吹泡泡工具的制作方法。
- 观察幼儿是否能够发现制作过程中出现的问题，并在教师的指导下获得成功的体验。

经验提升：在树叶上制作小洞时，应避免剪、压出不完整的孔洞，孔洞不完整就无法吹出泡泡。同时，应尽量使孔洞大一些，这样更易于吹出泡泡。

★ 活动拓展

将泡泡液放置于科学区，鼓励幼儿自主探索，创造性地制作更多的吹泡泡工具。

石头穿花衣

★ 活动目标

1. 培养对色彩的敏感度，体验在石头上自由涂画的乐趣。
2. 学习使用画笔在石头表面进行简单的涂鸦和创作。
3. 通过实际操作，感知石头的质地和特性，掌握在石头上作画的基本技巧。

★ 活动准备

1. 经验准备

有涂色、绘画的经验。

2. 物质准备

配备材料：幼儿探究游戏活动材料“石头树”。

自备材料：形状各异、质感不同的小石头若干，丙烯颜料、水粉笔、水盆若干，画好图案的石头一个。

★ 活动建议

一、寻找石头，了解石头的基本特征。

1. 在活动开始前，将形状各异、质感不同的小石头散布在沙池和操场上。
2. 让幼儿自由寻找石头，并观察和描述石头的形状、颜色、质感等。

观察指导要点

- 观察幼儿找到了哪些石头，它们都是什么形状、颜色、质感的；幼儿在寻找过程中是否能够发现较大的景观石等特殊的石头。
- 倾听幼儿对石头特征的描述，评估他们是否能够准确地说出自己找到的石头的基本特征。

经验提升：石头的形状各异，有些石头圆润，有些则相对扁平；在质感上，有的石头表面粗糙，而有的则非常光滑。石头通常很坚硬，不仅可用于观赏，还可以用于铺路、建造房屋等。

二、清洗石头，探索在石头上涂鸦的方法。

① 利用幼儿探究游戏活动材料“石头树”，观察并提问：如何给石头穿上漂亮的花衣服？

② 将收集到的石头放入水盆中清洗，然后擦干并晾晒，以备绘画使用。

③ 按照步骤图，使用水粉笔蘸取丙烯颜料，在清洗干净的小石头上进行绘画和涂鸦创作。

观察指导要点

- 观察幼儿是否能够描述为石头“穿花衣”的方法，如给石头涂色；检查幼儿是否能够将石头上的尘土清洗干净并擦干。
- 观察幼儿画在石头上的图案，是简单的涂色还是有特定主题的绘画；允许幼儿根据自己的兴趣绘制不同数量的石头。
- 重点指导幼儿如何正确使用水粉笔和丙烯颜料，确保颜料的稠度适中，既不过于浓稠，也不过于稀薄。

经验提升：首先，我们需要挑选出大小适中、表面光滑的石头。接着，用水仔细清洗这些石头，去除附着在上面的泥土和杂质。清洗干净并擦干、晾晒后，就可以用画笔蘸取颜料，在石头上涂色或绘画了。给石头涂色时，可以选择握着石头画，或者将石头放置在桌面或地面上进行绘画。

三、创作石头画，发展想象力和创造力。

① 将画好的石头放到地面或桌面上进行晾晒，收拾作画工具及场地卫生。

2. 欣赏、评价石头画作品，说说哪块石头的“衣服”最漂亮。
3. 将画好的石头粘在幼儿探究游戏活动材料“石头树”上，创作一棵七彩的石头树。

观察指导要点

- 涂鸦活动结束后，引导幼儿自主收拾工具并清理卫生，培养他们的独立性和责任感。
- 观察并倾听幼儿对作品的评价，重点引导他们从颜色搭配、图案设计和造型创意等方面进行评价，提升他们的审美和表达能力。
- 指导幼儿使用画好的石头来装饰树冠，体验石头画的独特艺术魅力。

经验提升：每一块被赋予色彩的石头都是独一无二的艺术品。使用的色彩越丰富，“衣服”便越发美丽。通过用多彩的石头来模拟树冠，我们能够创造出一棵色彩斑斓的大树。

★ 活动拓展

在美工区投放一些大的较扁的石头，引导幼儿在石头上绘制有主题的图画。

救小鸭

★ 活动目标

1. 乐于倾听故事，并愿意积极表达自己的观点和想法。
2. 能够清晰、流畅地表达自己的想法，初步感知水的浮力现象。
3. 尝试猜想和编造故事，培养发散性思维。

★ 活动准备

1. 经验准备

知道鸭子会游泳。

❷ 物质准备

配备材料：幼儿探究游戏活动材料“救小鸭”，图片“救小鸭”。

自备材料：透明的深口瓶一个、塑料鸭子玩具一个。

★ 活动建议

一、观察图片，引发对故事情节的猜想。

❶ 展示塑料鸭子玩具，激发幼儿的兴趣。提问：今天天气晴朗，小鸭子决定出门玩耍，会发生什么有趣的事呢？

❷ 出示图片“救小鸭”中的第一张图，展示小鸭子掉进深坑里的画面，并通过适时提问帮助幼儿理解画面内容。

教师提问：

（1）小鸭子出门后遇到了什么事情？

（2）这个大坑是什么样子的？

（3）小鸭子能自己从坑里出来吗？

（4）小鸭子现在的心情会是怎样的？

观察指导要点

- 观察幼儿是否能理解图片内容，并鼓励他们用语言来描述所看到的画面。
- 观察幼儿是否能够感受到小鸭子的情绪，并注意他们是如何描述这种情绪的。
- 通过适当的引导，激发幼儿帮助小鸭子的愿望，培养他们的同情心和乐于助人的品质。

经验提升：小鸭子掉进了坑里，坑很深，小鸭子没办法爬上来，他着急地哭了起来。

二、涂画记录，积极思考解决问题的办法。

❶ 思考：你能想到什么办法来帮助小鸭子脱离困境？

❷ 使用幼儿探究游戏活动材料“救小鸭”，将自己想到的救助小鸭子的办法画在空白处。

❸ 大胆讲述自己救助小鸭子的办法。

观察指导要点

- 鼓励幼儿大胆思考救助小鸭子的方法，尝试用简单的线条在空白处画出他们的想法。
- 询问幼儿想到了哪些救助小鸭子的办法，并评估这些办法的可行性。
- 教师不能随意否定幼儿提出的救助小鸭子的方法，鼓励幼儿发挥想象力，培养他们的发散性思维。
- 鼓励幼儿根据自己绘画的内容大胆讲述救助小鸭子的办法并给予肯定和表扬，以增强他们的自信心和创造力。

经验提升：（根据幼儿的绘画情况进行总结）我们可以在坑边放置一个梯子，让小鸭子能够沿着梯子自己爬上来；或者投下一根绳子到坑中，将小鸭子安全地拉上来；小鸭子会游泳，我们还可以向坑里注水，使水面上升，这样小鸭子就能游到坑边自行逃生。

三、讲述故事，初步感知水的浮力。

❶ 出示“救小鸭”中的后续图片，引导幼儿观察并提问：哪些动物来帮助小鸭子了？他们各自采用了什么方法？

❷ 通过观察图片，引导幼儿完整地讲述故事内容，让幼儿感受到解决问题的多种可能性。

❸ 教育幼儿在遇到困难时积极思考，寻找并尝试不同的解决办法。

❹ 使用深口瓶和塑料鸭子玩具，演示物品因为水的浮力漂浮起来的现象，更好地理解救助小鸭子的办法。

观察指导要点

- 评估幼儿是否能够根据画面内容准确描述图中发生了什么事情。
- 观察幼儿在讲述故事时是否能够根据图片上的数字序号进行讲述。
- 幼儿是否能够理解浮力的概念，以及水把小鸭子从坑中托举上来的科学原理。

经验提升：大家集思广益，提出了多种救助小鸭子的方法。小山羊找来了一根长竹竿试图帮助小鸭子，但竹竿表面太光滑，小鸭子的脚掌无法抓住；小猴子想到了用水来救小鸭，然而他手中的小水桶容量有限，倒入的水很快就被泥土吸收了；最终，大象用他的长鼻子吸足了水，将坑注满，水位上升，使小鸭子得以浮上水面，成功获救。

★ 活动拓展

在科学区投放可以漂浮的小件物品，让幼儿感受水的浮力。

★ 活动资源

故 事

救小鸭

草地上，一只顽皮的小鸭子跑来跑去，一不小心，掉进了一个大土坑。大土坑好深啊，小鸭子拍了拍翅膀，又蹦了蹦，都没能出去，急得哇哇哇地哭了起来。

小猴子和小山羊听到哭声，跑了过来。小山羊说："小鸭子别着急，我用长竹竿来帮助你，你抓住另一端就可以！"可是，竹竿太滑了，小鸭子的脚掌完全抓不住。

小猴子说："小鸭子别着急，我用水来帮助你，等水填满了大坑，你浮上来就可以！"可是，小水桶太小了，倒进去的水都渗到了泥土里。

这时候，大象来了。他看到小猴子和小山羊累得呼呼喘气也填不满大坑，就赶紧到河边吸了一鼻子的水。哗哗几下，鼻子里的水像下雨一样，很快灌满了土坑。

土坑变成了水坑，小鸭子浮在水面游上来，得救了。

玩泥巴

★ 活动目标

❶ 乐于参与探究活动，体会玩泥土的乐趣。

❷ 能够动手尝试和泥、挖泥、搅拌泥土，通过实际操作丰富对泥土的认知经验。

③ 知道土和泥的区别，感知泥土的基本特征。

★ 活动准备

① 经验准备

有玩沙的经验。

② 物质准备

配备材料：实物材料中的模具。

自备材料：每人一套挖土工具，如小铲、小桶等。

★ 活动建议

一、挖土坑，初步感受土的基本特征。

① 组织户外探险活动，带领幼儿寻找合适的土壤，引导他们观察土壤的颜色、质地，并鼓励他们描述土壤的外观和质感。

② 提供挖土工具，让幼儿自由地挖掘土壤，尝试挖出一个小土坑，体验挖掘的乐趣。

③ 让幼儿自由玩土，感受土壤的基本特征，如湿润度、黏性和颗粒大小等。

观察指导要点

- 观察幼儿是否能够依据他们的生活经验迅速找到土壤。
- 关注幼儿对土壤的描述，评估他们是否能够清晰地将自己的认知和感受表达出来。
- 为了便于挖掘，应选择土壤丰富且质地松软的地点开展挖掘活动，如小菜园等。

经验提升：土壤是自然界的重要组成部分，呈现出多种颜色，常见的有黑色、暗棕色，有时也能看到红色或黄色的土壤。这些丰富的色彩反映了土壤的不同成分和性质。

二、尝试和泥，初步了解土与泥的关系。

① 提出问题：怎样才能把土变成泥巴呢？鼓励幼儿使用小桶取水，尝试将水与土混合，观察土和水结合后的变化。

② 让幼儿自由地进行土水混合游戏，探索把土变成泥的方法。

③ 将混合好的泥土放在手中，通过观察、揉捏和塑形，让幼儿描述自己的感受和发现，从而更直观地理解土和泥的关系。

观察指导要点

- 观察幼儿是否能够成功将土与水混合，制作出泥巴；哪些幼儿能够准确控制水量，迅速和出合适的泥土；哪些幼儿在倒水时缺乏明确的目的。
- 为幼儿提供充足的探究空间，避免过早干预和指导；对于始终无法成功制作泥土的幼儿，教师可以适当引导他们调整水量。
- 评估幼儿是否能够在反复尝试中掌握和泥的技巧，观察他们如何处理过干或过稀的泥土。

经验提升：当我们在土中加入适量的水，土便变成了泥。泥与土的状态截然不同：泥土是土壤与水混合后的产物，它的颜色变得更加深，并且展现出一定的黏性。这种转变不仅改变了土壤的外观，也赋予了它一定的可塑性。

三、玩泥巴，感受泥土的基本特征。

① 让幼儿自由地玩耍已经和好的泥土，通过亲身体验感受泥土的柔软和易塑形的特点。

② 鼓励幼儿通过揉、捏、拍、摔打等多种方式玩泥，激发他们的创造力。同时，引导幼儿尝试用泥土表现生活中的常见物品，比如汤圆、鸡蛋、面条等，在游戏中学习模仿和创造。

观察指导要点

- 观察幼儿玩泥土的方式，是否能够在教师的引导下描述泥土的基本特征，如泥土的质地、颜色和黏性等。
- 指导幼儿如何使用泥土进行塑形，使泥土呈现不同的形状，例如圆形、长方形等。

经验提升：泥土具有一定黏性，这使得它容易黏附在我们的手上；同时，它的柔软质地使得泥土易于塑形。一些质地细腻的泥土甚至可以用来制作精美的泥塑艺术品，供人们欣赏。

活动拓展

1 收集陶泥作品供幼儿欣赏，激发幼儿对泥塑艺术的兴趣，让他们直观地感受泥土转化为艺术品的过程。

2 在美工区投放黄泥，鼓励幼儿参与泥塑活动，满足幼儿玩泥的兴趣，培养他们的动手能力和创造力。

健康活动

生气了

活动目标

1. 愿意表达自己的情绪，体会积极情绪带来的愉悦感。
2. 能够通过数数、做游戏等方式平复情绪。
3. 知道生气是正常的情绪反应，但经常生气会影响身体健康。

活动准备

1. 经验准备

知道开心和生气时面部表情的区别。

2. 物质准备

配备材料：故事音频《我生气了》。

自备材料：画有体现生气和开心两种情绪的表情卡片若干。

活动建议

一、游戏导入，感知生气时的表情特点。

1. 出示不同情绪的表情卡片，引导幼儿根据卡片上体现的情绪进行分类。
2. 共同总结生气时的表情，说说生气时人的表情是怎样的，并尝试进行模仿。

观察指导要点

- 活动前教师将表情卡片藏在活动室内，如材料筐里、门后、花盆下、椅子下等，引导幼儿自由寻找，提升活动的游戏性和趣味性。
- 引导幼儿在描述生气时的表情特点时，按从上到下的顺序进行描述，如先描述眉毛和眼睛的样子，再描述鼻子和嘴巴的样子。
- 准备好数量充足的表情卡片，保证每名幼儿至少可以收集到两张表情卡片；表情卡片为开心的和生气的两种，每种表情卡片的主人公尽量不同，以便幼儿对生气时的表情特点有更清晰的认知。

经验提升：当我们遇到不愉快的事情时，愤怒的情绪常常随之而来。这时，我们的眉头会不自觉地紧锁，眼睛瞪大，目光中透露出严厉的神情；有些人还会皱起鼻子，或者鼻孔张开；生气时，我们还可能会紧抿嘴唇，或者张开嘴巴，仿佛随时准备发出一声大喊。

二、故事分享，感受消极情绪对自己的影响。

1. 欣赏故事《我生气了》前半段，分析主人公为什么生气。
2. 共同讨论在遇到困难时应该如何解决。
3. 欣赏故事《我生气了》后半段，学习平复情绪的方法。
4. 讨论：还可以用什么方法平复生气时的不良情绪？

观察指导要点

- 在欣赏故事时，引导幼儿随着故事情节的开展，体会故事中主人公的情绪变化。
- 鼓励幼儿结合自己的经验，说一说自己是如何面对并解决困难的。
- 引导幼儿回忆自己生气时的情景，并说说当时的感受是怎样的。

经验提升：频繁地生气不仅会对我们的情绪产生负面影响，也可能对我们的身体健康造成损害。面对困难时，生气并不是解决问题的最佳方式。激动的情绪往往会干扰我们的思考和判断，使解决问题变得更加困难。因此，学会如何平复自己的情绪是非常重要的，我们可以像故事中的小主人公那样管理自己的情绪。

三、结伴游戏，体验积极情绪带来的愉悦感。

1. 讨论：当你的好朋友生气时，我们可以怎样帮助他？
2. 开展游戏“生气汤”。玩法：幼儿手拉手围成大锅状，每名幼儿对着“大锅”说出一件让自己生气的事情，然后念儿歌：“撒点盐、放点糖，左左左，扭三下，右右右，扭三下，喷出一口火龙气。啊！我快乐啦！”

观察指导要点

- 观察幼儿是否愿意积极主动地想办法帮助同伴平复情绪。
- 游戏活动中，幼儿是否能够与同伴手拉手遵守游戏规则，有序开展游戏；游戏过程中与游戏结束后，幼儿的情绪是否积极、愉快。

经验提升：情绪不仅影响我们自己的心情，也会影响周围人的情绪状态。当你生气时，很可能会给周围的人带来负面影响，使他们变得不开心；相反，当你感到快乐时，你的快乐也能感染周围的人，让他们心情愉悦。因此，当我们注意到身边的人出现不良情绪时，可以通过一起做游戏等积极的方式帮助他们振奋精神，改善情绪。

★ 活动拓展

在幼儿园生活区设置“情绪垃圾桶”，当幼儿有不开心的事情时，可以对着“情绪垃圾桶”数十个数，把自己的不良情绪扔进“情绪垃圾桶”，以此稳定情绪，平复心情。

★ 家园共育

① 当孩子情绪激动时，允许其表达自己的感受，在孩子情绪平复后再沟通，解释发脾气不能解决问题。引导孩子理解：在遇到困难时，应寻找解决方法，而不是简单地发泄情绪。

② 家长在日常生活中与孩子互动时，应时刻注意自己的情绪管理。家长的情绪和行为会对孩子产生影响，孩子会模仿家长处理问题的方式。因此，当孩子遇到问题时，家长应展示积极的应对策略，作为孩子的榜样。

★ 活动资源

故　事

我生气了

看！我发现了一罐饼干，我要把它取下来，它离我不太远。先爬上凳子……伸手……去够，跳……快了……快了……哗啦！咣当！扑通！妈妈说：“小宝贝！磕到头了吧，这可不好玩儿。”是的！头上鼓起一个包。我哇哇大哭。都怪那罐饼干，放得离我那么远！我的袜子滑下来了。我的裤子也拧了。我要……我要……我要吃饼干！

放我下来！不要摸我的头发。我要吃饼干，你听见没？盖子那么紧，我打不开。为什么？为什么？每件事都跟我对着干！啊！我大声叫。嗷！我使劲喊。咚咚咚！我撞地板。我打自己的头，给你们看！因为现在我……我生气了！

“小宝贝！”妈妈说，“不要大叫，不要大喊，也不要撞地板，那样没有任何帮助。我知道你现在很生气，我有个好办法，从1数到10，你来试一试？”“从1开始，然后2，接着3，4，5……宝宝做得到，跟我一起数。”一二三四五六七八九十，接下来深吸气。

看！我把袜子穿好了。我的裤子也很乖。现在，可以吃饼干了。一小口儿，一小口儿，让我数一数，看能不能数完。

1，2，3——饼干真好吃！4，5，6——好吃的饼干！7，8，9——哇哦！只剩最后一小块儿，哈！饼干太好吃了，啊呜……啊呜……饼干吃完了！那也没关系。再拿一块给妈妈，一块给自己。妈妈说：“妈妈爱你！”我说：“我也爱妈妈！”

圆圈跑

★ 活动目标

1. 乐于参与集体跑步活动，享受团队运动的乐趣。
2. 初步尝试倾斜身体进行弯道跑。
3. 学习并掌握弯道跑的基本动作，提高跑步技巧。

★ 活动准备

1. 经验准备

有跑步的经验。

2. 物质准备

配备材料：歌曲音频《拉个圆圈走走》。

★ 活动建议

一、播放音乐，欢快热身。

1. 播放歌曲音频《拉个圆圈走走》，带领幼儿围着圆圈做热身运动。
2. 开展热身运动，如压腿、伸腿、高抬腿等，重点锻炼下肢。

观察指导要点

- 在听音乐进行热身活动时，指导幼儿将脚高高抬起、轻轻落下，注意脚踝部位的锻炼，确保得到充分活动。
- 重点观察幼儿的下肢热身运动，确保他们的动作准确到位，提高热身的效果。

二、熟悉路线，初步体验圆圈跑。

① 幼儿轮流沿着圆圈跑步，其他幼儿观察跑动中的幼儿的身体动作，注意他们的姿势和步伐。

② 引导幼儿进行讨论：当你在弯道上跑步时，你是如何跑的？你觉得身体的动作和平时沿直线跑步时有什么不同？

观察指导要点

- 对于在跑步时容易偏离路线的幼儿，可以请他们在小圈中单独练习跑步，以便更好地掌握控制方向的技巧。
- 教师应示范弯道跑步的正确动作，特别强调在弯道上跑步时身体应向弯道内侧倾斜，并保持速度均匀。

经验提升：幼儿可以根据自己的喜好选择跑圈的大小。跑弯道时，身体应适当向圈内倾斜，这有助于保持平衡并减少离心力的影响。完成一圈跑步后，可以改为步行，慢慢调整呼吸，帮助身体从剧烈运动中平稳过渡。自由练习跑步时，要注意观察前方的幼儿，并与之保持适当的距离，避免发生碰撞。

三、追逐游戏，巩固圆圈跑的姿势。

① 每次请两名幼儿在圆圈上进行追逐游戏。

② 讨论：要怎样跑，才能追到前面的小朋友？

观察指导要点

- 教师指出个别幼儿在弯道跑步时会偏离路线的问题，并组织幼儿进行讨论，共同探讨如何改善这一现象。

- 教师需密切关注幼儿在活动中的运动量，确保活动强度适宜，既能达到锻炼效果，又不至于使幼儿过度疲劳。

经验提升：追逐跑时，追到前一名幼儿即可停止游戏；奔跑时，要注意不能推挤、拉拽同伴。

四、播放音乐，放松身体。

1. 播放一段舒缓的音乐，全体幼儿边走边捶臂、捶腿，放松身体。
2. 总结游戏情况，组织幼儿一个跟着一个地走回活动室。

★ 活动拓展

幼儿们围坐成一个大圆圈，一起参与丢手绢游戏。游戏中，一名幼儿作为丢手绢的人，在圈外跑步，另一名幼儿则尝试抓住他。如果丢手绢的幼儿被成功抓住，则为大家表演一个节目。

跳过报纸岛

★ 活动目标

1. 体验自由玩报纸的乐趣。
2. 能够单脚起跳、轻巧落地地跳过障碍物。
3. 掌握单脚跳的动作要领。

★ 活动准备

1. 经验准备

会双脚向前跳。

2. 物质准备

自备材料：旧报纸每人两张。

★ 活动建议

一、热身运动，激发游戏兴趣。

每名幼儿一张报纸，教师和幼儿在报纸上做热身运动，如在报纸上踮脚尖走、跑、跨等。

观察指导要点

- 加强腿部、脚踝处的运动练习。
- 报纸破损后及时引导幼儿进行更换。

二、自由探索，发现报纸的多种玩法。

1. 提问：报纸有什么用？我们可以怎样玩报纸？
2. 每人一张报纸，自由探索报纸的玩法。

观察指导要点

- 适时介入，引导幼儿观察报纸的长度及宽度，思考可以用什么方式从报纸上面跳过去，如双脚跳、单脚跳、横着跳等，尝试多种玩法。
- 引导幼儿做出双手摆动、屈腿等动作，使身体向前发力，纵身跳过报纸。

经验提升：报纸的玩法有很多，如可以独自或多人跳过报纸，可以将报纸贴在身上奔跑，也可以将报纸团成球踢来踢去。

三、跳跃挑战，掌握单脚跳的动作要领。

1. 把报纸铺成一条2米左右的“小路”，每张报纸相距20厘米。把幼儿分成两组，引导幼儿依次单脚跳过“报纸岛”。
2. 结合活动中的观察，整合并提升幼儿在游戏中的经验。

观察指导要点

- 通过提问等方式帮助幼儿明确探索对象和探索内容，从而清晰游戏的玩法。
- 引导幼儿掌握单脚跳的动作要领，注意保持身体平衡。

经验提升：双腿放松站立，一条腿屈膝、抬起，紧贴另一条站立的腿，双手自然摆动。站立的腿屈膝，以前脚掌蹬地，身体随之起跳，屈膝落地以缓冲。

四、播放音乐，放松运动

1. 将地上的报纸捡起来，并随着欢快的音乐将报纸揉成纸团儿扔进垃圾桶。
2. 幼儿做放松运动，重点放松腿部肌肉。

纸球上天

★ 活动目标

1. 喜欢摆弄纸球，体验抛球游戏的乐趣。
2. 能够双手向上抛纸球。
3. 掌握用双手抛纸球的基本方法。

★ 活动准备

1. 经验准备

能平稳地站立。

2. 物质准备

自备材料：纸球若干。

★ 活动建议

一、热身运动，活动身体各个部位。

尝试跟随指令做相应的动作，进行热身。如“请你跟我甩一甩，甩，甩，甩；请你跟我切一切，切，切，切；请你跟我摇一摇，摇，摇，摇；请你跟我点一点，点，点，点；请你跟我转一转，转，转，转；请你跟我蹲一蹲，蹲，起，蹲，起；请你跟我跳一跳，跳，跳，跳”等。

观察指导要点

- 提示幼儿充分活动上肢部位，进而提高身体的灵敏度。
- 观察幼儿能否跟随指令做动作。

二、自主游戏，探索纸球的各种玩法。

1. 幼儿自由探索纸球的玩法。
2. 鼓励幼儿想出更多的玩法，并进行展示。

观察指导要点

- 在玩纸球的过程中，提醒幼儿寻找空旷的场地，避免碰撞。
- 幼儿探索出的纸球玩法有哪些？当幼儿以富有创意的方式玩纸球时，可让其向其他幼儿展示。
- 指导幼儿以安全的方式玩球。

经验提升：纸球的玩法有很多，可以抛接，可以踢着玩，也可以投掷，等等。

三、深入探究，探索向上抛球和接球的方法。

1. 探索向上抛球和接球的方法，练习自如抛、接纸球。
2. 讨论：抛、接纸球的方法有哪些？

观察指导要点

- 观察幼儿双手抛球的高度，指导幼儿及时调整位置和动作抛、接纸球。
- 及时对不能连续抛、接纸球的幼儿进行指导和纠正。

经验提升：双脚分开站稳，双手把纸球向上抛，眼睛盯着纸球，根据纸球下落的方向及时调整身体位置，手眼协调地接球。

四、播放音乐，做放松运动。

1. 开展“吹气球”游戏，引导幼儿调整呼吸，放松身体。
2. 重点放松上肢部位，可引导幼儿相互揉肩、按揉胳膊；教师总结游戏情况。

★ 活动拓展

尝试与他人合作，练习相互抛、接纸球。

我喜欢……

活动目标

1. 愿意把自己的想法说给别人听。
2. 能够在集体活动中耐心倾听并积极表达自己的情绪和感受。
3. 知道每个人都有自己喜欢的事物以及喜欢做的事情。

活动准备

1. 经验准备

愿意表达自己的感受。

2. 物质准备

配备材料：故事音频《我喜欢》。

活动建议

一、故事分享，知道每个人都有自己喜欢的事情。

1. 播放故事音频《我喜欢》，了解故事的内容。
2. 讨论：故事中，爸爸喜欢什么？姐姐喜欢什么？乌鸦喜欢什么？秋天喜欢什么？月亮喜欢什么？天空喜欢什么？小溪喜欢什么？妈妈喜欢什么？
3. 理解故事中的每个人都有自己喜欢的事物。

观察指导要点

- 活动前，提醒幼儿仔细倾听，引导幼儿关注故事中都提到了谁，他们分别喜欢什么。
- 在讨论过程中，可以采用接力讲述的方式，即教师说前半句，引导幼儿接着讲述后半句，与幼儿共同将故事讲述出来，加深幼儿对故事内容的理解。

经验提升：每个人都有自己喜欢的事物，可以是一件物品或一项活动，也可以是多种不同的物品或活动。

二、交流分享，尝试表达自己的喜好。

1. 分享交流：你喜欢什么？
2. 说一说自己喜欢的事物，如食物、玩具等。了解同伴的喜好，知道每个人的喜好不一样。
3. 感受喜欢的事物给自己带来的积极的情绪体验。

观察指导要点

- 幼儿可以与同伴自由交流自己的喜好，也可以在集体活动中分享自己的喜好；教师要给予幼儿充分的时间和空间去表达和倾听；提醒幼儿表达时要说完整话。
- 引导幼儿观察同伴分享自己喜欢的事物时的表情和语气，提醒幼儿当同伴在表达时要耐心倾听。

经验提升：当我们提及自己喜欢的事物时，语气是欢快的，表情是喜悦的，自己喜欢的事物会让人感到开心。

三、游戏操作，感受做自己喜欢的事情时心情会变好。

1. 在幼儿园选择一件自己喜欢的事情去做。
2. 交流：做自己喜欢的事情时，心情是怎样的？
3. 分享讲述，感受做自己喜欢的事情时心情会变好。

观察指导要点

- 幼儿在做自己喜欢的事情时，教师可适当扩大活动的范围。
- 在分享讲述环节，教师可适当引导幼儿说一说做了什么事情，做这件事情的时候心情是怎样的，鼓励幼儿用一句完整的话表达自己的情绪和感受。

经验提升：当我们做自己喜欢的事情时，心情是愉悦的。

★ 活动拓展

引导幼儿尝试将自己喜欢的事物以图画或符号的形式记录在本子上。

家园共育

1. 与孩子交流自己喜欢的事物。
2. 每天睡前和孩子探讨是否发现了新的喜欢的物品或喜欢做的事情。

活动资源

故 事

我喜欢

爸爸喜欢收集邮票。姐姐喜欢收集漂亮的蝴蝶结。乌鸦喜欢收集漂亮的东西——眼镜、旧手表、小刀、小勺、小锅、小金属环、小纽扣。

秋天喜欢收集落叶。月亮喜欢收集星星。天空喜欢收集云朵。小溪喜欢收集雨滴。

我问妈妈："你喜欢收集什么？"妈妈说："我收集的都是你的东西呀！小衣服、小围巾、小鞋子、小袜子、小手巾、小梳子、小奶瓶、满月和100天留念的照片。"

袋鼠跳

活动目标

1. 乐于模仿袋鼠的动作，体会蹦跳游戏的乐趣。
2. 能够有节奏地双脚向前行进跳。
3. 熟练掌握双脚行进跳的动作要领。

活动准备

1. 经验准备

会上下蹦跳。

2. 物质准备

自备材料：布袋、呼啦圈若干。

★ 活动建议

一、热身运动，为游戏做准备。

1. 模仿青蛙和兔子，蹦跳进入游戏场地。
2. 跟随音乐做热身运动，重点活动下肢各关节，为游戏做准备。

观察指导要点

- 提示幼儿热身时充分活动下肢部位，提高腿部的灵敏度。
- 注意控制双脚行跳的距离和次数，避免过度疲劳。

经验提升：行进跳时要双脚并拢，保持身体平衡，双手可适当摆动，避免摔倒。

二、跳呼啦圈，练习双脚向前跳的动作。

1. 将呼啦圈平铺在场地中，幼儿双脚并拢、膝盖弯曲尝试双脚向前跳。
2. 分组练习，尝试更多跳呼啦圈的方法。

观察指导要点

- 幼儿自由练习，教师巡回指导，同时提醒幼儿注意安全。
- 鼓励动作不协调的幼儿及不爱运动的幼儿积极参与游戏。
- 避免踩踏呼啦圈边缘，防止呼啦圈弹起；在场地中多放置一些呼啦圈，便于幼儿集体游戏。

经验提升：跳呼啦圈时，应把呼啦圈的中心设为跳跃落地的目标；双脚跳时重心要稳，避免踩到呼啦圈上。

三、自主探究，模仿袋鼠跳。

1. 每人自取一个布袋，用布袋套住下肢，自由探索袋鼠跳的方法。
2. 提醒幼儿注意安全，不要被布袋绊倒。

观察指导要点

- 尽量选择塑胶等较为柔软的地面，避免幼儿摔倒受伤。
- 跳跃的时候引导幼儿要拉紧布袋，使袋口的高度在腰部左右，不宜太低或太高。

- 跳跃时不要跳得太高或太远，可以一小步一小步地向前行进跳。

经验提升：模仿袋鼠跳时要双腿弯曲、身体前倾，一小步一小步地向前跳；每一步都要平稳地落地，不能在布袋里移动脚步，以免被布袋绊倒。

四、放松运动，总结游戏情况。

1. 带领幼儿边说儿歌边进行游戏。

跳跳跳，双脚跳，
跳跳跳，单脚跳；
跳跳跳，转身跳，
天天跳，身体好。

2. 师幼共同整理游戏材料，放松身体，总结游戏情况。

活动拓展

户外活动时带领幼儿继续练习“袋鼠跳”，引导幼儿一个跟着一个地向前跳。

滑行运物

活动目标

1. 感受物体在地面滑行的乐趣，培养坚持不懈的毅力。
2. 能通过抓握、牵拉布条，完成运送物品的任务。
3. 掌握双手抓握、牵拉布条的方法。

活动准备

1. 经验准备

手腕部有一定的力量。

② 物质准备

自备材料：废旧布条若干，重量不同的书、积木块等物品若干。

★ 活动建议

一、热身活动，做好运动准备。

① 进入活动场地，分散站好。

② 播放欢快的音乐，伴随音乐活动上肢，重点活动手腕部。

观察指导要点

- 重点观察幼儿热身运动的质量，及时提醒不做热身运动的幼儿参与活动。
- 根据幼儿的年龄特点和兴趣设计热身动作，如模仿小动物等。

二、探索尝试，掌握抓握、牵拉布条的方法。

① 初步尝试抓握布条。

② 讨论：你是怎样抓握布条的？抓握时，需要哪里用力？

③ 与同伴分享交流利用布条让物品滑动的经验和方法。

观察指导要点

- 观察幼儿相互拉拽布条时的活动情况，鼓励幼儿在游戏时要有坚持不懈的毅力。
- 适时为幼儿梳理、提炼、描述让物品滑动时的抓握方法，帮助幼儿提升经验。

经验提升：一名幼儿站立并用双手紧握布条的一端，把物品放置于布条的另一端，用力拉拽，使物品跟随布条移动。练习抓握动作，增加手臂力量。

三、游戏体验，尝试运送各种物品进行滑行游戏。

① 幼儿拉住布条的一端，选择不同重量的物品进行滑行运物游戏，根据幼儿的臂力滑行 2~5 米。

② 分享交流：让物品滑行时身体应该保持什么姿势？怎样才能保持物品不掉落？

观察指导要点

- 根据幼儿的臂力适当调整游戏时的速度和时长，可变换物品滑行的方向和物品的重量。
- 提醒幼儿注意与他人保持距离，避免冲撞。
- 观察幼儿游戏时的状态，发现其面色疲惫、出汗多时提醒幼儿休息和调整。

经验提升：用布条滑行运物时，双手应抓住布条尝试向不同的方向拉动；滑行运物时要抬起头部，双手用力抓握不松开。

四、放松身体，总结游戏情况。

① 播放舒缓的音乐，幼儿自主进行舒缓的放松运动，如甩甩手、抖抖手臂、捏捏手臂。

② 幼儿之间相互按摩、捏肩、捶背，然后整理游戏材料。教师总结游戏情况。

★ 活动拓展

户外活动中可增加上肢臂力练习，如攀爬网、走索道等。

滚、接球

★ 活动目标

① 在游戏中体验与同伴合作玩球的乐趣。

② 能够近距离滚、接球，提高手眼协调能力。

③ 掌握滚、接球的动作要领。

★ 活动准备

① 经验准备

手臂、手腕有一定的力量。

② 物质准备

自备材料：皮球每人 1 个，1 根 5 米长的红线，2 张桌子。

★ 活动建议

一、热身活动，做好运动准备。

1. 进入场地，四散站开，模仿小动物做热身活动。
2. 手持皮球做简单的热身活动。

观察指导要点

- 重点指导幼儿活动手指、手腕、手臂、肩部和腰部。
- 手持皮球做热身活动时动作要简单，便于控球。

经验提升：双手拿球时尽量将球靠近身体，避免掉落。

二、自主游戏，探索滚球的方法。

1. 每人 1 个皮球，引导幼儿自由探索皮球的玩法。
2. 尝试直线滚球，即把皮球从起点沿直线滚到终点，两点相距 3 米左右。
3. 分享交流滚球的玩法和经验，如你觉得怎样滚球才能让球滚得又直又远。

观察指导要点

- 在活动中，教师应及时鼓励有创新玩法的幼儿。
- 直线滚球时，引导幼儿尽量将皮球滚到红线处；观察幼儿是如何滚球的。

经验提升：滚球时，双脚分开屈膝下蹲，身体略微前倾；双眼直视前方，将球放于地面并双手用力向前推，将皮球滚到终点红线处即为成功。

三、合作游戏，掌握滚、接球的要领。

1. 两人一组，在距离对方 2、3 米的地方相对而坐，双腿打开；一人将球放在地上推送给对方；对方接到球后再把球滚回去，重复游戏。
2. 讨论：怎样将皮球滚向目的地？怎样能准确地接住皮球？

观察指导要点

- 观察和指导幼儿滚、接皮球的动作要领。
- 可根据幼儿的发展水平，随机调整两人滚球的距离。
- 提醒幼儿向对方双腿中间推球，力度要适宜。

经验提升：找准滚球的方向并用适度的力量推球，能让球顺利滚动到合适的位置；接球的一方不要站起来，待球滚过来后抓住即可。

四、放松运动，总结游戏情况。

1. 整理游戏材料，物归原位；教师总结游戏情况。
2. 播放舒缓的音乐，放松身体。

★ 活动拓展

户外活动时幼儿围坐成一个大圈，一名幼儿蹲在圈内并将皮球滚向任意一名幼儿，被皮球碰到的幼儿视为出局，需暂时离开游戏区域，直至所有幼儿出局，游戏结束。

天黑我不怕

★ 活动目标

1. 愿意思考并与同伴分享自己克服黑暗恐惧的方法。
2. 能够用各种方法克服对黑暗的恐惧心理。
3. 知道可以利用照明工具以及同伴间的互相帮助来克服对黑暗的恐惧心理。

★ 活动准备

1. 经验准备

曾经有过惧怕黑暗的感受。

2. 物质准备

配备材料：故事音频《天黑我不怕》。

自备材料：大纸箱、手电筒、感应灯、玩偶、障碍物、遮光布等物品。

★ 活动建议

一、情境导入，讨论克服惧怕黑暗的方法。

1 情景导入：晚上，小兔子的爸爸、妈妈去上班了，留下小兔子独自在家。突然停电了，房间里一片漆黑，小兔子感到非常害怕。

2 讨论：你能想到什么方法帮助小兔子克服对黑暗的恐惧？

观察指导要点

- 可以用遮光布对窗户进行遮挡，关闭室内灯，为幼儿创造黑暗的环境，帮助幼儿更好地沉浸在情境中。
- 观察幼儿是否害怕漆黑的环境，对表现出害怕的幼儿要及时给予安慰和关怀。
- 幼儿能否积极思考并提出帮助小兔子克服惧怕黑暗的方法。

经验提升：太阳落山了，天空变得漆黑。小兔子家停电了，没有灯光，家里也是黑漆漆的。我们可以利用手电筒等照明工具将房间照亮，这样小兔子就不会感到害怕了。

二、游戏体验，感受克服恐惧后的喜悦。

1 引导幼儿一个接着一个地走进大纸箱“山洞”，体验在黑暗中前行。

2 请幼儿交流在“钻山洞”游戏中，遇到了什么困难，是如何克服的。

3 结合幼儿“钻山洞”后的感受，共同讨论克服黑暗恐惧的方法。

观察指导要点

- 可以将多个大号纸箱连接在一起，当作“山洞”，在“山洞”中适当设置障碍，如放置石头、布条、玩偶等。
- 幼儿进行“钻山洞”游戏时，教师应尊重幼儿间的个体差异，对于胆子小、不敢进入“山洞”或中途停止前进的幼儿教师应及时介入，安抚情绪。
- 幼儿能否说出在“钻山洞”游戏时的内心感受，是否能积极想办法解决问题。

经验提升：黑暗的地方并不可怕，我们可以在暗处停留一会儿，让自己的眼睛慢慢适应。小朋友们还可以手拉手结伴而行。通过这种方式，我们可以一起探索黑暗中的秘密，发现黑暗其实并不像我们想象的那么可怕。

三、故事欣赏，巩固对黑暗的正确认识。

1 播放故事音频《天黑我不怕》，引导幼儿倾听故事。

2 说一说小熊都害怕什么，他是怎样克服的。

3 结合故事内容，说一说除了借助手电筒将黑暗的地方照亮，还有哪些方法可以帮助我们克服对黑暗的恐惧。

观察指导要点

- 倾听故事音频后，教师可以对故事情节进行提问，了解幼儿对故事的理解情况。
- 观察幼儿能否认真倾听，对故事情节是否有大概的了解，并与教师进行问答互动。

经验提升：在黑暗的环境中，除了用照明工具照亮黑暗的环境，减少未知带来的不安，同伴之间的相互帮助和安慰也是非常重要的。当我们感到害怕时，彼此的鼓励和支持，可以大大增强面对黑暗的勇气。

★ 活动拓展

组织幼儿参加“幼儿园寻宝”活动。教师提前将“宝贝”藏在幼儿园的各个角落，如花盆里、草丛里、树枝上、桌子下、滑梯下等，为幼儿提供多种照明工具。待天色变暗，引导幼儿自主结伴选择自己喜欢的照明工具进行寻宝活动。

★ 家园共育

1 睡前可以和孩子一起阅读与黑暗有关的绘本故事，减轻孩子对黑暗的恐惧。

2 可以在假期带孩子参加露营活动，开展观察星空、聆听鸟虫鸣叫等活动，感受大自然中夜晚的宁静与美好。

★ 活动资源

故 事

天黑我不怕

天黑了，小熊早早去床上睡觉，可他睡不着。妈妈去医院了，一个人在家真的有点儿害怕。

小熊很努力地闭着眼睛，蒙着被子数绵羊：一只绵羊，两只绵羊……不好了，绵羊都变成妖怪了！妖怪越来越多，小熊更睡不着了。

小熊从床上坐了起来，屋子里太安静了。呼呼——沙沙——窗户那里是什么声音？原来外面起风了，那是树叶和窗帘被风吹起的声音，还好不是什么妖怪。

嗒，嗒，嗒，墙上是什么声音？原来是挂钟在响。妈妈说了，世界上没有妖怪，可是，妈妈怎么还不回来呢？

小熊想去找妈妈，但是外面真的好黑，怎么办？“我是个小小的男子汉，我要保护妈妈。”小熊在心里对自己说。他鼓起勇气，拿着手电筒出门了。

他紧紧地握着手电筒，眼睛盯着有光的路面，快步地朝医院走去。突然，嗖的一下，一道黑影从眼前蹿了过去。

“啊！”小熊吓得大叫一声，一屁股坐在地上，手电筒也滚到草丛里去了。“喵——”原来是一只小猫。

小熊捡起手电筒，才发现手电筒已经摔坏了，这下怎么办，到处都是黑乎乎的。

“不怕不怕，这条路白天也走过很多次，马上就能看到妈妈了。”小熊又鼓起勇气继续朝前走。

这时候，前面有团小亮光慢慢地飞了过来。“是妖怪吗？”小熊赶紧停住了脚步，只见那团亮光越来越近……

原来是一只萤火虫。萤火虫说：“小熊，你要去哪里？我帮你照明吧！”小熊感激地说：“我要去医院找妈妈，谢谢你！”

就这样，萤火虫在前面飞，小熊在后面走，他们很快就到了医院。

小熊向萤火虫挥了挥手说：“谢谢你帮助我，再见！”

妈妈正在打点滴，突然看到小熊出现在门口，满脸惊讶。小熊扑到妈妈的床边说：“妈妈，妈妈，我终于看见你了。你知道吗，我是从一条好黑好黑的路走来的，幸好有萤火虫帮助我。”

妈妈摸着小熊的头说：“你今天真勇敢。”

小熊和妈妈一起回家了，还是刚才那条好黑好黑的路，但是有妈妈在身边，他一点儿也不害怕了。

这天晚上，小熊睡得很香很香。

滚轮胎

活动目标

1. 对轮胎游戏感兴趣，体会一物多玩的乐趣。
2. 能让轮胎滚动一段距离，提高对物体运动的控制能力。
3. 掌握滚动轮胎的方法。

活动准备

1. 经验准备

手臂有一定的力量。

2. 物质准备

自备材料：轮胎每人一个。

活动建议

一、热身活动，做好运动准备。

伴随音乐律动，做各种动作，如扩胸、转头、挥臂、扭腰、伸腿等，做好运动前的准备。

观察指导要点

- 观察幼儿的动作是否到位，身体各部位是否得到充分的活动。
- 重点活动上肢，避免游戏中拉伤。

二、自主尝试，探索滚轮胎的方法。

1. 幼儿自主探索滚动轮胎的方法。
2. 讨论：用什么方法能让轮胎滚动起来？

观察指导要点

- 观察幼儿是否能积极探索滚动轮胎的方法，指导幼儿双手在胸前扶稳轮胎，并向前推。
- 提醒幼儿在游戏中注意安全，避免将轮胎推向同伴。

经验提升：滚轮胎前我们应先将轮胎立起来，双手扶住轮胎，使其立稳、站好。然后双手交替用力向前滚动轮胎，要控制好手的力度和前进的方向。

三、滚动游戏，巩固滚轮胎的技能。

1. 根据幼儿的能力确定合适的距离，设定一个起点和终点，然后尝试按照指定方向滚动轮胎。
2. 讨论滚轮胎时会遇到什么困难，应该怎样解决。

观察指导要点

- 幼儿是否能向指定的方向滚动轮胎；哪些幼儿滚动得快，哪些幼儿滚动得慢。
- 指导控制不好轮胎的幼儿，与教师一起探索如何让轮胎立稳、滚动而不倒下。

经验提升：从起点出发，向终点方向滚动轮胎；滚动轮胎过程中不要松手，以免轮胎失控乱滚；如果轮胎倒地，要扶起来摆正方向，然后继续滚动。

四、放松活动，总结游戏情况。

1. 在轻松的音乐伴奏下，幼儿将轮胎滚回原来的位置；教师总结幼儿的游戏情况。
2. 相互按摩肩膀和胳膊，缓解运动中产生的疲劳。

★ 活动拓展

在户外活动中继续练习控制轮胎和滚动轮胎的技巧，巩固并提高相关能力。

过小河

★ 活动目标

1. 乐意参加体育游戏，培养积极乐观的态度。
2. 能在高约15厘米、宽约30厘米的平衡木上走，发展平衡能力。
3. 掌握两臂侧平举走过平衡木的要领。

★ 活动准备

1. 经验准备

能平稳地在低矮的平衡木上行走。

2. 物质准备

配备材料：歌曲音频《洋娃娃和小熊跳舞》。

自备材料：高约15厘米，宽约30厘米的平衡木；洋娃娃玩偶1个、小熊头饰每人1个。

★ 活动建议

一、热身运动，做好游戏准备。

1. 出示洋娃娃玩偶，创设游戏情境：洋娃娃有许多好朋友，他们是可爱的小熊，请小熊们一起和洋娃娃跳舞。
2. 播放歌曲音频《洋娃娃和小熊跳舞》，幼儿随着音乐自由舞蹈，活动身体。

观察指导要点

- 活动中教师应提醒幼儿注意保持距离，避免相互碰撞。
- 做热身运动时，确保头部、上肢、下肢及腰部得到充分的活动。

二、自主尝试，探索平衡木的玩法。

1. 让幼儿在平衡木上自由走动，探索保持身体平衡的方法。
2. 讨论：说一说你是怎样走平衡木的。可以让幼儿在平衡木上进行示范。

观察指导要点

- 观察哪些幼儿抗拒在平衡木上行走，哪些幼儿频繁地从平衡木上下来。
- 提醒幼儿走平衡木时不推挤、不拉拽他人，保持安全距离。
- 引导幼儿用两臂侧平举的方式保持身体平衡并顺利走完平衡木。

经验提升：站在平衡木上时，要挺胸抬头，目视前方；在平衡木上双脚交替行走时，可以用两臂侧平举的方式来保持身体平衡。

三、游戏巩固，发展平衡能力。

① 创设游戏情境：洋娃娃住在河对岸，小熊想到洋娃娃家去玩儿，就必须从桥上走过去。

② 幼儿扮演小熊，用两臂侧平举的方式练习在平衡木上行走。

观察指导要点

- 观察幼儿是否能在平衡木上灵活、协调地行走，并保持身体平衡。
- 对于胆小的幼儿教师应给予适当支持，帮助他们克服恐惧。
- 可以设置不同高度的平衡木，以满足不同水平幼儿的发展需要，提供个性化挑战。

经验提升：走平衡木时要将手臂在身体两侧打开并伸平，这样可以帮助我们更好地保持身体平衡，顺利通过“小桥”。

四、放松活动，总结游戏情况。

① 幼儿扮演小熊与“洋娃娃”一起手拉手，跳圆圈舞。

② 幼儿在音乐中放松身体。教师总结、评价游戏情况。

★ 活动拓展

户外活动时，可逐渐增加走平衡木的难度，如让幼儿手拿物品在平衡木上走或边走边做简单的动作等。

★ 活动资源

歌 曲

洋娃娃和小熊跳舞

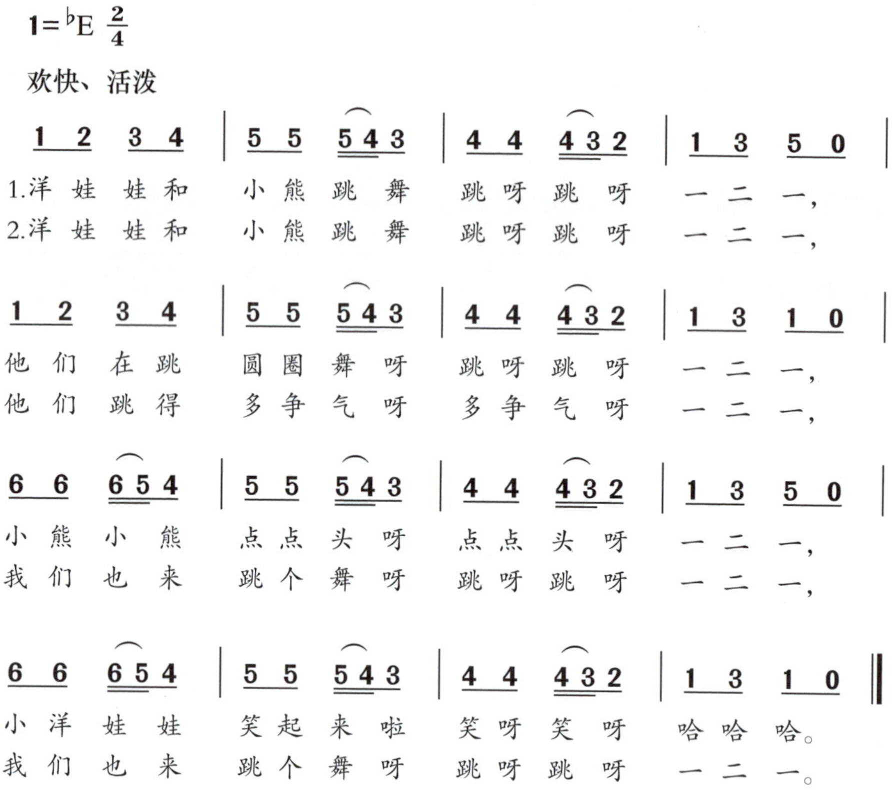

跨障碍走

★ 活动目标

1. 喜欢挑战类游戏，并愿意参与身体锻炼。
2. 能够平稳地跨过障碍物走，提高下肢的灵活性。
3. 掌握跨障碍走的基本动作要领。

活动准备

❶ 经验准备

能平稳地行走。

❷ 物质准备

自备材料：高低不同的跨栏若干。

活动建议

一、热身运动，活动身体各部位。

教师扮演猪妈妈，幼儿扮演猪宝宝。在音乐伴奏下一起做“小猪起床操”，如伸懒腰、走、跳跃、跑步、踢腿等动作。

观察指导要点

- 观察幼儿是否充分活动身体各部位，教师及时提供指导。
- 确保幼儿充分活动下肢部位，为游戏活动做好准备。

二、自主尝试，练习跨障碍走的动作。

❶ 引导幼儿观察操场上高低不同的小栅栏，说说穿过小栅栏的方法有哪些。

❷ 尝试用各种方法成功跨过小栅栏。

❸ 讨论：你是怎样跨过小栅栏的？你在跨栅栏时遇到了什么困难？

观察指导要点

- 观察幼儿跨栅栏的方法，关注跨越障碍时遇到困难的幼儿，并适时进行指导。
- 确保障碍物稳固，避免因触碰而倒下，绊倒幼儿。
- 鼓励并引导能力较强的幼儿示范跨障碍走。

经验提升：跨障碍走时，要保持身体平衡。当靠近障碍物时，抬起一只脚跨过障碍并站稳，随后抬起另一只脚跨过障碍。注意在跨越时要抬起后腿，以免碰到障碍物。

三、挑战游戏，尝试跨越高低不同的障碍物。

1. 在操场上分散摆放高度不同的栅栏，让幼儿根据自己的能力选择合适的高度进行尝试和挑战。
2. 分享交流：你能跨过哪个栅栏？怎样才能跨过更高的栅栏？

观察指导要点

- 在活动中巡回指导，及时为需要帮助的幼儿提供支持。
- 重点观察幼儿是否能够独立完成跨过较高障碍物的动作。
- 观察幼儿是否能自主拼摆障碍物。

经验提升： 观察高低不同的小栅栏，选择合适的高度，有序地跨越障碍，并且保持身体平衡，不拥挤、不推搡。

四、放松运动，总结分享。

1. 跟着音乐放松身体，做捶腿、揉捏胳膊、扭腰等动作。
2. 教师总结游戏情况并与幼儿一起整理运动器械，物归原位。

★ 活动拓展

在幼儿平稳走过障碍物后，可以根据幼儿的水平适当增加难度，提高幼儿参与活动的兴趣。

好孩子，不任性

★ 活动目标

1. 愿意与大家分享自己的任性经历并积极改正。
2. 尝试有意识地控制自己的情绪。
3. 初步理解任性是一种不良的行为习惯。

活动准备

❶ 经验准备

能在集体活动中表达自己的感受。

❷ 物质准备

配备材料：故事音频《任性的小羊》，图片“谁做得对”。

自备材料：“谁做得对”图纸每人一张。

活动建议

一、故事分享，初步理解任性的含义。

❶ 播放故事音频《任性的小羊》，引导幼儿理解故事内容。

❷ 讨论：小羊的做法对不对？哪些事情做得不对？你认为什么是任性？

观察指导要点

- 观察幼儿是否愿意倾听故事，对故事内容的掌握程度，对故事情节是否理解，并根据幼儿的反应适时进行指导。
- 在讨论中，观察幼儿能否准确说出小羊的不恰当行为，并按照故事情节的发展指出小羊的任性行为。
- 幼儿是如何理解任性的，是否有基本的认知和判断能力。

经验提升：任性是指遇到自己想要得到的东西或者想做的事情，不顾条件是否允许非要达到目的不可，放任自己的脾气，不听从他人的劝告；任性是不好的行为习惯。

二、分析讨论，体会任性是不好的行为。

❶ 分析小羊的哪些行为不恰当，应该怎样做。

❷ 回顾并与同伴分享自己的过去的任性经历。

❸ 讨论：如果再次遇到类似的情况，你还会任性吗？你会怎样做？

观察指导要点

- 引导幼儿思考：“如果你是小羊，你会怎样做？”观察幼儿在交流的过程中能否积极发言，能否将自己代入到情境中。

- 观察幼儿是否愿意分享交流自己的任性经历，能否进行自我反思，发现自己不恰当的行为，并说出改正的方法。

经验提升：任性的行为不仅会让自己不受欢迎，还可能对身体健康造成不良影响。所以，我们要做一个能听劝告、讲道理的孩子。

三、游戏操作，巩固对任性行为的认知。

① 人手一张“谁做得对”图纸，仔细观察并判断画面中的行为是否正确，在正确行为下方做标记。

② 集体讨论并验证各自的判断结果。

观察指导要点

- 适时帮助能力较弱的幼儿理解画面内容。
- 在讨论和验证环节，要评估幼儿能否准确判断任性的行为，并给出合理的解决方案等。

经验提升：任性是不好的行为，我们要调整自己的情绪和期望，使我们的要求与期望更合理。

★ 活动拓展

在一日生活中关注幼儿行为的表现，发现幼儿出现任性的行为要及时进行引导和教育。

★ 家园共育

在日常生活中，家长不要溺爱孩子，要正确引导孩子处理各种生活事件，坚持原则，避免纵容孩子的任性行为。

★ 活动资源

图　片

谁做得对

故　事

任性的小羊

在一片茂盛的草原上，住着小羊一家，小羊是家里唯一的孩子，所以家人对他百般宠爱。渐渐的，小羊成了家里的小霸王，有了任性哭闹的坏毛病。

一天熊阿姨带着小熊到小羊家做客，羊妈妈热情地招待他们，还拿出蛋糕请小熊吃。小羊一看，不乐意了，大声叫着：“这是我的！”然后把蛋糕抢过来津津有味地吃了起来。

羊爸爸拿出玩具小汽车给小熊玩，小羊扔下蛋糕又去抢小汽车。爸爸、妈妈很生气，批评了小羊几句，小羊放声大哭，满地打滚，怎么劝说都不起来。熊阿姨觉得很尴尬，连忙带着小熊离开了。从此再也没有小朋友到小羊的家里做客。

小羊觉得一个人在家太无聊了，跑出去找小伙伴玩。小羊看到小狐狸的机器人很好玩，便上前争抢。小狐狸的力气很大，小羊费了半天劲也没抢到，一屁股坐在地上，大哭起来。小狐狸没有搭理他，小羊哭了一阵觉得没意思，又去和小浣熊比赛钓鱼。

小浣熊的钓鱼技术很高超，不一会儿就钓上来几条大鱼。小羊生气极了，他把鱼竿往地上一丢，大声哭闹起来。真扫兴，小浣熊拍拍屁股，提着渔具离开了。

看着小伙伴们一个个地离开，小羊哭得更凶了，他的眼泪和池塘里的水混在一起，慢慢地溢出来了。水位越涨越高，一只大嘴鱼朝小羊游来，小羊吓坏了，大喊："不要咬我！"

小羊从床上滚了下来，原来刚才是梦呀！他擦干脸上的泪水，默默地对自己说："任性哭闹没有用，还会失去朋友，我以后再也不这样了。"

老鼠钻洞

★ 活动目标

1. 喜欢钻、爬活动，乐意参与体育游戏。
2. 能够灵活地做正面钻的动作。
3. 掌握正面钻的动作要领。

★ 活动准备

1. 经验准备

有钻洞的经验和自我保护意识。

2. 物质准备

自备材料：可供幼儿钻的器械或废旧大纸箱 5~8 个。

★ 活动建议

一、热身活动，做好运动前的准备。

1. 边说儿歌《小老鼠上灯台》边做模仿动作，进行热身活动。
2. 活动身体各关节，重点活动膝关节和腕关节。

观察指导要点

- 观察幼儿是否能够边说儿歌边做模仿动作，指导幼儿充分活动身体各部位，达到热身的目的。
- 结合儿歌内容指导幼儿做热身动作。

二、自主游戏，探索正面钻的方法。

1. 在场地中放置 5~8 个可以正面钻的器械或大纸箱，幼儿扮演小老鼠开展“钻洞”游戏。
2. 讨论：你是怎样钻洞的？钻洞时遇到了什么困难？

观察指导要点

- 观察幼儿是否能顺利钻过“山洞”，幼儿钻的动作是否正确。
- 提醒幼儿“钻洞”时注意观察前面小朋友的位置，避免推挤、碰撞。
- 关注不愿意参与活动的幼儿，及时进行鼓励和引导。
- 幼儿是否能用语言或动作描述钻“山洞”的过程，游戏中遇到了什么困难。

经验提升：钻“山洞”时，我们要将身体正面对着“山洞”，弯腰、低头、屈腿，身体尽量蜷缩，两脚交替向前移动，从“山洞”中间通过。

三、游戏体验，巩固正面钻的动作。

1. 幼儿自由调整“山洞”的位置，分散摆放“山洞”。
2. 教师扮演大花猫，幼儿扮演小老鼠。

（1）学说儿歌“小老鼠钻洞洞，腿蹲蹲、腰弯弯、低低头，钻钻钻”并巩固正面钻的动作。

（2）当“大花猫”喵喵喵地叫的时候，“小老鼠”要钻过任意一个“山洞”，然后跑到指定的地点，避免被“大花猫”捉住。

观察指导要点

- 观察幼儿正面钻的动作是否正确，教师适时进行纠正和指导。
- 幼儿在游戏中是否能快速通过“山洞”，动作是否灵活。

- 幼儿人数较多时可增加器械的数量，避免幼儿在活动中消极等待或发生冲撞。

经验提升：钻的时候要记得弯腰、低头、屈腿，身体蜷缩并在“山洞”里快速移动，让后面的小朋友也能快速通过“山洞”。

四、总结游戏，放松身体。

1. 总结幼儿在游戏中表现出的良好行为或品质。
2. 引导幼儿手拉手，围成一个大圆圈，说儿歌：“小老鼠吹气球，吹出一个大气球。呼呼呼，呼呼呼，嘭！”儿歌说完，所有幼儿松开手并蹲在地上放松。
3. 教师与幼儿共同整理游戏材料并放回原处。

★ 活动资源

儿 歌

小老鼠上灯台

小老鼠上灯台，
偷油吃下不来。
喵，喵，喵，
猫来了，
叽里咕噜滚下来。

拍皮球

★ 活动目标

1. 体验操控球的乐趣，愿意参与游戏挑战。
2. 能够原地双手连续拍球。
3. 掌握双手拍球的方法与要领。

★ 活动准备

❶ 经验准备

有玩球的经验。

❷ 物质准备

自备材料：每人一个球。

★ 活动建议

一、律动热身，做好运动前的准备。

❶ 在音乐的伴奏下，模仿各种小动物进行热身活动，如模仿小猫伸懒腰、小兔蹦蹦跳、大象甩鼻子、小猴扭扭腰等。

❷ 重点指导幼儿进行双臂和腿的热身动作。

观察指导要点

- 观察幼儿是否能跟随教师做出不同的模仿动作。
- 适当增加与后续游戏相关的动作练习，如模仿拍球的动作等。

二、自主玩球，探索原地双手拍球的动作。

❶ 每人拿取一个球，自由地进行玩球活动。

❷ 讨论：球有哪些不同的玩法？如何用双手拍球？引导幼儿积极探索原地双手拍球的方法。

观察指导要点

- 观察幼儿是怎样玩球的，如拍球、踢球、滚球、投篮等，鼓励幼儿相互展示和模仿。
- 观察幼儿是否能用双手拍球以及连续拍球的次数。教师可以参与游戏，通过拍球激发幼儿的兴趣，适时对幼儿进行指导。

经验提升：拍球时，应双脚分开站立，与肩膀同宽，略微弯腰，双手五指分开，掌心稍屈，轻轻按压球面。拍球的同时可以数一数自己连续拍了几个球。

三、自由体验，巩固原地双手拍球的技能。

❶ 幼儿练习原地双手拍球，重点引导幼儿掌握控球技巧，确保球不从手中掉落。

❷ 鼓励幼儿挑战各种拍球动作，如单手拍球、行进拍球等。

观察指导要点

- 给予幼儿充足的时间进行体验和练习，耐心等待幼儿的进步。
- 关注个体差异，鼓励幼儿在原有水平上个性化发展。

经验提升：双手拍球时，力度要适中，避免用力过猛或过轻，使球掉落。

四、放松身体，总结游戏情况。

❶ 教师和幼儿围坐在一起玩滚球游戏，将球滚出并接回。

❷ 总结游戏情况，并引导幼儿每人抱一个球，有序地回到活动室。

★ 活动拓展

在户外活动时，鼓励幼儿经常进行拍球练习，以逐渐掌握双手拍球的技能。

小汽车爬坡

★ 活动目标

❶ 能够愉快地参与体育游戏，增强自信心。

❷ 能在 20 厘米左右的斜坡上平稳行走，发展平衡能力。

❸ 掌握在斜坡上平稳行走的基本动作要领。

★ 活动准备

❶ 经验准备

具有一定的平衡能力。

❷ 物质准备

两组高度不同（15~20 厘米）的斜坡，呼啦圈若干。

★ 活动建议

一、播放音乐，热身运动。

① 教师带领幼儿模仿开汽车的动作，引导幼儿走到场地中央，玩一起开“汽车”、给“汽车加油”等游戏。

② 在音乐的伴奏下，进行全身的热身运动，活动身体各关节。

观察指导要点

- 重点引导幼儿分别尝试用脚跟、脚尖、脚掌行走，做充分的走、跑、跳等动作练习。

二、自主探索，尝试呼啦圈的不同玩法。

① 每名幼儿手持一个呼啦圈，自由探索呼啦圈的玩法。

② 讨论：你是怎么玩呼啦圈的？如跳过呼啦圈、钻过呼啦圈、呼啦圈套身上开汽车等。

观察指导要点

- 教师观察幼儿活动的情况，把握适宜的运动量。
- 鼓励幼儿尝试呼啦圈的不同玩法。

经验提升：我们可以用呼啦圈模拟开小汽车的样子。游戏时，要与同伴保持一定距离，避免发生磕碰。

三、挑战游戏，小汽车爬山坡。

① 引导幼儿将呼啦圈套在身上，观察场地中一高一矮两个斜坡，根据自己的能力选择路线进行游戏。

② 幼儿组队，进入情境游戏环节。

观察指导要点

- 教师发出信号后，引导幼儿有顺序地爬坡。教师利用动作和语言给予适时的支持和鼓励，帮助幼儿逐渐大胆自如地在斜坡上走动。
- 观察幼儿在斜坡上行走时身体是否能保持平衡，动作是否灵活。

经验提升：爬坡时速度要慢，眼睛看着路，身体要平稳，做个勇敢的“小司机”。

四、总结游戏，放松身体。

1. 幼儿整理材料，将物品放回原位。
2. 随着音乐，轻柔地按摩胳膊、捶捶腿，然后有序地回到活动室。

★ 活动拓展

1. 根据幼儿的动作发展情况，适当调整斜坡的长度和高度，以适应不同幼儿的需求。

2. 增设游戏情境，丰富幼儿走斜坡时的动作，如拿着玩具或推着纸盒等，提高幼儿的平衡能力。

不着急，慢慢来

★ 活动目标

1. 愿意与同伴分享自己的感受，并在遇到问题时相互帮助。
2. 遇到困难时能够静下心去思考，并继续把事情做好。
3. 理解心急往往做不好事情，耐心和细心是重要的品质。

★ 活动准备

1. 经验准备

能够独立完成 3 阶拼图。

2. 物质准备

配备材料：故事音频《河狸别急》。

自备材料：每名幼儿一套 6~8 块的拼图，豆子、纸盘（杯）若干，计时沙漏一个。

★ 活动建议

一、拼图大比拼，初步感受时间。

1 每名幼儿一套拼图，使用沙漏计时，请幼儿在规定时间内完成拼图任务。

2 幼儿相互展示并检验拼图成果。

3 请幼儿说一说：你的拼图完成了吗？完成拼图的小朋友有什么感受？未完成拼图的小朋友又有什么感受呢？

观察指导要点

- 在进行拼图比赛前，要检查每名幼儿的拼图是否已完全拆卸，确保比赛的公平性。
- 沙漏的计时时间以5分钟左右为宜。
- 注意观察幼儿的情绪变化，看他们是否会因为时间紧迫而产生不良情绪，从而降低拼图的速度；计时结束时是否能马上停止拼图活动。
- 观察幼儿能否说出自己的内心感受，如在规定时间内完成拼图是否会感到喜悦、未在规定时间内完成拼图是否会感到沮丧等。

经验提升：在拼图游戏中，有的小朋友能够很快地完成拼图，而有的小朋友则需要更多时间。完成拼图的小朋友会感到开心和喜悦，未能在规定时间内完成拼图的小朋友可能会感到着急或沮丧，这些都是正常的情绪反应。

二、故事欣赏，理解心急往往做不好事情。

1 播放故事音频《河狸别急》，引导幼儿理解故事内容。

2 引导幼儿回忆故事内容，并思考河狸受伤的原因。

3 讨论：在着急的情况下是否能把事情做好？

观察指导要点

- 分享故事时，教师可以边讲述边提问，如：“树为什么砸到了大熊的脑袋？”“河狸为什么把驼鹿的腿当成了大树啃？”以便帮助幼儿理解故事。
- 观察幼儿是否能理解做事情不能着急，要慢慢来。

经验提升：当我们遇到困难或缺乏耐心的时候，常常会着急、生气甚至想要放弃，然而，这些情绪并不能解决问题。无论何时，我们都要冷静，不要着急，要慢慢来并且认真思考，这样才会把事情做得更好。

三、游戏操作，体会不着急、慢慢来的重要性。

1 每名幼儿一盘混有红豆和绿豆（各 10 颗）的豆子以及两个纸杯。引导幼儿将红豆和绿豆分别装入相应的纸杯中。

2 完成任务的幼儿继续挑战难度更大的分豆子游戏，如将红豆、绿豆、黄豆三种豆子混在一起。鼓励幼儿在分豆子的游戏中保持情绪平稳、冷静，不着急。

观察指导要点

- 幼儿在分豆子时，教师应尽量避免打扰幼儿，给幼儿提供一个安静、宽松的游戏环境，以便他们能够更加专注地进行思考和动手操作。
- 适时引导完成任务的幼儿继续挑战给三种豆子分类的任务。
- 观察幼儿在挑战分豆子时是否专注，是否能够耐心地进行游戏，是否能保持不焦躁、不着急的情绪。

经验提升：遇到困难的时候，只要我们静下心来，细心观察、认真思考，就一定能顺利地完成任务。

★ 活动拓展

在幼儿园的一日生活中，鼓励幼儿自己的事情自己做，遇到问题不要逃避、不要着急，要慢慢来，并适当给予幼儿一些奖励，以增强他们的自信心和积极性。

★ 家园共育

1 在家里为孩子创造一个宽松自由的环境，在孩子做事情时尽可能给予他充足的时间，避免催促。

2 当孩子遇到困难时，鼓励他先自己尝试解决，并告诉他不要着急，要慢慢来。如果实在无法独立完成，家长可以适当给予一些帮助。

★ 活动资源

故 事

河狸别急

从前有一只河狸，他总是匆匆忙忙的，做事从来不认真思考，十分粗心。他筑的堤坝漏水了，为了修补堤坝，他把森林搞得乱七八糟，好多树被他啃了一半又置之不理。更糟的是，他啃过的树太多，远远超过了他的需要。

也许最糟糕的是：有一次他只顾啃树，没注意周围的环境，让倒下的树砸到了大熊的头。还有一次，他竟然把驼鹿的腿当成了树，一口咬下去。河狸就是这样粗心大意。

有一天，河狸忙着啃树，完全没注意到大树正砸向他自己。醒来时，河狸躺在了医院里。他压弯了一条尾巴，折断了两条腿，撞裂了三根肋骨，跌出了四个大包，扭伤了五根手指，崴到了六根脚趾，割出了七个口子，划出了八道伤痕，拉伤了九处肌肉，十处粉碎性骨折。曾经，他一刻不停地啃树、游泳、筑坝；如今，他连挠挠自己的鼻子都做不到。河狸唯一能做的事情就是盯着天花板。

渐渐地，他开始康复，恢复了体力。又过了一阵子，他试着拄着拐杖站起来。河狸要做的第一件事是清理被自己弄糟的森林。他扛走倒下的树木，用枝条修好漏水的堤坝，并重新种上小树苗，代替被自己啃倒的大树。森林重新变得井然有序，大家都很开心，河狸也一样。

小猴荡秋千

★ 活动目标

1. 乐于参加悬垂游戏，体会悬垂的乐趣。
2. 能够直体悬垂并坚持 10 秒左右，增强手臂的力量。
3. 掌握直体悬垂的动作要领。

★ 活动准备

❶ 经验准备

手臂有一定的力量。

❷ 物质准备

自备材料：低矮的吊环或绳索，轮胎若干。

★ 活动建议

一、热身活动，做好游戏前的准备。

❶ 带领幼儿沿圆圈慢跑进入游戏场地。

❷ 四散站开，模仿各种动物的动作充分进行热身活动，如模仿老虎抓兔子（活动五指）、大风车转转转（活动大臂）、乌龟出壳（活动肩颈）等。

观察指导要点

- 重点组织幼儿活动手指、手腕、手臂、肩部和腰部。
- 鼓励幼儿积极参与热身活动，以防因热身不足而导致拉伤等。

二、观察体验，学习直体悬垂的方法。

❶ 创设游戏情境：小猴子想要荡秋千，它需要抓住树枝让双脚离开地面，吊在树枝上。教师扮演小猴子演示直体悬垂的动作，幼儿观察。

❷ 讨论：“小猴子”是怎样荡秋千的？手臂、双腿是什么样的姿势？

❸ 幼儿尝试借助轮胎等物品垫高，并抓握吊环或绳索，尝试双脚离地悬垂身体。

观察指导要点

- 教师示范时，引导幼儿重点观察双手和双脚的动作。
- 在幼儿脚下放置体操垫，以帮助幼儿克服恐惧心理。提醒幼儿站在轮胎等垫高物上后，抓握旁边的吊环或绳索，确保双脚离地。
- 鼓励幼儿逐步延长悬垂的时间，注意控制悬垂的次数和时间，避免幼儿手臂过于紧张和劳累。

经验提升：在进行直体悬垂时，双手虎口相对，与肩同宽，双手紧紧握住吊环（或绳索）。身体自然下垂并保持静止不动，当感到坚持不住时，双腿屈膝落地。

三、放松活动，总结游戏情况。

① 播放舒缓的音乐，引导幼儿躺在体操垫上，通过甩动、揉捏自己的手臂，使肌肉得到充分的放松，并进行呼吸调整。

② 总结游戏情况，对在游戏中积极挑战、坚持不懈的幼儿给予肯定和鼓励。

★ 活动拓展

经常带领幼儿进行悬垂练习，循序渐进地增强幼儿的手臂力量。

小小解放军

★ 活动目标

① 在走和跑的游戏中，萌发对解放军的热爱之情。

② 能够按指定方向走和跑。

③ 练习向前后、左右两侧走和跑。

★ 活动准备

① 经验准备

能够辨识前、后、左、右等空间方位。

② 物质准备

自备材料：一个开阔的场地。

★ 活动建议

一、热身活动，做好运动前的准备。

① 脸部动作：噘起嘴巴扮小猪，张大嘴巴扮老虎，一眼睛睁，一眼睛闭，扮成调皮的小狐狸。

② 全身动作：伸伸胳膊、弯弯腰；踢踢小腿、蹦蹦跳；动动肩膀、扭扭头；甩甩小手，问个好。

观察指导要点

- 在第一次做各种动作时，速度要慢些，随后可以逐渐加快速度。
- 重点指导幼儿进行全身的热身动作，确保身体各部位得到充分的活动。

二、自由活动，在指定范围内走和跑。

1. 幼儿在场地内四散站开，自由走、跑。
2. 教师发出指令“走，走，走；跑，跑，跑”，幼儿按照指令走和跑。

观察指导要点

- 在走步时，观察幼儿是否出现同手同脚的情况，并及时给予指导与纠正。
- 观察幼儿是否能根据指令及时变换动作。开始时，教师可以慢点儿说指令，随着游戏的进行，逐渐加快速度。

经验提升：走和跑时要与身边的小朋友保持一定的距离，避免冲撞。要注意倾听老师的口令，灵活地变换动作。

三、听指令做动作，尝试向不同方向走和跑。

1. 以自身为中心，辨识前、后、左、右。
2. 教师扮演“教官”，幼儿扮演“解放军”，引导幼儿听指令做动作。重点提示幼儿要目视前方，身体站直，根据指令迅速做出相应的动作。

观察指导要点

- 观察幼儿是否能准确辨别不同的方向；当听到指令时，是否能按照指令做出相应的动作。
- 如有必要，教师可进行动作示范，避免幼儿混淆方向。

经验提升：在走或跑时，我们要像解放军叔叔一样，眼睛看着前方，身体站直，按照指令要求的方向大步走或跑。

四、放松身体，总结游戏情况。

1. 播放舒缓音乐，引导幼儿做捶腿、揉肩等动作，充分放松身体。
2. 组织幼儿有序集合，并模仿解放军的走姿返回活动室。

小鸟跳跳

★ 活动目标

1. 乐意蹦蹦跳跳，喜欢参与模仿游戏。
2. 能够协调手臂与腿部的动作进行向上跳，增强腿部肌肉的力量。
3. 掌握原地向上跳的基本动作要领。

★ 活动准备

1. 经验准备

有一定的跳跃能力。

2. 物质准备

自备材料：一个开阔且有一定软度的场地，若干呼啦圈，一条夹有虫子卡片的绳子。

★ 活动建议

一、热身活动，做好运动前的准备。

1. 模仿小鸟的动作进行热身活动，如摇摇小脑袋（活动头部）、伸伸“小翅膀”（活动上肢）、跳出“小鸟窝”（活动腿部）、一起来捉“虫”（活动全身）等。

2. 重复进行热身活动，确保幼儿充分活动身体各部位。

观察指导要点

- 观察幼儿做热身活动时，动作是否准确到位，并及时给予指导和纠正。
- 通过形象的示范动作，激发幼儿积极参与模仿动作的兴趣。

二、体验探索，学习原地向上跳的动作。

1. 每名幼儿取一个呼啦圈，平放在地面上作为鸟窝，“小鸟”站在呼啦圈内探索原地向上跳的动作。

② 将夹有虫子卡片的绳子拉直并固定，让“小鸟”站在绳子下方，尝试原地向上跳，并用嘴捉“虫子”。

观察指导要点

- 观察幼儿是如何在呼啦圈内跳的，是否能够双脚同时向上跳；对于习惯向前跳的幼儿，注意及时纠正。
- 提醒幼儿在呼啦圈内跳时不要跳到圈外。
- 指导幼儿跳跃的时候先做深蹲动作再向上跳起。

经验提升：进行原地向上跳时，双脚应自然分开，屈膝向下深蹲，同时两臂自然向后摆；随后两腿迅速蹬起，两臂用力摆动，脚尖蹬离地面，身体向上跳起；落地时，用前脚掌着地，并屈膝缓冲。

三、放松身体，总结游戏情况。

① 伴随舒缓的音乐，做各种揉捏、捶打等放松动作，幼儿也可以相互揉捏，放松身体。

② 幼儿模仿小鸟飞的动作，并收取游戏材料。教师总结游戏情况，提升有益经验。

★ 活动拓展

在绳子上定期更换幼儿喜欢的卡片，利用户外游戏时间，进一步巩固和练习原地向上跳的动作。

数学活动

数学活动资源一览表

活动资源				
活动名称		实物材料	幼儿探究游戏活动材料	教师教学资源
分类	找相同		快乐超市	图片：小兔开超市
	哪里不一样		找不同	
数的认识与运算	认识数字1到5		数字涂色	图片：数字1到5
	感知5以内的数量	彩色雪糕棒	去野餐	
	5以内的按数取物		小猫钓鱼	
	5以内集合的分类		动物小火车	
	5以内集合的排序		运萝卜	
量的比较	快乐的一天		白天和黑夜	
	事件排序		排图讲述	
	比一比	吸管、泡沫球	小熊跳舞	
几何图形	分图形			
	图形变变变			图片：分一分
	图形组合		盖房子	
空间关系	有趣的拼图		趣味拼图	图片：找小偷
	看图搭积木			

找相同

★ 活动目标

1. 愿意表达自己的分类结果，体会分类活动的乐趣。
2. 能够按照物品的主要用途进行分类，如吃的、穿的、用的等。
3. 知道把具有相同特征的事物归并在一起。

★ 活动准备

1. 经验准备

认识常见的食品和生活用品，知道它们的用途。

2. 物质准备

配备材料：幼儿探究游戏活动材料“快乐超市”，图片“小兔开超市”。

自备材料：积木和水彩笔若干，布置超市的场景，空货架三个，收集玩具、生活用品、服饰若干，玩具筐每组两个。

★ 活动建议

一、游戏操作，初步体会物品的不同用途。

1. 幼儿分成 3~5 个小组，在每组桌面上放置两个空的玩具筐；把两种用途不同的物品混合在一起（如积木和水彩笔），放在桌面上。

2. 给桌面上的物品分类，分类后，将两种物品分别放到两个玩具筐里，并说说分类的理由。

观察指导要点

- 观察幼儿是否能够将两种物品正确地分类摆放，并在过程中相互监督，及时纠正错误。
- 着重引导幼儿表达他们分类的依据，鼓励他们分享自己的思考过程。
- 仔细倾听幼儿是如何表述分类依据的，是否能够根据物品的实际用途分类，如将积木识别为玩耍用的（玩具类），将水彩笔识别为绘画用的（工具类）。

经验提升：通过分析、判断物品的用途，我们可以将积木和水彩笔区分开来，将积木归为玩具类，将水彩笔归为工具类。

二、情境游戏，尝试按照物品的主要用途分类。

1. 展示图片“小兔开超市”，营造游戏情境：小兔新开了一家超市，让我们一起去看看超市里都有哪些商品吧！
2. 观察搭建好的“超市”中的三个空货架，取出活动前收集的玩具、生活用品、服饰等，说说如何给这些物品分类。
3. 动手帮助小兔子整理货架，尝试将收集来的物品依据它们的用途进行分类，比如将玩具放在玩具区，生活用品放在生活用品区，服饰放在服饰区。

观察指导要点

- 观察幼儿是否能够识别物品的不同用途，比如区分哪些物品是用来玩耍的，哪些是日常使用的，以及哪些是用于穿戴的。
- 在不同的货架上分别放置一个代表性物品作为分类的提示，观察幼儿是否能够根据这些提示性物品有目的地进行分类摆放。
- 在摆放物品的过程中，注意幼儿是否能够准确说出每个物品的用途。
- 引导幼儿学习如何根据物品的主要用途来进行分类，帮助他们掌握这种基本的组织和整理技能。

经验提升：不同物品的用途是不一样的。例如，用来玩耍的玩具，如娃娃和积木，应该被放置在玩具架上；日常使用的生活用品，比如水盆、毛巾和水杯，应当被放置在生活用品架上；而用于穿戴的物品，如袜子、鞋子和围巾等，应该被整理在衣架上。

三、操作练习，巩固按照物品的主要用途分类。

1. 使用幼儿探究游戏活动材料“快乐超市”引导幼儿取下粘贴页中的贴纸，并根据物品的用途将它们分为吃的、穿的和玩的三个类别进行粘贴。
2. 鼓励幼儿分享他们分类整理的理由，加深他们对物品用途的理解，并锻炼他们的语言表达能力。

观察指导要点

- 引导幼儿仔细观察粘贴页上的物品贴纸，并鼓励他们描述每件物品的用途，为接下来的分类活动打下基础。
- 观察幼儿是否能够有意识地进行粘贴，并且能否根据物品的不同用途来进行正确分类。
- 观察幼儿对自己的分类理由的表述，如能否清晰地表达出裙子属于服装，因此应该放置在服饰区等。

经验提升：饼干、蛋糕和面包都属于食品类，应该归为一类并放置在食品区；小汽车、毛绒玩具和皮球都是玩具，它们应该被整理并放置在玩具区；而裙子、衣服和背心作为衣物，应该被挂在服饰区。

★ 活动拓展

在日常收纳玩具的基础上，我们可以进一步引导幼儿将活动室内的物品进行分类，比如根据物品的用途、材质或颜色等某一特征，将它们分别归类放置到合适的位置。

★ 家园共育

鼓励幼儿在家中帮助爸爸、妈妈整理房间，根据物品的用途进行分类，如将书籍归置到书架上，将衣物折叠好放入衣柜，这样不仅能培养幼儿的责任感，还能增强他们对物品的分类能力。

哪里不一样

★ 活动目标

1. 对物品之间的差异感兴趣，乐于仔细观察和探索事物。
2. 能够发现并描述相似物品之间的细微差别。
3. 学习运用观察和比较的方法来识别物品的相同点和不同点，提高观察能力。

★ 活动准备

❶ 经验准备

有按颜色、大小、用途等特征给物品分类的经验。

❷ 物质准备

配备材料：幼儿探究游戏活动材料“找不同”。

自备材料：外形与包装较为相近的糖果 3~5 种，每种若干。

★ 活动建议

一、情境游戏，发现同种物品之间的差异。

❶ 创设“糖果展会”游戏情境，让幼儿自由观察摆放在桌子上的各种糖果。

❷ 讨论：这些糖果在外观上有哪些不同之处？

观察指导要点

- 引导幼儿发现糖果之间的差异，观察他们是否能够描述糖果在大小、形状、包装纸图案或颜色等方面的不同。
- 观察幼儿是否能够说出自己的观察结果，并与他人交流自己的发现。

经验提升：即使是同一种类的物品，也会存在各种差异，例如我们喜爱的糖果，它们在大小、形状、包装纸的图案和颜色上都可能存在差异。

二、结伴游戏，排除干扰寻找相同的糖果。

❶ 每位幼儿从所有糖果中挑选出两颗包装完全相同的糖果，并与同伴互相检查。

❷ 与同伴比较各自挑选的糖果，探讨自己的糖果与他人的糖果存在哪些不同之处，并鼓励幼儿大胆描述糖果的异同。

观察指导要点

- 观察幼儿是否能够从众多糖果中找出完全相同的两颗糖果。
- 在互检过程中，注意幼儿是否能够发现自己或他人的错误，并及时纠正。
- 指导并鼓励幼儿大胆表述自己的糖果与同伴的糖果的不同之处。

经验提升：在寻找相同糖果的过程中，幼儿应仔细地观察和比较所找到的两颗糖果，确保它们在形状、颜色、图案等方面完全一致，没有差异。

三、操作练习，用观察和比较的方法找不同。

1. 使用幼儿探究游戏活动材料“找不同”，说一说自己找到了哪些不同之处。
2. 尝试把不一样的动物宝宝和不一样的水果圈出来。

观察指导要点

- 引导幼儿按照从左到右或从上到下的顺序进行观察，以便全面且细致地辨别物品。
- 幼儿是否能够准确地描述出不同物品的特征，并且能够正确地将这些物品圈画出来，锻炼幼儿的观察力和手眼协调能力。

经验提升：按照从上到下或从左到右的顺序，仔细观察和比较图片，可以更快、更准确、更全面地发现图中的差异，这样观察不容易遗漏。

★ 活动拓展

在活动区域提供一些“找不同”的操作卡片，让幼儿继续进行观察练习，从而提高他们的观察力和比较能力。

认识数字1到5

★ 活动目标

1. 激发对数字的兴趣，体验数字在日常生活中的应用。
2. 能够准确识别并读出数字 1 到 5。
3. 认识并理解数字 1 到 5。

★ 活动准备

❶ 经验准备

能够流畅地数出 10 以内的数。

❷ 物质准备

配备材料：幼儿探究游戏活动材料“数字涂色”，图片“数字 1 到 5”。

自备材料：1 到 5 的数字卡片一套。

★ 活动建议

一、寻找数字，体验数字在生活中的应用。

❶ 在活动室中寻找数字，并及时与教师和同伴分享自己的发现。

❷ 描述找到的数字的形状特点，并准确说出数字。

观察指导要点

- 观察幼儿是否能够在日常生活中找到身边的数字，例如在钟表、电脑键盘和电话等物品上发现数字。
- 评估幼儿是否能够准确识别数字，注意区分哪些幼儿能够认识5以内的数字，哪些幼儿能够认识10以内的数字。
- 对于那些未能找到数字的幼儿，可以适时提供提示和引导，帮助他们发现身边的数字。

经验提升：数字无处不在，为我们的生活服务，如我们在钟表、电脑键盘、电话以及图书上都能找到数字的身影。

二、视听游戏，认识数字 1 到 5。

❶ 结合图片“数字 1 到 5”和教师诵读的儿歌《数字歌》，引导幼儿描述每个数字的外形特征。

❷ 再次展示图片“数字 1 到 5”，引导幼儿识别并读出数字 1 到 5。

观察指导要点

- 观察幼儿是否能够根据儿歌的描述，正确识别对应的数字。
- 在游戏中，注意幼儿是否能迅速认读出现的数字。
- 协助幼儿将图形与数字建立联系，以促进他们对数字的识别和记忆。

经验提升：每个数字都有其独特的形状，通过将它们与我们日常生活中熟悉的物品相联系，我们可以更容易地记住它们。例如，数字 1 像一支笔直的铅笔，数字 2 仿佛一只可爱的小鸭子，数字 3 宛如我们的耳朵，数字 4 就像一面迎风飘扬的小旗，而数字 5 则像一个弯曲的钩子。

三、操作游戏，巩固对 1 到 5 的认识与理解。

① 使用 1 到 5 的数字卡片，按照 1，2，3，4，5 的顺序摆放数字卡。听口令指读数字 1 到 5，如教师说“3”，幼儿快速指认数字“3”。

② 使用幼儿探究游戏活动材料“数字涂色”，观察不同数字对应的颜色，然后将正确的颜色涂在不同的区域里。

观察指导要点

- 观察幼儿是否能够准确识别数字，并按照1到5的顺序正确摆放数字卡片。
- 对于辨识数字存在困难的幼儿，教师应提供耐心的指导和适时的提示，帮助他们提高数字识别能力。
- 评估幼儿是否能够根据提示，发现数字与颜色之间的对应关系，并正确涂色。

★ 活动拓展

将数字学习与日常生活相结合，扩展幼儿对 6 到 10 的认识。在日常生活中持续开展寻找数字活动，引导幼儿感知和理解不同环境中数字所代表的不同含义。

★ 活动资源

儿　歌

数字歌

1 像铅笔细又长，2 像小鸭水里游，
3 像耳朵听声音，4 像小旗迎风飘，
5 像秤钩来称菜，6 像哨子吹得响，
7 像拐杖咚咚咚，8 像葫芦藤上挂，
9 像勺子来吃饭，10 像油条加鸡蛋。

感知5以内的数量

★ 活动目标

1. 进一步体会数字的实际意义，将抽象的数字与具体的物品数量联系起来。
2. 能够手口一致地点数 5 以内数量的物品，并准确说出这些物品的总数。
3. 掌握并熟练运用手口一致点数物品的方法，提高计数能力。

★ 活动准备

1. 经验准备

有 3 以内点数及按数取物的经验。

2. 物质准备

配备材料：幼儿探究游戏活动材料“去野餐”，实物材料中的彩色雪糕棒。

自备材料：每人一个盒子，里面装有数量为 5 的物品，如小石子、雪花片、小积木等。

★ 活动建议

一、寻宝游戏，复习 3 以内的点数。

1. 在活动室开展“寻宝游戏”，根据指令拿取 3 以内数量的任意物品，例如 3 支水彩笔、3 块积木等。
2. 分享自己找到的“宝贝”，并描述拿取的数量。

观察指导要点

- 观察幼儿是否能够根据指令准确地拿取相应数量的玩具。
- 指导幼儿使用食指，按照从左到右的顺序进行手口一致的点数，确保点数的准确性。
- 观察幼儿在拿取物品时是否选择了同类物品，若发现拿取的物品种类不同，教师应及时进行引导和纠正。

经验提升：寻找的“宝贝”必须是同一种类的物品，以确保计数的准确性和一致性。在点数“宝贝”的数量时，应按照从左到右的顺序进行点数，同时确保点数时手口一致。

二、按物配数，练习 5 以内的点数。

1 取出实物材料中的彩色雪糕棒，引导幼儿进行点数，数出雪糕棒的具体数量。

2 每人分配一个盒子，营造游戏情境：神秘的宝盒里藏着什么宝贝？

3 幼儿将盒子内的物品取出，摆放成一排，练习手口一致地点数。

4 鼓励幼儿与同伴交换物品，相互进行点数和验证。

观察指导要点

- 观察幼儿是否能手口一致地进行点数并准确地说出总数。
- 对点数有困难的幼儿，教师可以进行个别指导。

经验提升：（边讲解边演示点数的方法）在进行点数时，首先要将物品排成一行，接着伸出右手食指，从左至右依次点触每个物品，并同时口头数出 1、2、3、4、5。每点触一个物品，就要说出相应的数字。完成所有物品的点数后，数出的最后一个数字即为物品的总数。

三、动手操作，进一步感知数字的实际意义。

1 利用幼儿探究游戏活动材料“去野餐”，引导幼儿数一数参加野餐的小猪一共有几只。

2 将粘贴页中的水果贴纸贴在野餐垫上，数一数每种水果各有多少个；比较哪种水果的数量最多，哪种最少；分别为各种水果圈出它们对应的数量。

观察指导要点

- 观察幼儿是否能够准确地点数小猪和各种水果的数量，并能够准确说出每种水果的总数。
- 提醒幼儿根据物品的类别分别点数，点数时要按一定顺序，如从上到下，或从左到右，帮助他们掌握正确点数的方法。

经验提升：在活动中，我们会发现不同的物品也可以用相同的数字来表示。例如，无论是5块蛋糕、5个盘子、5只小动物，还是5个苹果，它们的数量都用数字5来表示。

★ 活动拓展

在幼儿操作玩教具时，可以鼓励幼儿数一数他们手中的玩具或其他物品，以此来培养他们的计数能力。

5以内的按数取物

★ 活动目标

1. 理解基数的概念，知道每个数字所代表的具体数量。
2. 能够根据数字匹配相应数量的物品，提升点数和计数的能力。
3. 巩固对5以内物品数量的掌握，加深对总数概念的理解。

★ 活动准备

1. 经验准备

能够做到手口一致地点数并准确说出5以内物品的数量。

2. 物质准备

配备材料：幼儿探究游戏活动材料“小猫钓鱼”。

自备材料：身上分别贴有4个点和5个点的小狗玩偶两个；数量为1到5的物品卡片一套；多种数量为5的玩具，如5辆小汽车、5块积木等。

★ 活动建议

一、情境游戏，巩固5以内的按物点数。

1. 创设“小狗来做客”的游戏情境，分别展示身上有4个点和5个点的小狗玩具。引导幼儿数一数每只小狗玩偶身上各有几个点。

2. 根据小狗玩偶身上的点数，为它们挑选相应数量的物品卡片作为“礼物”。例如，为身上有4个点的小狗玩偶匹配有4个物品的卡片，为身上有5个点的小狗玩偶匹配有5个物品的卡片。

观察指导要点

- 观察幼儿是否能手口一致地进行5以内的点数。
- 观察幼儿是否能独立完成5以内的点、物匹配。
- 对于不能手口一致正确点数的幼儿，教师应给予个别指导。

二、匹配游戏，练习 5 以内的按数取物。

❶ 为身上有 4 个点的小狗玩偶挑选 4 个相同种类的玩具作为“礼物”。

❷ 为身上有 5 个点的小狗玩偶挑选 5 个相同种类的玩具作为“礼物”。

❸ 在给每个小狗玩偶送完“礼物”之后，与幼儿一起进行复查，确保“礼物”的数量正确，并进行必要的纠正。

观察指导要点

- 观察幼儿是否能够根据小狗玩偶身上的点的数量，准确匹配相应数量的玩具。
- 观察幼儿是否能够按照要求选择相同种类的玩具进行数物匹配。
- 对于在匹配游戏中分心或进行不相关活动的幼儿，教师要及时给予引导，帮助他们重新集中注意力参与游戏。

经验提升：选好玩具之后，我们可以将小狗玩偶身上点的数量与玩具的数量进行对应，进行检查，确保点数的准确性。

三、体验活动，丰富按数取物的经验。

❶ 参与“你说我做”游戏：幼儿两人一组，一名幼儿说出数字，另一名幼儿根据对方所说数字匹配相应数量的玩具或其他物品。

❷ 利用幼儿探究游戏活动材料“小猫钓鱼”，数数画面中有几只小猫在钓鱼，并猜测他们各自钓到了几条鱼；尝试根据水桶上的数字，将相应数量的小鱼贴纸贴在对应的小桶上。

观察指导要点

- 幼儿是否能正确点数并匹配相应数量的玩具或物品。
- 当幼儿取放玩具或物品出现错误时，同伴是否能及时发现并进行纠正。
- 指导幼儿独立完成游戏操作，对无法准确进行数物匹配的幼儿给予指导。

经验提升：点数时，我们不能将不同种类的物品混合在一起计算总数，比如不能将石子和树叶混合起来算作 5 个，应该点数同类物品，例如 5 个石子、5 片树叶、5 根树枝等。在“小猫钓鱼”游戏中，水桶上的数字表示钓到的小鱼数量，因此我们要根据水桶上的数字粘贴相应数量的小鱼。

★ 活动拓展

在日常生活中，鼓励幼儿取放一定数量的物品和玩具，通过这些活动帮助他们熟练掌握 5 以内的按数取物的能力。

5以内集合的分类

★ 活动目标

1. 喜欢参与集合分类活动，体验分类游戏的乐趣。
2. 能够给 5 以内数量的物品卡片进行集合的分类。
3. 巩固 5 以内的计数，初步掌握比较集合的方法。

★ 活动准备

1. 经验准备

熟练掌握 5 以内的计数。

2. 物质准备

配备材料：幼儿探究游戏活动材料“动物小火车”。

自备材料：5 张蜜蜂卡片、4 张蝴蝶卡片、3 张蝗虫卡片、2 张蚂蚁卡片和 1 张毛毛虫卡片；在地面上画出 5 个大方格；标有数字 1 到 5 的透明塑料袋每人一个。

★ 活动建议

一、感知集合，初步比较集合的大小。

1. 每位幼儿选择一张自己喜欢的昆虫卡片，并根据卡片上昆虫的特征进行相应的模仿活动。例如，模仿蝗虫跳跃、蝴蝶和蜜蜂飞舞、蚂蚁和毛毛虫爬行等。
2. 当听到“虫虫玩儿累了，要回家休息”的游戏指令时，幼儿寻找与自己卡片上的昆虫种类相同的幼儿，一起跑进任意一个大方格里。

3 进入方格后，幼儿要互相检验自己与同伴是不是同一种昆虫。如果不是，要及时进行调整，然后点数方格内幼儿的数量。

观察指导要点

- 观察幼儿是否能够识别并找到与自己卡片上种类相同的昆虫，并与持有同种昆虫卡片的幼儿站在同一个方格里。
- 引导幼儿进行点数和比较，判断哪个格子里的幼儿数量最多，哪个格子里的幼儿数量最少。

经验提升：相同的昆虫聚集在同一格子里，形成了一个集合。蝗虫集合中有3只蝗虫，蜜蜂集合中有5只蜜蜂，蝴蝶集合中有4只蝴蝶，蚂蚁集合中有2只蚂蚁，毛毛虫集合中有1只毛毛虫。在这些集合中，蜜蜂的集合是最大的，而毛毛虫的集合是最小的。

二、动手操作，尝试5以内集合的分类。

1 使用幼儿探究游戏活动材料“动物小火车”，数一数每张贴纸上各有几只小动物。

2 根据小动物的数量和车厢上的数字，把贴纸贴在对应的车厢上。

观察指导要点

- 观察幼儿是否能够准确地点数小动物的数量，并能够说出每种小动物的总数量。
- 观察幼儿是否能够独立进行检验，发现自己或同伴在点数中的错误，并及时进行纠正。
- 引导幼儿比较不同集合的大小，例如，指出数量为3的集合比数量为5的集合要小。

经验提升：每张贴纸上展示的小动物的种类和数量都各不相同，每一张贴纸可以视为一个“集合”。如果一个集合中的小动物数量较少，则该集合较小；相反，如果一个集合中的小动物数量较多，则该集合较大。

三、按数取物，巩固 5 以内集合的分类。

1. 每名幼儿任意选择一个带有数字的透明塑料袋，并观察袋子上的数字是什么。
2. 根据袋子上的数字，收集相应数量的同一种类的物品，放入袋子中。
3. 教师在地面上大方格里写上数字 1 到 5，引导幼儿将自己的袋子放入合适的方格中。

观察指导要点

- 观察幼儿是否能够准确地找到种类相同且数量对应的物品，并将它们放入袋子中。
- 引导幼儿注意地面上方格里的数字，提醒幼儿将自己的袋子放到对应的方格里。例如，袋子里有4块积木，那么应该将袋子放到标有数字4的方格里。

经验提升：我们把装好物品的袋子视为一个集合。在按照数量对这些集合进行分类时，不需要考虑袋中物品的颜色、形状等差异，只要袋子中物品的数量相同，就可以将它们归为一类。例如，4 块积木、4 本图书、4 支水彩笔都属于数量为 4 的集合，因此它们都可以被放置在标有数字 4 的大方格里。

★ 活动拓展

结合日常生活中的各种情景，巩固幼儿 5 以内集合分类的能力。例如，在整理玩具、分配餐具或准备小零食时，都可以引导幼儿按数量将物品分组，帮助幼儿更好地理解和掌握集合分类的概念。

5以内集合的排序

★ 活动目标

1. 对数量排序游戏活动感兴趣。

② 能够按照物品数量的多少或数字的大小进行排序。

③ 感知并比较 5 以内数量的多少。

★ 活动准备

① 经验准备

熟练掌握 5 以内的数量关系，认识数字 1 到 5 并能进行数物对应。

② 物质准备

配备材料：幼儿探究游戏活动材料“运萝卜”。

自备材料：1 到 5 数字的卡片一套，1 到 5 的点子卡片每组一套。

★ 活动建议

一、抱团游戏，感知 5 以内集合的大小。

① 幼儿手拉手，一边转圈一边念游戏口令：“抱团，抱团，大家一起来抱团。”当教师出示 5 以内的任意数字卡片时，幼儿根据卡片上的数字说出需要几人抱成一团，例如，教师出示数字 3 的卡片时，幼儿说“3 人抱成一团”并按照要求与同伴抱在一起。

② 游戏可以重复进行，让幼儿有机会轮流担任“出卡人”，负责出示数字卡片。

观察指导要点

- 观察幼儿是否能够在看到数字卡片时迅速做出抱团反应。
- 观察幼儿在抱团人数与卡片数字不符时，是否能够及时发现问题，并能进行必要的调整。
- 可以根据幼儿的实际情况灵活调整游戏内容，以确保游戏既具挑战性又能适应幼儿的能力水平。

经验提升：在游戏中，我们观察到一个现象：数字越大，需要聚集的人数就越多；相反，数字越小，聚集的人数就越少。

二、动手操作，尝试进行 5 以内集合的排序。

① 使用幼儿探究游戏活动材料“运萝卜”，观察每辆红色卡车上红萝卜的数量，说一说红萝卜的数量有什么变化。

② 到粘贴页取下胡萝卜贴纸，按照由少到多的顺序，给蓝色卡车装上胡萝卜。

③ 说说哪辆蓝色卡车里的胡萝卜最多，哪辆最少。

观察指导要点

- 观察幼儿是否能够发现红色卡车上红萝卜的数量递减的规律。
- 指导幼儿按照从少到多的顺序粘贴胡萝卜贴纸。
- 提醒幼儿在粘贴前先点数胡萝卜的数量，然后根据数量由少到多的要求进行粘贴。

经验提升：红萝卜是按照由多到少的规律装车的，第一车厢装 5 个红萝卜、第二车厢装 4 个红萝卜……第五车厢装 1 个红萝卜。粘贴胡萝卜时，则要按照由少到多的规律排序、粘贴，即第一辆车粘贴 5 个胡萝卜，第二辆车粘贴 2 个胡萝卜……

三、体验游戏，巩固 5 以内集合的排序。

① 幼儿自愿组成 5 人一组的小队，每个队员选择一张标有 1 到 5 的点子卡，并记住自己卡片上的点子数量。

② 鼓励幼儿尝试根据点子数量的多少进行排序，每组队员站成一排，可以按照从 1 到 5 的顺序排列，也可以按照从 5 到 1 的顺序排列。

观察指导要点

- 观察幼儿是否能够根据卡片上的点子数量有序地进行排队，教师适时给予引导和支持。
- 观察每组幼儿的排队方式，是按照数量由多到少的规律，还是由少到多的规律进行排序的。
- 该游戏需要教师的积极参与和指导，确保幼儿理解游戏规则并能够正确执行。

经验提升：通过站队排序游戏，我们可以体验到两种数量排序的方式：一种是由少到多的顺序，另一种则是由多到少的顺序。

★ 活动拓展

适当增加点子卡片上的点子的数量，逐步提升幼儿按数量排序的能力。

快乐的一天

★ 活动目标

1. 感受一天中时间与事物的变化，理解日常生活中的时间流转。
2. 尝试用简单的语言描述自己在白天和夜晚的活动。
3. 能够认识白天和夜晚的区别，并初步建立时间概念。

★ 活动准备

1. 经验准备

知道自己在白天和夜晚分别会进行哪些不同的活动。

2. 物质准备

配备材料：幼儿探究游戏活动材料“白天和黑夜”。

自备材料：收集幼儿白天在园活动的照片和夜晚在家活动的照片。

★ 活动建议

一、经验回顾，认识白天和夜晚。

1. 结合幼儿的生活经验，引导幼儿描述白天是什么样子的，进一步认识白天。
2. 结合幼儿的生活经验，引导幼儿描述夜晚是什么样子的，进一步认识夜晚。

观察指导要点

- 观察幼儿是否能够主动与同伴分享对白天和夜晚的已有认知。
- 重点指导幼儿描述白天与夜晚的显著特征，帮助他们识别和表达这两个时间段的独特之处。

经验提升：太阳从地平线升起，天空逐渐亮起，标志着新一天的开始，也就是我们所说的白天。在白天，我们会起床去幼儿园学习和玩耍。太阳在空中照耀一整天后，会慢慢地落下，随着天空变暗，夜晚就来临了。夜晚时分，月亮和星星会出现在天空中，小朋友们会回到家中，和爸爸、妈妈一起阅读、洗漱，然后进入梦乡。

二、分享交流，初步理解时间与事件的关系。

1. 鼓励幼儿使用照片，与同伴讨论照片中的时间是白天还是夜晚，自己当时在进行什么活动。
2. 引导幼儿与同伴分享自己在晚上通常会做些什么。
3. 引导幼儿理解白天和夜晚是循环交替的，每个时间段都有相应的活动。

观察指导要点

- 观察幼儿是否能够依据照片中的线索正确辨别白天和夜晚。
- 向幼儿解释白天和夜晚是交替出现的自然现象，帮助他们理解时间的概念。
- 教师应避免仅依据某个特定活动来判断白天和夜晚，应鼓励幼儿从多方面考虑，如光线、环境、人物等，以更全面地理解时间的变化。

经验提升：在白天，随着太阳的升起，我们可以进行丰富多彩的活动，例如享用美食、学习知识、进行体育锻炼、外出郊游等。而到了晚上，随着夜幕的降临，我们需要打开灯光来进行休闲游戏或阅读。此外，我们还需要休息和睡眠，以便在新的一天精力充沛地开展活动。黑夜过后会迎来白天，白天过后又是黑夜，黑夜和白天就这样循环交替出现。

三、动手操作，拓展对白天和夜晚的认知。

1. 使用幼儿探究游戏活动材料“白天和黑夜”，观察步骤图，说说如何在一张图画纸上呈现白天和夜晚两个场景的。
2. 用正反折的方法将图画纸折一折，通过不同角度，呈现白天和夜晚不同的场景。
3. 说说在白天和夜晚我们分别能做哪些事。

观察指导要点

- 观察幼儿是否能根据步骤图说出折叠图画纸的方法。
- 指导幼儿学习正反折的方法，提醒幼儿沿线折叠图画纸。
- 观察哪些幼儿能独立完成折纸，教师可以对折纸有困难的幼儿给予指导。

经验提升：通过正反折纸的方法，我们可以制作出代表白天和夜晚的两幅图画。折纸完成后，注意调整观看图画的位置和角度，以便更好地展现白天和夜晚两个画面。

★ 活动拓展

❶ 将幼儿收集的照片展示在活动区域，以便继续交流和讨论，让照片成为互动和学习的媒介。

❷ 收集一些展示动物日常生活的照片，并与幼儿一起讨论这些动物是在白天活动还是在夜晚活动，通过这种方式增进对动物生活习性的了解。

事件排序

★ 活动目标

❶ 体验生活中事物发展的普遍规律，感受身边事物随时间发展变化的过程。

❷ 能够按照时间顺序和发展规律给事件排序。

❸ 感知事物发展的必然性和规律性，建立初步的时间概念。

★ 活动准备

❶ 经验准备

熟悉本班的小朋友。

❷ 物质准备

配备材料：幼儿探究游戏活动材料“排图讲述”。

自备材料：制作一个简易的电子相册，收集人们在不同生命阶段的照片，以此展示人的成长过程；幼儿在园吃早餐、游戏、午睡、吃水果、离园等日常活动的照片若干。

★ 活动建议

一、观察讨论，感知人成长变化的过程。

① 展示人在不同成长阶段的电子照片，引导幼儿讨论人是如何逐渐长大的，以及他们将经历哪些成长阶段。

② 鼓励幼儿尝试根据性别和年龄差异给予人们适当的称呼，例如年轻的哥哥姐姐、中年的叔叔阿姨、老年的爷爷奶奶等，以加深幼儿对年龄和成长阶段的认识。

③ 引导幼儿尝试对人的成长过程进行排序，帮助他们理解成长的顺序和每个年龄阶段的特点。

观察指导要点

- 观察幼儿是否能够通过照片识别出人的不同成长阶段，并引导他们说出各个阶段的名称，如婴儿期、幼儿期、少年期、青年期、中年期和老年期。
- 评估幼儿是否能够根据图片中人物的性别和年龄，给予适当的称呼。
- 引导幼儿根据人的成长过程进行正确的排序。

经验提升：事物的发展是有一定规律的。每个人在成长过程中都将依次经历婴儿期、幼儿期、少年期、青年期、中年期和老年期这六个阶段。

二、动手操作，尝试按事物的发展顺序排序。

① 将幼儿探究游戏活动材料“排图讲述”中的卡片取下来，把同组卡片摆放在一起。

② 按照事情发生的先后顺序，将卡片插在长方形卡纸上。

③ 引导幼儿说一说为什么这样摆放卡片。

观察指导要点

- 观察幼儿是否能够根据画面内容准确地进行排序，并自信地表达他们的想法。
- 仔细倾听幼儿表述的排序理由，评估他们的表达是否清晰、合理，以及是否符合逻辑。

经验提升：一幅画的完成需要遵循一定的步骤。首先需要准备一张空白的画纸，接着勾勒出轮廓，最后再为画面涂上色彩。同样，小鸡和人类一样，也有自己的成长过程。它们首先在蛋壳内慢慢发育成形，然后啄破蛋壳孵化而出，之后逐渐长大。

三、观察讨论，尝试为生活事件排序。

❶ 展示一系列照片，展示幼儿吃早餐、进行游戏、午睡、吃水果、离园等日常活动，引导幼儿描述照片中的小朋友在特定时间进行的活动。

❷ 指导幼儿根据时间顺序对这些日常活动内容排序，帮助他们理解日常活动的先后顺序。

观察指导要点

- 观察幼儿是否能够准确描述每张照片中的小朋友正在进行的活动，必要时给予适当的引导。
- 评估幼儿是否能够运用已有的生活经验，按照事件发生的顺序进行排序。
- 根据本园一日活动的实际情况，适当调整排序的活动内容，以确保活动的相关性和趣味性。

经验提升：我们每天在幼儿园里做的各个活动都存在着一定的联系和顺序。例如，每天早上来到幼儿园，首先是享用早餐，然后开始游戏活动；中午我们会先吃午餐，然后午睡；午睡结束后，我们会在幼儿园里吃水果，然后继续游戏活动；一天的活动结束后，我们就要离园回家了。

★ 活动拓展

收集更多的动植物生长过程的图片，布置在班级环境中，丰富幼儿对事物发展顺序和过程的认知经验。

比一比

★ 活动目标

1. 对常见的大小、长短、高矮等排序活动感兴趣。
2. 能根据大小、长短、高矮等特点对5个以内的物品进行排序。
3. 掌握连续量的比较与排序方法。

★ 活动准备

1. 经验准备

有根据物品大小、长短、高矮特点，为3个物品排序的经验。

2. 物质准备

配备材料：幼儿探究游戏活动材料“小熊跳舞”，实物材料中的吸管和泡沫球。

★ 活动建议

一、操作游戏，巩固3个以内物品的排序。

1. 分别取出实物材料中的3根吸管和3个泡沫球，分别尝试按照长短和大小进行排序。
2. 交流：你是按照什么规律排序的？如何比较3个物品的长短和大小？

观察指导要点

- 观察幼儿是如何为吸管和泡沫球排序的，具体使用了哪些方法。
- 观察并识别哪些幼儿能够独立完成3个物品的大小和长短排序，同时注意哪些幼儿在这一任务上存在困难。
- 引导幼儿准确描述序列中的任意一个物品，恰当地使用“最长”“最短”“不长不短”等词语进行描述。

经验提升：在比较3个物品的大小时，我们可以通过目测法首先确定最大或最小的物品。之后，在剩下的两个物品中，再次使用目测法找出较大或较小的一个。比较 3 个物品的长短时，我们可以将吸管平放并确保一端对齐，然后识别出最长或最短的吸管，最后，在剩下的两根吸管中找出较长或较短的一根。

二、挑战游戏，探索 5 个以内物品的排序。

❶ 增加实物材料的数量，取出 5 根吸管和 5 个泡沫球，尝试分别按照长短和大小进行排序。

❷ 交流分享自己的排序方法，并指认序列中最长（或最短）、最大（或最小）的物品。

观察指导要点

- 观察幼儿是否能够独立思考并完成5个以内物品的大小和长短排序任务。
- 观察幼儿是否能够运用已有的排序经验，例如通过目测法和一端对齐法等，来完成排序活动。
- 当教师随机指向序列中任意物品时，引导幼儿清晰地描述该物品在序列中的具体位置。

经验提升：在比较多个物品的大小或长短时，我们可以采用逐步筛选的方法进行比较。首先，从所有物品中找出最长（或最短）的物品，然后在剩下的物品中再次找出最长（或最短）的，继续这个过程，直到所有物品都按照由大到小或由长到短的顺序排列好。

三、迁移拓展，探索 5 个以内物品的高矮排序。

❶ 使用幼儿探究游戏活动材料“小熊跳舞”，数一数图中一共有几只小熊，将小熊卡片取下来，说一说它们有什么不同。

❷ 将小熊卡片按照由高到矮的顺序排好队，摆在舞台上。

观察指导要点

- 评估幼儿是否能够独立完成5个以内物品的高矮排序任务。
- 注意观察幼儿比较物品高矮的方法，引导他们在比较高矮时确保物品站立在同一个平面上，以保证比较的准确性。
- 当教师随机指向序列中的一个物品时，引导幼儿清晰地描述该物品在序列中的具体位置。

经验提升：在比较高矮时，我们应确保所有的“小熊”都站立在同一平面上，以保证比较的准确性。首先找出最高的或最矮的“小熊”，然后在剩余的四张卡片中继续寻找第二高的或第二矮的，依次类推，直到所有“小熊”都按照由高到矮的顺序排列好。

★ 家园共育

利用日常生活中的物品和环境，抓住适当时机，引导孩子对5个以内的物品进行大小、长短、高矮、粗细等方面的比较和排序活动。

分图形

★ 活动目标

1. 培养对图形的兴趣，增强辨认不同图形的能力。
2. 能够排除大小、颜色等干扰因素，能够准确地对圆形、正方形、三角形进行分类。
3. 加深对圆形、正方形、三角形的认知，巩固对基本图形特征的理解。

★ 活动准备

1. 经验准备

认识常见的图形，如圆形、正方形、长方形、三角形。

2. 物质准备

自备材料：颜色、大小各不相同的圆形、正方形、三角形卡片若干；在地面上粘贴（或绘制）圆形、正方形、三角形轮廓线，每种形状各一个。

★ 活动建议

一、找寻游戏，了解图形的基本特征。

1. 将圆形、正方形、三角形卡片藏在活动室的不同角落，让幼儿自由探索和寻找这些图形卡片。
2. 在寻找游戏结束后，鼓励幼儿与同伴分享他们的发现，辨识自己找到的卡片的图形，并描述这些图形的基本特征。

观察指导要点

- 观察幼儿是否能够独立找到藏起来的图形卡片，并正确地说出它们是什么图形。
- 观察幼儿是否能够较为完整地描述圆形、正方形和三角形这三种图形的基本特征。
- 随机提问，观察幼儿是否能正确说出图形的名称，了解幼儿对图形的认知情况。

经验提升：正方形有四条边和四个角，四条边长度相等，四个角大小相同；三角形则由三个角和三条边组成；圆形没有角，它是由一条封闭曲线围成的中心对称图形。

二、辨识游戏，巩固对图形基本特征的认知。

❶ 观察地面上粘贴（或绘制）的图形轮廓线，并进行讨论：地面上都有哪些图形？它们的角和边是什么样子的？有什么特点？

❷ 进行听口令游戏：教师随机说出一个图形的名称，幼儿迅速在地面上找到相应的图形，并站在其轮廓线内。

观察指导要点

- 观察幼儿是否能够根据图形的轮廓线识别出不同的图形。
- 观察幼儿是否能够根据指令迅速做出反应，并及时移动到指定的图形中，对动作较慢或图形识别能力较弱的幼儿，给予个别指导。
- 对于在图形识别方面有困难的幼儿，可以组织他们单独成组，进行专门的指令游戏，以提高他们的图形识别能力和反应能力。

经验提升：生活中，各种形状并不总是直接显现在具体的物品上，我们可以通过发现、归纳这些物品的基本形状特征，将它们转化为简单的图形轮廓线。只要轮廓线呈现出某一图形的基本特征，我们就可以认为它代表了相应的图形。

三、分类游戏，排除干扰进行图形分类。

❶ 将地上的图形轮廓线视为“房子”，把图形卡片送回地面对应图形的“房子”里。

❷ 观察“房子”里的图形卡片是否完全一样，有哪些相同与不同。

观察指导要点

- 观察幼儿是否能独立辨识图形并进行正确分类。
- 重点关注对三角形的辨识，引导幼儿发现三角形的形状虽然多种多样，但它们都具有共同的特征，即有三条边和三个角。只要满足这两个条件，无论形状如何变化，都可以被归类为三角形。

经验提升：图形的分类与颜色和大小无关，关键在于是否具有该图形的形状特征。例如，正方形的特点是四条边等长、四个角等大；三角形的特点是有三个角和三条边；圆形的特点是没有任何角，而是由一条封闭的曲线构成的中心对称图形。

★ 活动拓展

在日常生活中，我们可以尝试使用图形轮廓线来为不同的图形做标记，这样做可以帮助我们更直观地区分和识别各种图形。

图形变变变

★ 活动目标

1. 对图形的分割与组合感兴趣。
2. 能够借助分割线，进行简单的图形分割与组合。
3. 初步感知图形之间的关系。

★ 活动准备

1. 经验准备

认识常见的图形，能较熟练地使用剪刀。

2. 物质准备

配备材料：图片“分一分”。

自备材料：画有分割线的圆形、长方形、正方形、三角形的彩纸若干；剪刀、固体胶、白纸每人一份。

★ 活动建议

一、创设情境，初步感知图形的分割。

❶ 展示图片“分一分”：小猪去小狗家做客，小狗非常慷慨地将自己的食物分给小猪一半。

❷ 提问：最初，饼干薄饼、比萨分别是什么形状的？分给小猪一半后，饼干薄饼和比萨变成了什么形状？

观察指导要点

- 观察幼儿是否能够通过自己的观察发现图形在分割后的形状变化。
- 观察幼儿是否能够准确地说出，一块正方形的饼干分割后变成了两块长方形的饼干，等等。
- 重点引导幼儿描述一个图形经过分割后所形成的新图形的名称，帮助他们理解和描述图形的变化。

经验提升：通过分割，我们可以将一个图形变为两个不同的图形。例如，一个正方形可以被分割成两个长方形；同样地，一个圆形可以被分割成两个半圆形。

二、操作游戏，理解图形之间的关系。

❶ 创设游戏情境：让我们帮小狗给小猪分饼干吧！

❷ 每名幼儿自选一张画有分割线的长方形、正方形、圆形、三角形的彩纸，沿着分割线剪裁，尝试进行图形的分割。

❸ 交流自己的分割结果，并观察把分割后的图形再次拼在一起后是否能够恢复成原来的图形。

观察指导要点

- 重点引导幼儿观察图形上的分割线，并沿着这些线来剪开图形，体验分割图形的过程。
- 观察幼儿是否能够独立发现分割后的各个图形可以重新组合成原来的图形，锻炼幼儿的空间认知能力。
- 鼓励幼儿用语言描述图形在分割与组合过程中的形状变化，例如一个正方形可以被分成两个相等的长方形，两个相同的长方形可以拼成一个正方形，等等。

经验提升：分割后形成的两个图形合在一起能组成原来的图形。有的图形分割后变成了两个不一样的图形，如把长方形分割成一个正方形和一个长方形；有的图形分割后还是原来的图形，如把一个三角形分割成两个三角形。

三、创意拼贴，探索图形的分割与组合。

1. 取出白纸和固体胶，利用剪好的、各种形状的彩纸进行创意拼贴画。
2. 说一说自己使用了哪些形状的彩纸，拼贴出了什么图案。

观察指导要点

- 评估幼儿是否能够灵活运用各种形状的彩纸进行创意拼贴画的制作。
- 指导幼儿在白纸上先拼摆出图案，然后再进行粘贴和固定。
- 鼓励幼儿大胆地为自己的创意拼贴作品起名字，发展幼儿的想象力。

经验提升：把不同形状的彩纸巧妙地拼摆在一起，能够创造出全新的图案。在拼贴过程中，当不同形状的彩纸的边缘重合得当时，组成的图案将更加完整和美观。

★ 活动拓展

在活动区投放不同形状的卡纸，供幼儿进行自由分割与组合。

图形组合

★ 活动目标

1. 感受拼摆图形的乐趣，体会图形之间的关系。
2. 能够用平移、旋转等方法进行图形拼摆。
3. 初步积累空间视觉化的学习经验，增强对空间关系的理解。

★ 活动准备

1. 经验准备

认识常见的图形。

❷ 物质准备

配备材料：幼儿探究游戏活动材料“盖房子”。

自备材料：大小不同的正方形、长方形、三角形、圆形卡片若干，一个玩具筐。

活动建议

一、分类游戏，巩固对常见图形的认知。

❶ 邀请幼儿围坐成一个圆圈，圆圈中心放置一个装有各种图形卡片的玩具筐。每名幼儿从玩具筐中选取一张图形卡片，并与同伴交流自己所选图形的形状特点。

❷ 播放欢快的音乐，幼儿根据手中的图形卡片寻找持有同种图形卡片的伙伴，找到后相互抱一抱。

观察指导要点

- 观察幼儿是否能够迅速识别图形，并准确描述不同图形的基本特征。
- 观察幼儿是否能够排除干扰，主动寻找持有同种图形卡片的幼儿，并能够检验自己小组内成员的图形卡片是否正确。
- 引导幼儿在游戏过程中高举自己的图形卡片，以便其他幼儿进行观察和比对。

经验提升：每种图形都有自己的特征，它们与颜色和大小无关。正方形有四条边和四个角，四条边长度相等；长方形有四个角和四条边，对边长度相等；三角形有三个角和三条边；圆形没有角，它是由一条封闭曲线围成的中心对称图形。我们游戏时要注意观察对方的卡片与自己手中卡片的形状是否具有同样的特征。

二、操作游戏，尝试用平移、旋转等方法进行图形拼摆。

❶ 使用幼儿探究游戏活动材料“盖房子”，说说图中的卡片分别是什么形状的。

❷ 将图形卡片全部取下来，摆在下图中对应的位置上，拼摆出一座美丽的房子。

❸ 说一说房子的各部分是什么图形。

观察指导要点

- 观察幼儿是否能够在轮廓线的提示下独立完成作品的拼摆。
- 在拼摆过程中，引导幼儿一边操作一边描述房子的每个部分分别是由哪些图形组成的。
- 评估幼儿是否能够运用对比、平移、旋转等多种方法来进行组合与拼搭。

经验提升：在图形拼摆活动中，我们可以运用比对、平移和旋转等方法，来精准地将图形卡片放置于预定位置，从而完成图案的拼摆组合。

三、创意拼摆，进一步获得空间视觉化的学习经验。

1. 使用大小不同的正方形、长方形、三角形、圆形卡片进行创意拼摆。
2. 鼓励幼儿讲述自己图案拼摆的是什么，以及在创作过程中使用了哪些图形卡片。

观察指导要点

- 观察幼儿使用卡片拼摆出了哪些图案，评估这些图案是幼儿自己的创意，还是参考了他人的设计。
- 在活动总结和分享环节，可以让幼儿尝试猜测其他幼儿创意拼摆作品的主题和内容，促进幼儿之间的交流和学习。

经验提升：生活中，许多物品的外形是由不同形状组合而成的。在进行拼摆活动中，我们可以根据图形的特点来进行创作和组合，创造出新的图案或形状。

★ 活动拓展

1. 在活动区域提供多种图形卡片，让幼儿自由选择并进行图形拼摆活动，激发他们的创造力和空间想象力。
2. 在活动区域中放置各种形状的积木，引导幼儿探索立体图形的创意拼搭，培养他们的立体空间感和构建能力。

有趣的拼图

活动目标

1. 喜欢拼图游戏，能够保持耐心，不轻易放弃。
2. 能够熟练地抓取、移动和放置拼图块，提高手眼协调能力和精细动作能力。
3. 初步感知拼图块之间的空间关系，丰富空间运动经验。

活动准备

1. 经验准备

有玩拼图和剪纸的经验。

2. 物质准备

配备材料：幼儿探究游戏活动材料“趣味拼图”，图片“找小偷”。

自备材料：将图片“找小偷”打印并按照分割线剪裁成3张拼图块，画有分割线的彩色图片若干、剪刀每人一把。

活动建议

一、创设情境，体会拼图之间的空间关系。

1. 创设情境：小兔家的萝卜不翼而飞，而小偷的照片被破坏成了碎片。让我们一起动手，将这些碎照片拼凑起来，看看究竟是谁偷走了萝卜。
2. 引导讨论：我们应该如何将这些碎照片拼凑成原来的样子？
3. 将裁剪好的3张拼图块展示在黑板上，教师和幼儿共同将“照片”拼合、复原。

观察指导要点

- 观察幼儿是否能够说出拼合碎“照片”的方法，他们是如何进行描述的。
- 在拼合和复原“照片”的过程中，首先引导幼儿仔细观察每一张图片，发现各图之间的联系。然后，根据幼儿的指示，逐步通过平移、旋转等方法来完成“照片”的拼合。

- 观察幼儿在讲述时是否能够准确使用方位词，如上面、下面、中间等，来描述物体的位置和空间关系。

经验提升：拼图游戏中，通过细致分析每块拼图的颜色、形状等特征，并运用平移和旋转等技巧，逐步将这些碎片拼合在一起。最后，我们会找出小偷的真实身份——一只大熊。

二、制作拼图，进一步丰富空间运动经验。

1. 尝试按照分割线把彩色图片裁剪成 3 块或 4 块，制作简易的拼图块。
2. 将剪好的拼图块与同伴的互换，一起挑战完成对方的拼图。

观察指导要点

- 观察幼儿是否能够根据图片上的分割线准确地将彩色图片剪开。
- 观察幼儿在复原同伴的拼图时的表现，记录他们完成拼图所需的时间，并观察哪些幼儿能较快完成。
- 在幼儿剪好拼图块之后，可以引导他们先自行尝试完成拼图，培养他们独立解决问题的能力。

经验提升：拼图的块数和形状可能各不相同，但每一块拼图都承载着构成完整画面的一部分。当所有的拼图被正确拼摆在一起后，它们将共同组成一幅完整的画面。

三、动手操作，探索复原拼图的基本方法。

1. 利用幼儿探究游戏活动材料“趣味拼图”，说一说图中有哪些动物。
2. 取下动物卡片并拆开拼图、打乱顺序，尝试重新拼出完整的动物。

观察指导要点

- 观察幼儿是否能够独立完成拼图任务，是否需要教师的协助。
- 观察幼儿的拼摆过程，是否能够运用比对、旋转、平移等方法完成拼图。

- 对于在拼图游戏中遇到困难的幼儿，重点指导他们运用旋转、平移等方法，帮助他们掌握复原拼图的方法。

经验提升：拼摆拼图块时，除了关注画面中物体的外形特征，我们还可以通过观察颜色和线条来辅助拼接。例如，两块拼图块如果边缘颜色相近、线条能够顺畅连接，那么它们很可能是相邻的。如果颜色过于相似难以区分，我们可以先定位拼图的四条边，然后根据四条边的图案特征进行拼摆，最后再集中处理中间部分的拼图块。

活动拓展

在活动区投放多种拼图玩具，增加拼图块的数量，以提高幼儿复原拼图的能力。

看图搭积木

活动目标

1. 喜欢搭积木，体会物体之间的空间关系。
2. 能够用积木表现平面图中物体的简单空间关系。
3. 初步感知和表现物体的空间关系。

活动准备

1. 经验准备

有搭积木的经验。

2. 物质准备

自备材料：每人各 3 块圆柱体积木、长方体积木和正方体积木，不同造型的积木搭建图片 2 张或 3 张。

★ 活动建议

一、观察图片，感知积木之间的空间关系。

❶ 设定游戏情境：小猴子想搭建房子，但他看不懂图纸，让我们一起帮助他吧！展示一张积木搭建图片，引导幼儿仔细观察积木的形状、颜色和数量，并提出以下问题：

（1）小猴子一共用了多少块积木？

（2）这些积木分别是什么形状、什么颜色的？

（3）这些积木在整体结构中分别位于什么位置？

❷ 鼓励幼儿从自己手中的积木里挑选出图片中出现的积木。

观察指导要点

- 观察幼儿是否能够准确识别图中积木的形状、颜色和数量等信息。
- 引导幼儿运用空间方位词汇来描述积木的具体位置以及它们之间的空间关系，如上方、下方、左边、右边等，以增强他们对空间概念的理解。
- 观察哪些幼儿能够成功找到与图片对应的积木；对于未能找到正确积木的幼儿，给予适当的引导和帮助。

经验提升：按照从上到下、从左到右的顺序仔细观察图片，通过细致的观察、比较和点数，我们可以准确地了解积木的形状、数量以及它们在图片中的具体位置。

二、看图搭建，再现积木的空间关系。

❶ 尝试根据图片所示，找出对应的积木进行搭建，通过对平面图的感知，探索和表现积木的三维空间关系。

❷ 展示其他造型的积木搭建图片，引导幼儿观察并识别图中使用了哪些类型的积木，并数一数一共用了多少块。然后，让幼儿在积木筐里找出相应的积木，进行搭建。

观察指导要点

- 教师整体巡视，进一步观察幼儿对操作步骤是否理解；询问幼儿是根据哪张图片搭建的，选用的积木和图片上的是否一致，观察幼儿是否能看图完成搭建。

- 提醒幼儿按需拿取积木，搭建完成后检验积木和图片上的是否一致。
- 可以请完成搭建的幼儿为同伴检查搭建成果，或换一张图片继续搭建。

经验提升：在根据图片搭建积木时，首先要数出图片上一共用了多少块积木，并确认它们的颜色和形状。然后，从筐中挑选出与图片相符的积木，并根据图片进行搭建。

三、分享经验，发展空间知觉。

① 鼓励幼儿之间相互观察，猜想对方搭建的是什么，尝试判断同伴是按照哪张图片搭建的。

② 自由搭建，引导幼儿模仿同伴的作品进行搭建。

观察指导要点

- 尊重幼儿的搭建兴趣，避免强迫或过度干预他们的创作过程，让他们在自由探索中发展自己的想象力和创造力。
- 鼓励幼儿观察并模仿同伴的搭建方法，以此拓展他们观察和搭建的经验，并促进幼儿之间的交流和学习。

经验提升：在模仿同伴的作品进行搭建的过程中，应选择与同伴相同的积木类型，并仔细观察同伴是如何安排积木之间的距离和位置的。这样的观察能够帮助我们更好地理解搭建的结构和空间关系。

★ 活动拓展

在活动区域提供各种积木以及不同造型的积木搭建图片，让幼儿根据自己的兴趣和创意进行搭建，以此锻炼他们的空间认知能力。

附录：幼儿自主游戏活动案例

马路上

★ 游戏背景

孩子每天入园、回家的路线是相对固定的，不论是步行、自驾或是乘坐交通工具，他们总是会好奇地关注周围的事物和路过的风景。吃完早饭，几个孩子围着一本关于交通工具的书在谈论，说着说着话题就转向了早上来园时路上的见闻。涵涵说："我来幼儿园时会钻过一个山洞，妈妈说那是'五爱隧道'。"鱼宝儿说："我家的车每天都经过一座高架桥，桥可高了！""我今天来幼儿园时看见了一辆警车……"于是，在早饭后的走廊游戏中，我们开启了搭建游戏。

★ 游戏观察

【场景一】自建"高架桥"

鱼宝儿拿了一些瑜伽砖块，先用砖块首尾相接围成一个长方形。也许是觉得"路面"比较低，他开始用叠加、垒高的方法搭出了第二层。就这样，一个"路面"搭好了（图 1–1）。接着，鱼宝儿拿来几个牛奶罐逐一摆在了刚刚铺好的"路面"上，然后将牛奶罐作为"桥梁"，在上面又搭上了几条长木板，然后兴奋地告诉旁边的小伙伴："这是高架桥！"

鱼宝儿拿起小汽车玩具在"高架桥"上行驶，可是汽车开到"路面"的一端就无路可走了，因为直角转弯处的两条木板没有对齐连接好。这可怎么办呢？鱼宝儿蹲在那里看了一会儿，先是挪动了牛奶罐的位置，然后尝试将两条木板的短边对齐……几次调整后，转弯处的路面形成了一个直角，"高架桥"上的"路面"畅通了，小汽车只要转弯就可以继续行驶了。

"鱼宝儿，我想和你一起搭行吗？"言溪小朋友走过来想加入游戏。鱼宝儿犹豫了一下，还是很高兴地接纳了新伙伴，于是两个人一起用砖块对"高架桥"的"路面"进行了加宽，开心地让小汽车在"高架桥"上行驶（图 1–2）。

图1-1 搭建“路面”

图1-2 搭建“高架桥”

【场景二】合作“铺马路”

涵涵和宛知都拿了一条网纱。由于网纱很长，两人各自摆弄、拉扯了半天都没有顺利地把网纱铺在地面上。涵涵放下了手中的网纱，主动地加入了宛知的游戏：“宛知，我来帮你，我们一起来把它铺平。”“好啊！”宛知正为自己铺不好而烦心呢。两人分别找到网纱的一端合作抻开，还用力地甩了几下，很快地铺成了一条长长的“马路”（图 2-1）。宛知还拿来一根塑料棒尝试将网纱上的褶皱“擀”平；接着，在宛知的帮助下，涵涵的网纱也顺利铺好了。

涵涵拿来两块长条木板依次铺在“路面”上，接着，她又找来一块拱形的泡沫积木放在长条木板的上面，让几辆小汽车在长条木板上依次排开。“老师，这是我上幼儿园走的路。我们先要路过一条河，然后穿过这个隧道。过隧道的时候，汽车一定要排队，不可以随便超车，要不然会发生危险。”涵涵一边指着自己铺的路一边开心地介绍着（图 2-2）。

图2-1 合作铺网纱

图2-2 介绍路线

【场景三】一起建“广场”

靖函看到涵涵和宛知成功地铺出了网纱“马路”，也拿来一条网纱并邀请言溪小朋友来帮忙。两人一起合作，很快就将网纱在地面上铺好了（图 3–1）。“马路”铺好后，靖函抱来两个奶粉桶：“我家旁边有个大广场，每天上幼儿园的时候都能看到，广场上还有好多人，我要用这个奶粉桶来做广场。”靖函一边说着，一边又找来纸杯、牛奶罐、人物玩偶等材料按照自己的想法拼搭着（图 3–2）。为了让“广场”看起来更漂亮，言溪还找来几根伸缩管和几块小草坪对“广场”进行了装饰。在两人的共同合作下，“马路”旁边不仅有了小“广场”，还多了一些有趣的“建筑物”。

图3–1　合作铺纱

图3–2　搭建广场

★ 游戏解读

幼儿对丰富多样的游戏材料总是充满无限想象力和创造力。在本次主题搭建游戏中，幼儿不仅能借助不同游戏材料的形状、材质等特点对身边的生活场景、事物进行表征，同时也学会了与同伴分享、合作，获得了语言、社会等多领域的相关认知与生活经验。

❶ 在游戏场景一中，鱼宝儿的“高架桥”是由初期的砖块平铺、延长逐渐转向围合，再到后期的架空与直角连接的，主题建构游戏较好地提高了幼儿的搭建技能与游戏水平；在不断调整“路面”的过程中，“桥梁”上的木板总是拼接不上，经过多次的尝试和操作，鱼宝儿发现原来只要挪动桥梁的位置就能轻而易举地将木板拼接在一起，可以看出鱼宝儿已经能够通过分析和反思，独立地解决游戏中遇到的问题了。

❷ 游戏初期，涵涵和宛知两个小朋友都想通过自己的努力将网纱平铺在地面上，但是始终不能成功。涵涵意识到一个人是无法完成游戏任务的，于是率先舍弃了自己的网纱，主动提出与宛知一起铺她的网纱，可见，涵涵已经有了初步的合作意识。通过两个人的共同努力，先后成功地用各自的网纱铺成了长

长的“马路”，随着游戏的不断推进，在与老师主动分享自己搭建的作品时，涵涵能将生活中的经验迁移到游戏中，并重点强调在隧道中要遵守交通规则，不能超车，否则容易引发危险等。游戏是幼儿对现实生活的反映和再现，他们在假想情境中模仿生活场景，不仅可以表达已有的认知，同时也能较好地促进社会性交往、语言表达等多方面能力的提高。

❸ 模仿是小班幼儿的主要学习方式，他们往往通过模仿他人的语言、动作等直接获得经验。靖函小朋友在看到同伴用网纱铺“马路”后，于是叫来好朋友言溪帮忙，他也拥有了一条“马路”。“马路”铺好后，靖函运用各种材料再现了自己家附近的“大广场”，在言溪的帮助下，呈现了由人、树木以及路边的高楼组成的热闹的广场。

★ 游戏反思

❶ 在游戏过程中，要努力让孩子做游戏的主人。教师作为游戏的观察者，时刻关注每名幼儿的游戏状态，并给他们足够的空间和时间去发现问题、面对问题和解决问题。如言溪想要加入鱼宝儿的游戏，当鱼宝儿犹豫不决的时候，教师没有习惯性地进行引导，而是观察他面对同伴的请求是如何答复的；在涵涵和宛知挥舞着长长的网纱屡次失败时，教师选择了不直接干预，最终促发了幼儿积极寻找伙伴，成功达成合作的行为。

❷ 相信幼儿是天生的“玩家”，是游戏的创造者。在教师没有主动去询问的情况下，涵涵能积极将自己搭建好的“隧道”与老师分享，并清楚地说出“汽车穿过隧道的时候不能超车，否则容易引发危险”的交通规则；逸凡用木板铺好一条马路，不忘提醒同伴：“过马路的时候要走斑马线，走路的时候要右侧通行。”当言溪用木板搭建的“马路”断开时，铭钒并没有去“修复”断开的“路面”，而是表示自己的小汽车可以像飞机一样飞过去并安全降落……

以往，我们总会不自觉地将自己对生活事件的认知和理解强加于幼儿的游戏中，去干预游戏的内容、控制游戏的进程、维持游戏的秩序……当我们真正放手的时候，幼儿会回馈我们数不胜数的惊喜。

★ 游戏支持

❶ 《3～6 岁儿童学习与发展指南》中指出：“鼓励和支持幼儿与成人、同伴交流，让幼儿想说、敢说、喜欢说并能得到积极的回应。”在游戏中，教师对幼儿的游戏过程进行了拍照和录像；在分享环节中，师幼一起重温并鼓励幼儿简单分享自己的游戏过程，不仅可以逐渐培养幼儿的回顾与反思能力，而且还能提

高幼儿的语言表达能力。

❷ 在“铺路”的过程中，对于幼儿的新想法、新创意我都会及时给予关注，并在幼儿投来“求表扬”的目光时，通过眼神或肢体动作给予肯定和鼓励，让幼儿在游戏中获得满足，并对接下来的游戏挑战保有热情和动力。

❸ 在本次有主题的游戏中，班级中个别幼儿始终跟着老师而不愿意参与到游戏中，还有的幼儿和他人交往、沟通的基本经验不足，可以多组织开放性较强的游戏，特别是完全的自主游戏，帮助幼儿在自己感兴趣的游戏中、在与同伴频繁的互动中不断获得经验和发展。

挖洞

★ 游戏背景

小花园中的沙池是孩子们户外游戏中最喜欢的地方之一。这里工具种类多样、数量充足，绵软的沙土足以容纳许多孩子尽情嬉戏和创作。他们每天在这里挖沙子、堆沙堡、筑水坝、做美食、寻宝藏……有独自忙碌的时候，也有合作的充实时刻。在这里，孩子们通过看起来相似的游戏方式展现着各自不同的内心世界与奇思妙想，在自发、自主的活动中亲近自然、发展想象力、享受游戏的乐趣，同时也提高了肢体动作的协调性和运动能力。

★ 游戏观察

【场景一】挖洞初体验

辰辰和小桐在沙池里挖洞（图 1-1）。小唯也想挖，她问辰辰和小桐：“我和你们一起玩，好吗？”小桐说：“我们想两个人挖。”小唯四处看了一下，走过来对我说：“老师，我们俩也挖一个洞吧！”“好呀！”我和小唯一起挖起洞来。

小唯努力挥动小铲子很快挖好了一个小洞，我把洞壁四周的土铲下来，小唯把铲下来的土运到了洞外面。

一旁辰辰和小桐也在努力地向下挖。“看，我们挖到底了！”辰辰大声地喊

图1-1 挖洞

图1-2 尝试用新方法挖洞

道："原来沙子的下面是砖地！""我们的洞也挖到底了，我也看到砖地了。"小唯也笑着说。

辰辰看了一眼小唯的洞，疑惑地问："你们的洞怎么那么大？"小唯说："把土铲下来，洞就会变大。""把土铲下来洞怎么会变大？"辰辰不太理解。"把洞里面四周的土铲下来。"小唯重新解释说。

"铲下来之后，还需要做什么？"小唯想了想说："再把土运出去。"（图1-2）

【场景二】挖一个更大的洞

辰辰和小桐按照小唯说的方法向洞壁挖土。挖了一会儿，洞变得越来越大，辰辰和小桐开始一铲一铲地向外运沙子。小桐蹲在坑里笑起来："这个洞已经能装下我了（图2-1）。"

辰辰说："我也想和你一起待在洞里。"

小桐说："那我们还得再挖大一点儿。"

挖呀，挖呀，挖的洞终于大到两个人都能蹲进去了（图2-2）。辰辰说："现在我们可以直接从里面往外铲土，这样挖得更快！（图2-3）"

游戏结束时，我惊奇地发现，他们挖的大大的洞不见了。

图2-1 一人的大洞

图2-2 两人的大洞

图2-3 用更快的方式挖洞

“辰辰、小桐，你们挖的洞哪儿去了？”我忍不住地问。

“填上了！”

“为什么要填上？”

“因为玩儿完了要收起来呀！”辰辰认认真真地回答我。

【场景三】分享挖洞的经验

回到班级后，辰辰和小桐分别做了一个记录表。

辰辰在第一格记录了挖洞的原因，在第二格记录了挖洞时遇到了什么问题；在第三格记录了问题是怎么被解决的，在第四格记录了下次活动的计划（图 3–1）。

小桐记录了她最开始想挖洞的原因，是要做一个大大的锅，锅里放好多好多好吃的东西（图 3–2）。

辰辰、小桐和小唯向小朋友们介绍如何能将洞挖得更大。辰辰说：“一定要一直挖一直挖，要坚持，不能停。”（图 3–3）小朋友们也纷纷分享自己挖沙坑的经验，新一轮的讨论开始了。

“人多挖得快。”

“大铲子比小铲子挖的土多……”

一时间，“挖一个大大的洞”成了小朋友们最热衷的游戏（图 3–4）。

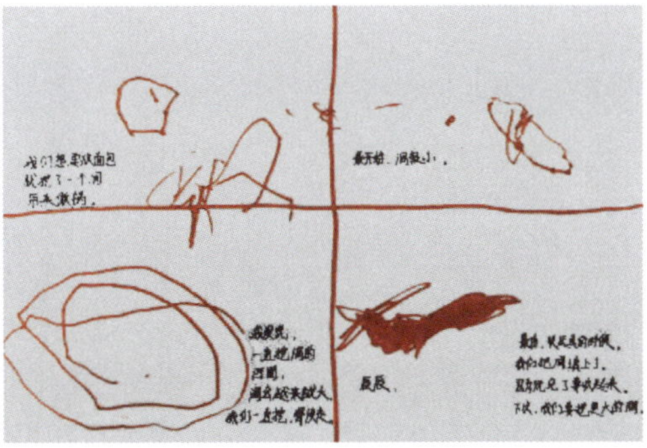
图3–1　辰辰的记录

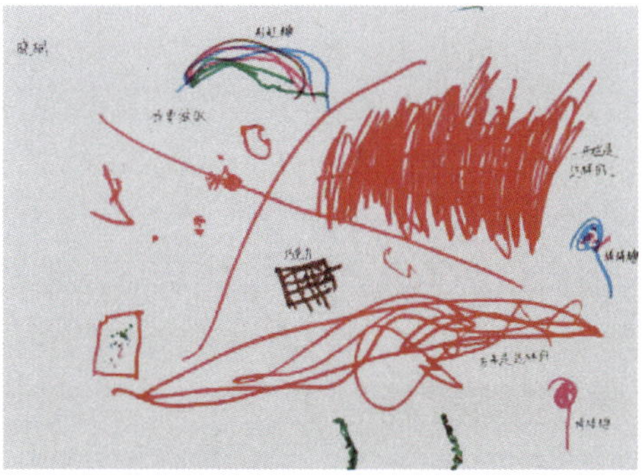
图3–2　小桐的记录

图3–3　分享经验

图3–4　挖大大的洞

★ 游戏解读

沙土是大自然赐予童年的礼物，也是孩子们最喜欢的游戏材料之一。在户外使用各种各样的玩沙工具与天然沙土在一起，既能发展幼儿的感知觉，激发创造力，又能促进手部肌肉的灵活协调性，获得情绪上的满足，同时也较好地提升了他们协商、合作、分享的能力。

对沙土的浓厚兴趣及开放自主的游戏形式，激活了孩子们内在的热情和动力。游戏中，幼儿积极调动多个感官尝试、模仿、探究和挑战，并不断突破和创新原有的游戏计划和内容；在与同伴的交往中，获得了有益的游戏经验，学习认识自己，了解他人；游戏后，幼儿能主动复原沙坑、整理环境并乐于用笔和纸记录自己的想法和游戏过程，也愿意在集体面前贡献游戏智慧，分享成功经验。

★ 游戏反思

❶ 适时的补位给予幼儿鼓励和自信。小班幼儿仍处于平行游戏阶段，但已萌发与同伴分享、合作的愿望。在游戏中，当幼儿“明确”需要帮助时，教师适时的补位可以帮助幼儿建立自信，增强下一次“邀请”的勇气。教师适时参与到游戏当中，可以更准确地体会游戏中孩子的感受，理解孩子的行为，同时对孩子持续游戏也是隐性的激励。

❷ 为幼儿提供生活中的低结构自然材料。幼儿的游戏创意离不开丰富多样的材料，自然材料的投入可以带给孩子们更多的灵感。大自然中的树叶、石子、松塔、树枝等材料的加入会支持孩子们更多想法，也可以拓展他们游戏的空间、丰富游戏的内容。

★ 游戏支持

❶ 大自然为孩子学习和探索提供了广阔的空间。小班幼儿游戏的主动性源于他们亲近自然、探索自然的愿望。在自然中奔跑、嬉戏不仅可以增强其体质，更可以释放其活力，达到身心的愉悦和平衡。

❷ 材料是孩子们游戏的重要物质保障。关注幼儿游戏的需要，适时地、有计划地提供丰富且有意义的、与游戏相匹配的自然材料，可以促进孩子们开展游戏。

❸ 教师是幼儿游戏的支持者和引导者，是公共关系的协调者，是幼儿的知心朋友、游戏的伙伴，也是幼儿的细心观察者和记录员。在未来的游戏中，教师要站在孩子们的角度思考游戏、支持游戏，在陪伴幼儿探索周围环境的同时，更要积极地引导和鼓励幼儿主动自觉地去探究和体验。

生日会

★ 游戏背景

在幼儿园，“过生日”是我园的晨间特色活动之一。每天早餐时，幼儿园会把烘焙好的蛋糕送到当天过生日的幼儿的班级，老师为过生日的小朋友戴好生日帽，摆好生日蛋糕，大家一起唱着欢快的生日歌，一起拍照留念，一起记录这美好的瞬间，别提多开心了！

围绕“生日会”的游戏主题，我和孩子们一起收集了各种各样的建构类、角色类游戏材料，鼓励幼儿在开放、自主的游戏氛围中再现“生日会”的场景，大胆表达自己的想法和愿望，并从简单模仿动作逐渐转移到角色扮演中来。通过游戏再现生活情境，进而促进他们情感、个性的健康发展，不断丰富生活经验，提升生活技能。

★ 游戏观察

【场景一】制作“生日蛋糕”

过生日，生日蛋糕自然是少不了的。满满环视了四周，正在寻找可以制作“蛋

图1-1　搅拌“面粉”

图1-2　加入“鸡蛋”继续搅拌

糕”的材料。他先后找来小碗、超轻黏土、模具、搅拌工具，在桌子上准备制作“生日蛋糕”。

满满先是把一块白色的超轻黏土放到小碗中，然后拿出勺子和叉子模仿“搅拌”的动作（图 1–1），同时还小声地嘀咕：“我把面粉搅拌、搅拌，准备做蛋糕啦！”接着，满满又拿了一些黄色的超轻黏土放到碗中继续搅拌：“我加入了蛋黄，就变成黄色的了。”

站在一旁的浩浩也加入制作“蛋糕”的行列中。现在，他们两个人开始一起制作“生日蛋糕”了（图 1–2）。

【场景二】制作“鸡蛋果汁”

二宝找到了一个小桶，将仿真鸡蛋和仿真水果放到里面，然后将装有彩色颜料的瓶盖子拧开，把彩色颜料慢慢倒进小桶中。正准备把小桶拿到地垫上的二宝突然发现小锅里的彩色颜料流到了桌面上，哗啦一声，刚刚放进去的几个仿真鸡蛋和仿真水果也掉到了地上，原来这是一个有洞的小桶（图 2–1）。

二宝又找来了一个铁皮罐，这一次他把之前的游戏材料重新倒了进去，倒入彩色颜料之后再次搅拌，一旁的小伙伴都欢呼起来并纷纷加入游戏。二宝开心地说：“这是鸡蛋果汁，里面好多水果呀！”歌宝拿来了一个装有彩色泡沫的瓶子，一边摇晃一边说：“往里面加入一些糖果吧，这样果汁就能变得更甜了。”“真是一个好主意！”二宝十分赞同歌宝的想法，两人开始一起往铁皮罐里倒“糖果”（图 2–2）。

图2–1 发现小桶漏水

图2–2 加入一些“糖果”

【场景三】分工合作开派对

大家商量后决定各自分工：松子负责制作“生日蛋糕”；侨桥和香香负责准备美食并摆盘；然然则负责将“生日蛋糕”放到“烤箱”中烘烤。松子将三种颜

图3-1　制作“水果蛋糕”

图3-2　各种口味的“蛋糕”

图3-3　摆盘

色的超轻黏土捏在一起，团成了一个大大的“生日蛋糕”，接着又拿了西瓜片、草莓、蓝莓、柠檬等仿真玩具一个一个地放在了“生日蛋糕”上面，做成一个“水果蛋糕”（图 3-1）。

浩浩走来问：“你有什么口味儿的蛋糕？”“我这里有草莓味儿的、西瓜味儿的、蓝莓味儿的，你要吃哪个？”松子赶紧推销自己的蛋糕（图 3-2）。侨桥正在将毛球、彩色泡沫块、仿真水果分别装到盘子和小碗中，一旁的餐桌上摆满了各种各样的“美食”。香香端着一盘仿真水果走过来对侨桥说：“我这里有一点儿水果，你也把它摆在上面吧！”侨桥接过水果：“好呀！我这里正好缺少一些水果（图 3-3）。”

【场景四】我的大“蛋糕”

鹏鹏在一旁的地垫上专注地制作自己的大“蛋糕”（图 4-1）。他先是找到了圆形、方形的白色泡沫砖，然后一层一层地向上垒高。在摆好的四层大“蛋糕”

图4-1　搭建大“蛋糕”

图4-2　装饰大“蛋糕”

上，鹏鹏又摆上了几个塑料瓶，然后又把身边彩色泡沫砖等平铺在“蛋糕”的周围（图 4–2），又把毛球、毛根等彩色的装饰物放在了大“蛋糕”上。

★ 游戏解读

幼儿的游戏和学习不能脱离生活实际，有主题的游戏不仅是幼儿表现生活、表达情感的桥梁，更是他们获得感性经验的有效途径。

❶ 三岁的满满对制作“蛋糕”的游戏内容很感兴趣。由于投放的材料多为低结构材料，这使得他不得不脱离以往对真实物品的依赖，尝试使用象征性的动作、物品和语言来进行游戏。如使用搅拌器模拟搅拌“面粉”的动作；迁移妈妈在家制作蛋糕的生活经验，把白色和黄色的超轻黏土想象成用来制作蛋糕的面粉和鸡蛋等；二宝在装有仿真鸡蛋和水果的铁皮罐里倒入彩色颜料，经过搅拌后，发明了“鸡蛋果汁”……幼儿在游戏中的语言和行为，脱离了真实情境和材料的直接刺激而进入假想世界，促进了“以物代物”的表征能力的发展。

❷ 玖玖和鹏鹏拿到一些材料后，都独自坐在地垫上进行搭建并装饰自己的“蛋糕”，两人自说自话并始终专注于自己的游戏，游戏的材料仅局限于身边就近和现有的材料。有时幼儿之间也有一些简单的对话，如“能把 ×× 给我一个吗？”然后又回到自己的游戏中，可以看出幼儿的动作交往多于语言交往，更多地依赖手中的物品进行游戏，并满足于对物品的摆弄。此外，小班幼儿一旦沉浸在游戏的情境中，就不会花太多的时间来寻找替代物，常常会快速选择就近的、比较简单的材料来代替。

❸ 在游戏场景三中，几名幼儿在没有教师的引导下进行交流和初步分工，同伴之间的游戏内容不同但能在一定程度上相互配合，同时模仿他人行为的现象减少，游戏的主题和内容也比较稳定。

★ 游戏反思

❶ 小班的幼儿正处于“这就是我，我自己来”的关键时期。作为教师，要善于为幼儿的游戏提供进行探索、想象和创造的条件，从幼儿的兴趣出发，放手让幼儿自己去尝试、体验和探究，让幼儿做自己喜欢的事情，并勇于尝试、克服困难。

❷ 游戏中，当幼儿遇到小桶漏水的问题时，教师没有像以往那样急于帮助幼儿将桌面、地面的水擦干净，而是引导幼儿自己想办法解决问题。于是，就有了幼儿主动跑进卫生间并拿来抹布把水擦干净的行为。

❸ 鹏鹏制作大“蛋糕”缺少材料时，我提醒他桌子上还有材料，但他一直没有什么反应。当我把材料放到他身边后，他才开始拿取更多的材料丰富自己的

作品。小班幼儿在游戏中有“就近取材”的行为特征，教师应尽量减少让他们在活动室自主寻找材料的做法，尽可能地将游戏材料放置于幼儿随手可得的地方，更好地促生游戏中“以物代物”的行为。

★ 游戏支持

❶ 游戏结束后，教师应充分利用在游戏中捕捉到的“游戏故事”视频或照片，与幼儿一起进行回顾和分享，引导幼儿大胆讲述自己的游戏内容和基本过程，以此了解幼儿当下的游戏水平、发现幼儿的游戏兴趣，以便后续为幼儿提供适宜的游戏支持。同时，分享交流活动可以帮助幼儿逐渐学会反思，提高语言的表达能力。

❷ 结合小班幼儿的年龄特点，在游戏中可以减少成品材料的提供，适当投放一定比例的低结构材料或半成品材料，以培养幼儿的动手能力，激发他们的想象力和创造力，发展思维的概括能力。

❸ 幼儿在与同伴交往的过程中，不仅学习了如何与人友好相处，也在不断地发展适应社会生活的能力。随着经验的积累，幼儿的是非观念和主见都得到了逐步增强。因此，在游戏之后要和幼儿共同讨论发生的问题，帮助他们梳理游戏经验，培养观察和思考的习惯，提高他们解决问题的能力。

比南瓜

★ 游戏背景

在“蔬菜”主题活动中，小朋友们带来了好多南瓜。大家围在放南瓜的桌子旁争相比较起来。初宝指着南瓜说：“这是我的南瓜，它是最大的。”和和说：“我这个是小贝贝南瓜。”大宝把自己的南瓜放在和和的南瓜旁边：“我的南瓜比你的大好多！”看到孩子们对南瓜的大小如此感兴趣，于是我便和孩子们玩起了“目测南瓜大小”的游戏。

棉棉先选择了一个南瓜，接着米粒、果果、和和、大宝也各选择了一个自己认为最大的南瓜。五个孩子选择的都是黄金南瓜，还给五个南瓜做了记号。怎么才能知道谁选的南瓜最大呢？于是孩子们千奇百怪的想法和操作接踵而来……

★ 游戏观察

【场景一】测量方法大比拼

孩子们拿起一个南瓜，很快便跑到活动室的各个区域里寻找自己的“测量工具”。初宝用两个半弧形木块将南瓜围起来；和和用半圆形木块将南瓜围起来，然后点数木块的数量（图 1–1）；棉棉和恩熙一组，尝试了用方形木块测量两个南瓜，还尝试换用饮料瓶进行测量（图 1–2）。大宝想的办法更是与众不同：他在南瓜上交叉放了两块木条，接着用同样的木条有顺序地一个挨着一个围着南瓜放了一整圈，然后开始一遍又一遍地数木条的总数，可是每次数的数量都不一样，而且数着数着就把自己数糊涂了。小羽用垒高的方式来比较南瓜的大小，他怕南瓜掉下来，所以用双面胶粘合南瓜；米粒则是将南瓜按照从大到小的顺序排成一列进行观察……

图1–1　用半圆积木块测量

图1–2　用饮料瓶测量

【场景二】记录测量结果

恩熙和棉棉将积木块紧挨着围起了南瓜，围好一圈后恩熙开始点数积木块：“1，2，3……7，有 7 个积木块。”接着，恩熙又数了一遍，改口道：“是 6 块。”棉棉指着木块说：“恩熙，你数错了。”恩熙听后再次数起来：“1，2，3……”

图2–1　记录测量结果

图2–2　更换测量“工具”

在恩熙数到6时，棉棉赶紧指了一下剩下的积木块，这次恩熙没有漏掉最后一块，“7，是7块。”两个孩子笑着跳起来。

棉棉去美工区取来了白纸和水彩笔，将积木块的形状、摆放方式和数量画了出来，还在旁边写下数字7。接着，又取来了一个绿色的南瓜，恩熙很配合地用积木块将南瓜围起来。看到恩熙摆放的积木块与南瓜有一点距离，棉棉重新调整了积木块的位置，然后也数起来：“1，2，3……8。”棉棉再次进行绘画记录，并写出了数字8（图2-1）。

这次，棉棉拿来一些罐子，并紧贴着南瓜围了一圈：“1，2，3……9。”（图2-2）她用之前的方法做了记录，还在纸上写出了数字9。写完之后发现数字写错了，于是重新写了一个正确的9。

【场景三】创意计数方式

大宝在自己的南瓜四周围了一圈积木条，由于积木条又细又长，导致使用的数量比较多。大宝每一次点数都会得到不同的总数，这让他感到很困惑，一直愣愣地看着南瓜和积木条。突然他跑到建构区拿来一个积木块，然后将积木块首尾连接放置在一根积木条旁，并以此为起点进行点数。经过几次的点数和验证，终于得出了正确的积木条数量，他兴奋地拉着旁边的小朋友说：“你看，我在这儿放个积木块就能数对了！”

【场景四】测量南瓜的轻重

在分享各自的测量方法后，大家一致同意并选择用圆柱积木块分别测量之前选出的五个南瓜的大小。测量结果是棉棉和大宝使用的圆柱积木块最多，都用了14块。可这两个南瓜哪个是最大、最沉的？恩熙说：“用秤！买菜时就是用秤来称重。”于是，我们一起去厨房借来了电子秤。

孩子们了解秤的使用方法后，纷纷尝试。铭铭将南瓜放到秤上，然后按下上面的按钮并盯着数字看；果果和雯雯也是有模有样地按上面的按钮，还取来了笔和纸，照着秤上显示的数字，认真地抄下来（图3-1）……孩子们逐一将五个南

图3-1　给南瓜称重

图3-2　按重量排序

图3-3　最大、最重的南瓜

瓜进行了称重并按照重量进行了排序（图 3–2），最终得到棉棉的南瓜是最大且最重的（图 3–3）。

★ 游戏解读

❶ 幼儿对感兴趣的事物能够仔细观察，并能专注地进行持续性的探索。孩子们都有自己的想法，从测量到做记录，基本都是自己独立完成或与同伴配合完成的。

❷ 幼儿在点数积木块时会遇到困难，能力强的孩子能准确地记住点数起点与终点，不需要做任何标记，对于 10 以内数量的点数能力较强。有的幼儿在独立思考后，愿意尝试想办法去解决问题，最终获得成功。

❸ 幼儿能用同种积木块分别测量黄金南瓜和贝贝南瓜，并发现使用积木块的数量是不同的；利用不同的测量工具（如饮料瓶）测量同一个南瓜，使用的数量也是不同的。

❹ 一些幼儿能想到用红色笔和绿色笔来代表两种南瓜，并根据积木块的形状和数量进行绘画记录；个别幼儿还能通过书写数字进行抽象记录，可以看出他们具有较强的数学思维能力。

★ 游戏反思

当幼儿好奇地摆弄、探索物体并试图通过各种方式解决问题和寻找答案时，正是幼儿“好探究，进入深度学习”的表现。

❶ 关注幼儿当下在说什么、做什么、想什么，满足幼儿学习与发展的需要，多提供他们感兴趣的事物或游戏材料等。

❷ 当幼儿对比较南瓜的大小产生浓厚兴趣时，教师顺势而为，为幼儿提供了个性化学习与探索如何测量的机会。游戏中，教师充分放手，尊重幼儿各自的想法与节奏，最终呈现出幼儿不同的学习样态：即使是同一种材料，不同的幼儿也可以玩出不同的花样，在不同时期也会获得不同的体验和经验。

❸ 不足之处在于游戏后期，教师应提供更多的测量工具供幼儿去探索和操作，而不仅限于美工区和建构区取材。

★ 游戏支持

❶ 教师应更有耐心，给予幼儿和自己更多的时间和空间，在游戏观察中发现幼儿的递进式发展，他们比自己想象得更有力量。

❷ 将观察视频分享给幼儿，引导他们对比自己的探究方式，分享测量的方

法，最终获得有益的游戏经验。

③ 根据幼儿的探究情况调整并更新适合他们年龄特点的游戏材料；提供多种科学领域的操作材料及工具供幼儿认识和操作。

④ 将幼儿的探究、操作视频分享给家长，让家长进一步了解自己的孩子，进而有的放矢地培养数学能力并提升自信心。

彩虹积木

★ 游戏背景

幼儿园户外的彩虹积木以鲜艳的色彩搭配、轻便易搭建的特点深受小班幼儿的喜爱。孩子们经常把积木一块接着一块拼接、延长，然后一人坐在一块积木上，十多个小朋友一起开着“小火车”；有时两三个小伙伴一起搭建“冰激凌工厂”或是“小厨房”模仿售卖或烹饪；有时他们会把积木平铺在地面上直接躺上去，当作床睡觉；还有的喜欢与老师一起搭建“大房子”，在里边躲猫猫。

基于幼儿对彩虹积木的兴趣以及对建构游戏的需要，最近几天我和孩子们一起收集了管子、海洋球、纸球、垫子、玩具车等多种辅助材料并和彩虹积木进行组合，于是升级版的彩虹积木游戏精彩上演了。

★ 游戏观察

【场景一】小小工程队

小九、林儿、游囍、乐乐、小朵拿来垫子后，开始用彩虹积木围合垫子（图1–1）。在大家的共同配合下，大大的垫子很快就被彩虹积木包围了。游囍像“工程队”的队长，监督着工程的施工情况。他似乎并不满足于一层积木的搭建，于是找来了一辆挖掘机玩具车，模仿着动作开始向上继续垒高积木。当遇到不平整的地方，他就用挖掘机玩具车进行整理和修缮（图1–2）。

游囍找来两根管子，将管子的一端搭在围好的彩虹积木上，形成两个高度不同的斜坡（图1–3）。大家纷纷拿起报纸球玩起了滚纸球的游戏。“堵车啦！堵车啦！”林儿喊了起来。游囍闻声赶来，只见低矮斜坡上的纸球排成一长排，没

图1-1　围合垫子

图1-2　整理积木

图1-3　搭建斜坡

图1-4　清理拥堵

有办法滚下去。于是游囍蹲下来用他的挖掘机玩具车将报纸球一个一个地清理出来，斜坡终于畅通了（图 1–4）！

【场景二】堵车了!

小九和林儿也玩起了斜坡游戏。小九把报纸球放到了斜坡的顶端，报纸球顺着管道嗖的一下滑了下去（图 2–2）。林儿也拿起报纸球放在斜坡上，由于报纸球比较大，卡在了管道上，林儿几次用手推动报纸球进行助力，但报纸球始终不能自动滚下来（图 2–3），林儿换了一个小的报纸球，这回报纸球咕噜咕噜地滚了下去（图 2–4）。不一会儿，长长的管道就被占满了。林儿看着被报纸球塞满的管道，不禁兴奋地喊了起来："堵车啦！堵车啦！"

垫上的报纸球用完了，林儿跑去材料区取纸球，这时，游囍用挖掘机把报纸球一个一个地从管道里清理了出去。林儿有点不高兴："哎呀！游囍，我们是想

图2-1　滚纸球

图2-2　纸球被卡住

图2-3　小纸球顺利滚落

堵车的……”“我来帮你们疏通拥堵。”游囍似乎没理解林儿的意思，继续忙着清理报纸球。小九捡起地上的纸球拉着林儿说：“咱们到高的轨道上去吧！”两个小女孩转移了游戏地点。“这里不堵车啦！”“对呀，在这里小车跑得可真快！”她们开始了新的游戏。

【场景三】纸球大战

“来打我呀！来打我呀！”“老师，你来打我呀！”“快来，周老师！”我被孩子们一阵阵热情的邀请声吸引，原来他们正在进行“纸球大战”！于是我迅速躲进“城墙”里，和在城墙外的他们展开了激烈的战斗！（图 3–1）

小九和小问号扔完“炸弹”后快速转身跑，以避免被我扔来的“炸弹”击中（图 3–2）。经过了几个回合的战斗，低矮的“城墙”已经无法满足游戏的需要了，于是小九、游囍和我一起组建了垒城墙的“工程队”，让我们的“城墙”变得又宽又高。

可是，新问题又来了。因为有太多人进攻，我的“营地”里积攒了大量的纸球，导致“城墙”外“弹药”严重短缺。“我这有很多弹药，我给你们输送些吧！”我边说边利用之前搭好的斜坡管道运送纸球，小九马上取来玩具筐并把斜坡的另

图3–1　纸球大战

图3–2　躲避“炸弹”

图3–3　收集“弹药”

图3–4　两个“弹药”收集装置同时工作

一端搭在筐里，让纸球直接滚入筐里（图3–3）。“小九，给你！”小问号跑进“城墙”里，踮着脚尖，努力地将“弹药”送到“城墙”外，小九见状赶紧又搭建了一个“弹药”运送装置，“这个筐也接住了，两个筐都可以接住纸球了（图3–4）！”

★ 游戏解读

❶ 游戏开始时，几名幼儿不约而同地去围合地垫，虽然幼儿间没有提前沟通和商议，但能共同去做同一件事情，说明幼儿已经有了初步的合作意识。围合地垫、垒高“城墙”、清理管道，游囍一直都在为他人和集体游戏服务，并且乐在其中。林儿虽然因为游囍清理了管道而不开心，但并没有与其发生冲突，可见幼儿正在学习管理自己的情绪。游戏中，幼儿之间产生摩擦时，小九能及时想出解决问题的办法，说明幼儿正在学习如何与他人友好相处、化解矛盾。

❷ 幼儿的游戏经验是在一次又一次地观察、比较、操作、实践中获得的，如小九在玩斜坡游戏时发现报纸球在缓坡上下滑速度慢，在陡坡上下滑速度快；林儿发现小的报纸球可以顺利通过管道，而大的纸球会卡在管道上不动等。幼儿在探索报纸球如何通过斜坡管道时，发现报纸球的大小和管道粗细的关系，如直径小于管道的报纸球可以在管道内通过，直径大于管道的报纸球则无法通过管道；报纸球滚动的速度受斜坡的倾斜角度影响，斜坡越陡，报纸球滚动的速度就越快，斜坡越缓，报纸球滚动的速度就越慢。

❸ 幼儿在进行纸球大战时，通过躲避对方扔来的“炸弹”，充分锻炼快速蹲起、躲闪跑的能力，促进了大动作的发展；通过向对方扔“炸弹”，发展了瞄准目标投掷的能力，同时有效地提高了动作的协调性和灵活性。

★ 游戏反思

❶ 游戏前，教师从幼儿的兴趣和已有游戏经验出发，并提供了适宜且充足的辅助材料及开放自主的游戏场地，通过低结构材料与高结构材料的相互“碰撞”，引导幼儿打破室内建构游戏的局限性，扩大游戏操作和想象创造的空间。游戏中，幼儿的游戏内容是自发、自主、自由的，教师则以观察者、记录者、倾听者、参与者的身份贯穿游戏的始终。

❷ 游戏中主材料彩虹积木的特点是体积大、易于操作，所以建构出来的作品整体也比较大，操作时能为幼儿带来较大的视觉冲击，也能给幼儿带来较大的成就感和胜任感，从而促进幼儿自信心的增长。

❸ 游戏中的不足主要表现在教师受邀参与幼儿游戏时掺杂了过多的主观意识，如语言表达上：“你们都把我打疼了。”“我都没有地方躲藏了。”“我有

很多弹药。”这导致正在进行其他游戏的幼儿发生了注意力转移，干扰了他们的自主游戏；行为上表现为未经幼儿同意便擅自改造其作品，这可能会扰乱幼儿的建构作品和建构愿望。

★ 游戏支持

❶ 适时的介入。当幼儿向教师投诉“有人破坏马路”时，教师可采用语言介入的方式，如：“你来做交通警察怎么样？因为前方马路断裂导致后面车辆发生拥堵，你可以帮忙修理马路、指挥交通吗？”当幼儿用积木搭建出桌子时，教师可选择采用材料介入法进行引导，如拿来一块布料，供幼儿铺在积木上，使其看起来更像桌子。

❷ 鉴于幼儿对纸球与管道的探究热情，可以开展以“小球的旅行”为主题的科学探究活动，如投放密闭式的PVC管、积木块、大小不同的球、支架等材料，支持幼儿进一步开展探索活动。

坚持，就是任何事乘以365

辽海出版社

1 月

JANUARY

月计划

备忘录

周 计 划

Mon.	Tue.
Wed.	Thur.
Fri.	Sat.
Sun.	Memo

重要事项

-
-
-

时间表 SCHEDULE

日计划表 TO DO LIST

备注 MEMO / /

时间表 SCHEDULE

日计划表 TO DO LIST

备注 MEMO / /

时间表 SCHEDULE	日计划表 TO DO LIST	备注 MEMO / /

时间表 SCHEDULE	日计划表 TO DO LIST	备注 MEMO / /

时间表 SCHEDULE	日计划表 TO DO LIST	备注 MEMO / /

时间表 SCHEDULE	日计划表 TO DO LIST	备注 MEMO / /

周 计 划

Mon.	Tue.
Wed.	Thur.
Fri.	Sat.
Sun.	Memo

重要事项

-
-
-

时间表 SCHEDULE

日计划表 TO DO LIST

备注 MEMO / /

时间表 SCHEDULE

日计划表 TO DO LIST

备注 MEMO / /

时间表 SCHEDULE

日计划表 TO DO LIST

备注 MEMO / /

时间表 SCHEDULE

日计划表 TO DO LIST

备注 MEMO / /

时间表 SCHEDULE

日计划表 TO DO LIST

备注 MEMO / /

时间表 SCHEDULE

日计划表 TO DO LIST

备注 MEMO / /

周 计 划

Mon.	Tue.
Wed.	Thur.
Fri.	Sat.
Sun.	Memo

重要事项

-
-
-

时间表 SCHEDULE

日计划表 TO DO LIST

备注 MEMO / /

时间表 SCHEDULE

日计划表 TO DO LIST

备注 MEMO / /

时间表 SCHEDULE

日计划表 TO DO LIST

备注 MEMO / /

时间表 SCHEDULE

日计划表 TO DO LIST

备注 MEMO / /

时间表 SCHEDULE

日计划表 TO DO LIST

备注 MEMO / /

时间表 SCHEDULE

日计划表 TO DO LIST

备注 MEMO / /

周　计　划

Mon.	Tue.
Wed.	Thur.
Fri.	Sat.
Sun.	Memo

重要事项

-
-
-

时间表 SCHEDULE

日计划表 TO DO LIST

备注 MEMO / /

时间表 SCHEDULE

日计划表 TO DO LIST

备注 MEMO / /

时间表 SCHEDULE	日计划表 TO DO LIST	备注 MEMO / /
	○ ○ ○ ○ ○ ○ ○ ○ ○ ○ ○	

时间表 SCHEDULE	日计划表 TO DO LIST	备注 MEMO / /
	○ ○ ○ ○ ○ ○ ○ ○ ○ ○ ○	

时间表 SCHEDULE	日计划表 TO DO LIST	备注 MEMO / /

时间表 SCHEDULE	日计划表 TO DO LIST	备注 MEMO / /

周　计　划

Mon.	Tue.
Wed.	Thur.
Fri.	Sat.
Sun.	Memo

重要事项

-
-
-

时间表 SCHEDULE

日计划表 TO DO LIST

备注 MEMO / /

时间表 SCHEDULE

日计划表 TO DO LIST

备注 MEMO / /

时间表 SCHEDULE

日计划表 TO DO LIST

备注 MEMO / /

时间表 SCHEDULE

日计划表 TO DO LIST

备注 MEMO / /

时间表 SCHEDULE	日计划表 TO DO LIST	备注 MEMO / /

时间表 SCHEDULE	日计划表 TO DO LIST	备注 MEMO / /

月 总 结

本月收获

●

●

●

2 月

FEBRUARY

月计划

备忘录

周 计 划

Mon.	Tue.
Wed.	Thur.
Fri.	Sat.
Sun.	Memo

重要事项

-
-
-

时间表 SCHEDULE	日计划表 TO DO LIST	备注 MEMO / /

时间表 SCHEDULE	日计划表 TO DO LIST	备注 MEMO / /

时间表 SCHEDULE

日计划表 TO DO LIST

备注 MEMO / /

时间表 SCHEDULE

日计划表 TO DO LIST

备注 MEMO / /

时间表 SCHEDULE	日计划表 TO DO LIST	备注 MEMO / /

时间表 SCHEDULE	日计划表 TO DO LIST	备注 MEMO / /

周 计 划

Mon.	Tue.
Wed.	Thur.
Fri.	Sat.
Sun.	Memo

重要事项

-
-
-

时间表 SCHEDULE	日计划表 TO DO LIST	备注 MEMO / /

时间表 SCHEDULE	日计划表 TO DO LIST	备注 MEMO / /

时间表 SCHEDULE

日计划表 TO DO LIST

备注 MEMO / /

时间表 SCHEDULE

日计划表 TO DO LIST

备注 MEMO / /

时间表 SCHEDULE

日计划表 TO DO LIST

备注 MEMO / /

时间表 SCHEDULE

日计划表 TO DO LIST

备注 MEMO / /

周 计 划

Mon.	Tue.
Wed.	Thur.
Fri.	Sat.
Sun.	Memo

重要事项

-
-
-

时间表 SCHEDULE	日计划表 TO DO LIST	备注 MEMO / /

时间表 SCHEDULE	日计划表 TO DO LIST	备注 MEMO / /

时间表 SCHEDULE	日计划表 TO DO LIST	备注 MEMO / /

时间表 SCHEDULE	日计划表 TO DO LIST	备注 MEMO / /

时间表 SCHEDULE	日计划表 TO DO LIST	备注 MEMO / /

时间表 SCHEDULE	日计划表 TO DO LIST	备注 MEMO / /

周 计 划

Mon.	Tue.
Wed.	Thur.
Fri.	Sat.
Sun.	Memo

重要事项

-
-
-

时间表 SCHEDULE	日计划表 TO DO LIST	备注 MEMO / /

时间表 SCHEDULE	日计划表 TO DO LIST	备注 MEMO / /

时间表 SCHEDULE	日计划表 TO DO LIST	备注 MEMO / /

时间表 SCHEDULE	日计划表 TO DO LIST	备注 MEMO / /

时间表 SCHEDULE	日计划表 TO DO LIST	备注 MEMO / /

时间表 SCHEDULE	日计划表 TO DO LIST	备注 MEMO / /

周　计　划

Mon.	Tue.
Wed.	Thur.
Fri.	Sat.
Sun.	Memo

重要事项

-
-
-

时间表 SCHEDULE

日计划表 TO DO LIST

备注 MEMO / /

时间表 SCHEDULE

日计划表 TO DO LIST

备注 MEMO / /

时间表 SCHEDULE

日计划表 TO DO LIST

备注 MEMO / /

时间表 SCHEDULE

日计划表 TO DO LIST

备注 MEMO / /

时间表 SCHEDULE	日计划表 TO DO LIST	备注 MEMO / /

时间表 SCHEDULE	日计划表 TO DO LIST	备注 MEMO / /

月　总　结

本月收获

3月 MARCH

月计划

备忘录

周 计 划

Mon.	Tue.
Wed.	Thur.
Fri.	Sat.
Sun.	Memo

重要事项

-
-
-

时间表 SCHEDULE

日计划表 TO DO LIST

备注 MEMO / /

时间表 SCHEDULE

日计划表 TO DO LIST

备注 MEMO / /

时间表 SCHEDULE

日计划表 TO DO LIST

备注 MEMO / /

时间表 SCHEDULE

日计划表 TO DO LIST

备注 MEMO / /

时间表 SCHEDULE	日计划表 TO DO LIST	备注 MEMO / /

时间表 SCHEDULE	日计划表 TO DO LIST	备注 MEMO / /

周 计 划

Mon.	Tue.
Wed.	Thur.
Fri.	Sat.
Sun.	Memo

重要事项

-
-
-

时间表 SCHEDULE	日计划表 TO DO LIST	备注 MEMO / /

时间表 SCHEDULE	日计划表 TO DO LIST	备注 MEMO / /

时间表 SCHEDULE

日计划表 TO DO LIST

备注 MEMO / /

时间表 SCHEDULE

日计划表 TO DO LIST

备注 MEMO / /

时间表 SCHEDULE	日计划表 TO DO LIST	备注 MEMO / /

时间表 SCHEDULE	日计划表 TO DO LIST	备注 MEMO / /

周 计 划

Mon.	Tue.
Wed.	Thur.
Fri.	Sat.
Sun.	Memo

重要事项

-
-
-

时间表 SCHEDULE

日计划表 TO DO LIST

备注 MEMO / /

时间表 SCHEDULE

日计划表 TO DO LIST

备注 MEMO / /

时间表 SCHEDULE	日计划表 TO DO LIST	备注 MEMO / /

时间表 SCHEDULE	日计划表 TO DO LIST	备注 MEMO / /

时间表 SCHEDULE

日计划表 TO DO LIST

备注 MEMO / /

时间表 SCHEDULE

日计划表 TO DO LIST

备注 MEMO / /

周　计　划

Mon.	Tue.
Wed.	Thur.
Fri.	Sat.
Sun.	Memo

重要事项

-
-
-

时间表 SCHEDULE

日计划表 TO DO LIST

备注 MEMO / /

时间表 SCHEDULE

日计划表 TO DO LIST

备注 MEMO / /

时间表 SCHEDULE

日计划表 TO DO LIST

备注 MEMO / /

时间表 SCHEDULE

日计划表 TO DO LIST

备注 MEMO / /

时间表 SCHEDULE

日计划表 TO DO LIST

备注 MEMO / /

时间表 SCHEDULE

日计划表 TO DO LIST

备注 MEMO / /

周 计 划

Mon.	Tue.
Wed.	Thur.
Fri.	Sat.
Sun.	Memo

重要事项

-
-
-

时间表 SCHEDULE

日计划表 TO DO LIST

备注 MEMO / /

时间表 SCHEDULE

日计划表 TO DO LIST

备注 MEMO / /

时间表 SCHEDULE

日计划表 TO DO LIST

备注 MEMO / /

时间表 SCHEDULE

日计划表 TO DO LIST

备注 MEMO / /

时间表 SCHEDULE

日计划表 TO DO LIST

备注 MEMO / /

时间表 SCHEDULE

日计划表 TO DO LIST

备注 MEMO / /

月　总　结

本月收获

4 月

APRIL

月计划

备忘录

周 计 划

Mon.	Tue.
Wed.	Thur.
Fri.	Sat.
Sun.	Memo

重要事项

-
-
-

时间表 SCHEDULE	日计划表 TO DO LIST	备注 MEMO / /

时间表 SCHEDULE	日计划表 TO DO LIST	备注 MEMO / /

时间表 SCHEDULE

日计划表 TO DO LIST

备注 MEMO / /

时间表 SCHEDULE

日计划表 TO DO LIST

备注 MEMO / /

时间表 SCHEDULE

日计划表 TO DO LIST

备注 MEMO / /

时间表 SCHEDULE

日计划表 TO DO LIST

备注 MEMO / /

周 计 划

Mon.	Tue.
Wed.	Thur.
Fri.	Sat.
Sun.	Memo

重要事项

-
-
-

时间表 SCHEDULE

日计划表 TO DO LIST

备注 MEMO / /

时间表 SCHEDULE

日计划表 TO DO LIST

备注 MEMO / /

时间表 SCHEDULE	日计划表 TO DO LIST	备注 MEMO / /

时间表 SCHEDULE	日计划表 TO DO LIST	备注 MEMO / /

时间表 SCHEDULE

日计划表 TO DO LIST

备注 MEMO / /

时间表 SCHEDULE

日计划表 TO DO LIST

备注 MEMO / /

周 计 划

Mon.	Tue.
Wed.	Thur.
Fri.	Sat.
Sun.	Memo

重要事项

-
-
-

时间表 SCHEDULE

日计划表 TO DO LIST

备注 MEMO / /

时间表 SCHEDULE

日计划表 TO DO LIST

备注 MEMO / /

时间表 SCHEDULE

日计划表 TO DO LIST

备注 MEMO / /

时间表 SCHEDULE

日计划表 TO DO LIST

备注 MEMO / /

时间表 SCHEDULE

日计划表 TO DO LIST

备注 MEMO / /

时间表 SCHEDULE

日计划表 TO DO LIST

备注 MEMO / /

周　计　划

Mon.	Tue.
Wed.	Thur.
Fri.	Sat.
Sun.	Memo

重要事项

-
-
-

时间表 SCHEDULE	日计划表 TO DO LIST	备注 MEMO / /
	○ ○ ○ ○ ○ ○ ○ ○ ○ ○ ○	

时间表 SCHEDULE	日计划表 TO DO LIST	备注 MEMO / /
	○ ○ ○ ○ ○ ○ ○ ○ ○ ○ ○	

时间表 SCHEDULE	日计划表 TO DO LIST	备注 MEMO / /

时间表 SCHEDULE	日计划表 TO DO LIST	备注 MEMO / /

时间表 SCHEDULE	日计划表 TO DO LIST	备注 MEMO / /

时间表 SCHEDULE	日计划表 TO DO LIST	备注 MEMO / /

周　计　划

Mon.	Tue.
Wed.	Thur.
Fri.	Sat.
Sun.	Memo

重要事项

-
-
-

时间表 SCHEDULE

日计划表 TO DO LIST

备注 MEMO / /

时间表 SCHEDULE

日计划表 TO DO LIST

备注 MEMO / /

时间表 SCHEDULE	日计划表 TO DO LIST	备注 MEMO / /

时间表 SCHEDULE	日计划表 TO DO LIST	备注 MEMO / /

时间表 SCHEDULE	日计划表 TO DO LIST	备注 MEMO / /

时间表 SCHEDULE	日计划表 TO DO LIST	备注 MEMO / /

月　总　结

本月收获

5月

MAY

月计划

备忘录

周 计 划

Mon.	Tue.
Wed.	Thur.
Fri.	Sat.
Sun	Memo.

重要事项

时间表 SCHEDULE	日计划表 TO DO LIST	备注 MEMO / /

时间表 SCHEDULE	日计划表 TO DO LIST	备注 MEMO / /

时间表 SCHEDULE

日计划表 TO DO LIST

备注 MEMO / /

时间表 SCHEDULE

日计划表 TO DO LIST

备注 MEMO / /

时间表 SCHEDULE

日计划表 TO DO LIST

备注 MEMO / /

时间表 SCHEDULE

日计划表 TO DO LIST

备注 MEMO / /

周 计 划

Mon.	Tue.
Wed.	Thur.
Fri.	Sat.
Sun.	Memo

重要事项

-
-
-

时间表 SCHEDULE	日计划表 TO DO LIST	备注 MEMO / /

时间表 SCHEDULE	日计划表 TO DO LIST	备注 MEMO / /

时间表 SCHEDULE	日计划表 TO DO LIST	备注 MEMO / /

时间表 SCHEDULE	日计划表 TO DO LIST	备注 MEMO / /

时间表 SCHEDULE

日计划表 TO DO LIST

备注 MEMO / /

时间表 SCHEDULE

日计划表 TO DO LIST

备注 MEMO / /

周　计　划

Mon.	Tue.
Wed.	Thur.
Fri.	Sat.
Sun.	Memo

重要事项

-
-
-

时间表 SCHEDULE	日计划表 TO DO LIST	备注 MEMO / /

时间表 SCHEDULE	日计划表 TO DO LIST	备注 MEMO / /

时间表 SCHEDULE	日计划表 TO DO LIST	备注 MEMO / /

时间表 SCHEDULE	日计划表 TO DO LIST	备注 MEMO / /

时间表 SCHEDULE	日计划表 TO DO LIST	备注 MEMO / /

时间表 SCHEDULE	日计划表 TO DO LIST	备注 MEMO / /

周 计 划

Mon.	Tue.
Wed.	Thur.
Fri.	Sat.
Sun.	Memo

重要事项

时间表 SCHEDULE	日计划表 TO DO LIST	备注 MEMO / /

时间表 SCHEDULE	日计划表 TO DO LIST	备注 MEMO / /

时间表 SCHEDULE

日计划表 TO DO LIST

备注 MEMO / /

时间表 SCHEDULE

日计划表 TO DO LIST

备注 MEMO / /

时间表 SCHEDULE	日计划表 TO DO LIST	备注 MEMO / /

时间表 SCHEDULE	日计划表 TO DO LIST	备注 MEMO / /

周 计 划

Mon.	Tue.
Wed.	Thur.
Fri.	Sat.
Sun.	Memo

重要事项

-
-
-

时间表 SCHEDULE

日计划表 TO DO LIST

备注 MEMO / /

时间表 SCHEDULE

日计划表 TO DO LIST

备注 MEMO / /

时间表 SCHEDULE	日计划表 TO DO LIST	备注 MEMO / /

时间表 SCHEDULE	日计划表 TO DO LIST	备注 MEMO / /

时间表 SCHEDULE

日计划表 TO DO LIST

备注 MEMO / /

时间表 SCHEDULE

日计划表 TO DO LIST

备注 MEMO / /

月　总　结

本月收获

6月

JUNE

月计划

备忘录

周 计 划

Mon.	Tue.
Wed.	Thur.
Fri.	Sat.
Sun.	Memo

重要事项

-
-
-

时间表 SCHEDULE	日计划表 TO DO LIST	备注 MEMO / /
	○ ○ ○ ○ ○ ○ ○ ○ ○ ○ ○	

时间表 SCHEDULE	日计划表 TO DO LIST	备注 MEMO / /
	○ ○ ○ ○ ○ ○ ○ ○ ○ ○ ○	

时间表 SCHEDULE	日计划表 TO DO LIST	备注 MEMO / /

时间表 SCHEDULE	日计划表 TO DO LIST	备注 MEMO / /

时间表 SCHEDULE

日计划表 TO DO LIST

备注 MEMO / /

时间表 SCHEDULE

日计划表 TO DO LIST

备注 MEMO / /

周 计 划

Mon.	Tue.
Wed.	Thur.
Fri.	Sat.
Sun.	Memo

重要事项

-
-
-

时间表 SCHEDULE

日计划表 TO DO LIST

备注 MEMO / /

时间表 SCHEDULE

日计划表 TO DO LIST

备注 MEMO / /

时间表 SCHEDULE	日计划表 TO DO LIST	备注 MEMO / /
	○ ○ ○ ○ ○ ○ ○ ○ ○ ○ ○	

时间表 SCHEDULE	日计划表 TO DO LIST	备注 MEMO / /
	○ ○ ○ ○ ○ ○ ○ ○ ○ ○ ○	

时间表 SCHEDULE

日计划表 TO DO LIST

备注 MEMO / /

时间表 SCHEDULE

日计划表 TO DO LIST

备注 MEMO / /

周 计 划

Mon.	Tue.
Wed.	Thur.
Fri.	Sat.
Sun.	Memo

重要事项

-
-
-

时间表 SCHEDULE	日计划表 TO DO LIST	备注 MEMO / /

时间表 SCHEDULE	日计划表 TO DO LIST	备注 MEMO / /

时间表 SCHEDULE	日计划表 TO DO LIST	备注 MEMO / /

时间表 SCHEDULE	日计划表 TO DO LIST	备注 MEMO / /

时间表 SCHEDULE

日计划表 TO DO LIST

备注 MEMO / /

时间表 SCHEDULE

日计划表 TO DO LIST

备注 MEMO / /

周 计 划

Mon.	Tue.
Wed.	Thur.
Fri.	Sat.
Sun.	Memo

重要事项

-
-
-

时间表 SCHEDULE	日计划表 TO DO LIST	备注 MEMO / /

时间表 SCHEDULE	日计划表 TO DO LIST	备注 MEMO / /

时间表 SCHEDULE

日计划表 TO DO LIST

备注 MEMO / /

时间表 SCHEDULE

日计划表 TO DO LIST

备注 MEMO / /

时间表 SCHEDULE	日计划表 TO DO LIST	备注 MEMO / /

时间表 SCHEDULE	日计划表 TO DO LIST	备注 MEMO / /

周 计 划

Mon.	Tue.
Wed.	Thur.
Fri.	Sat.
Sun.	Memo

重要事项

-
-
-

时间表 SCHEDULE

日计划表 TO DO LIST

备注 MEMO / /

时间表 SCHEDULE

日计划表 TO DO LIST

备注 MEMO / /

时间表 SCHEDULE	日计划表 TO DO LIST	备注 MEMO / /

时间表 SCHEDULE	日计划表 TO DO LIST	备注 MEMO / /

时间表 SCHEDULE

日计划表 TO DO LIST

备注 MEMO / /

时间表 SCHEDULE

日计划表 TO DO LIST

备注 MEMO / /

月 总 结

本月收获

7 月

JULY

月计划

备忘录

周 计 划

Mon.	Tue.
Wed.	Thur.
Fri.	Sat.
Sun.	Memo

重要事项

-
-
-

时间表 SCHEDULE	日计划表 TO DO LIST	备注 MEMO / /

时间表 SCHEDULE	日计划表 TO DO LIST	备注 MEMO / /

时间表 SCHEDULE

日计划表 TO DO LIST

备注 MEMO / /

时间表 SCHEDULE

日计划表 TO DO LIST

备注 MEMO / /

时间表 SCHEDULE	日计划表 TO DO LIST	备注 MEMO / /
	○ ○ ○ ○ ○ ○ ○ ○ ○ ○ ○	

时间表 SCHEDULE	日计划表 TO DO LIST	备注 MEMO / /
	○ ○ ○ ○ ○ ○ ○ ○ ○ ○ ○	

周 计 划

Mon.	Tue.
Wed.	Thur.
Fri.	Sat.
Sun.	Memo

重要事项

-
-
-

时间表 SCHEDULE

日计划表 TO DO LIST

备注 MEMO / /

时间表 SCHEDULE

日计划表 TO DO LIST

备注 MEMO / /

时间表 SCHEDULE

日计划表 TO DO LIST

备注 MEMO / /

时间表 SCHEDULE

日计划表 TO DO LIST

备注 MEMO / /

时间表 SCHEDULE	日计划表 TO DO LIST	备注 MEMO / /

时间表 SCHEDULE	日计划表 TO DO LIST	备注 MEMO / /

周 计 划

Mon.	Tue.
Wed.	Thur.
Fri.	Sat.
Sun.	Memo

重要事项

-
-
-

时间表 SCHEDULE

日计划表 TO DO LIST

备注 MEMO / /

时间表 SCHEDULE

日计划表 TO DO LIST

备注 MEMO / /

时间表 SCHEDULE	日计划表 TO DO LIST	备注 MEMO / /

时间表 SCHEDULE	日计划表 TO DO LIST	备注 MEMO / /

时间表 SCHEDULE

日计划表 TO DO LIST

备注 MEMO / /

时间表 SCHEDULE

日计划表 TO DO LIST

备注 MEMO / /

周 计 划

Mon.	Tue.
Wed.	Thur.
Fri.	Sat.
Sun.	Memo

重要事项

-
-
-

时间表 SCHEDULE	日计划表 TO DO LIST	备注 MEMO / /

时间表 SCHEDULE	日计划表 TO DO LIST	备注 MEMO / /

时间表 SCHEDULE	日计划表 TO DO LIST	备注 MEMO / /

时间表 SCHEDULE	日计划表 TO DO LIST	备注 MEMO / /

时间表 SCHEDULE	日计划表 TO DO LIST	备注 MEMO / /

时间表 SCHEDULE	日计划表 TO DO LIST	备注 MEMO / /

周 计 划

Mon.	Tue.
Wed.	Thur.
Fri.	Sat.
Sun.	Memo

重要事项

-
-
-

时间表 SCHEDULE	日计划表 TO DO LIST	备注 MEMO / /

时间表 SCHEDULE	日计划表 TO DO LIST	备注 MEMO / /

时间表 SCHEDULE	日计划表 TO DO LIST	备注 MEMO / /

时间表 SCHEDULE	日计划表 TO DO LIST	备注 MEMO / /

时间表 SCHEDULE	日计划表 TO DO LIST	备注 MEMO / /

时间表 SCHEDULE	日计划表 TO DO LIST	备注 MEMO / /

月 总 结

本月收获

8 月 AUGUST

月计划

备忘录

周 计 划

Mon.	Tue.
Wed.	Thur.
Fri.	Sat.
Sun.	Memo

重要事项

-
-
-

时间表 SCHEDULE	日计划表 TO DO LIST	备注 MEMO / /
	○ ○ ○ ○ ○ ○ ○ ○ ○ ○ ○	

时间表 SCHEDULE	日计划表 TO DO LIST	备注 MEMO / /
	○ ○ ○ ○ ○ ○ ○ ○ ○ ○ ○	

时间表 SCHEDULE	日计划表 TO DO LIST	备注 MEMO / /

时间表 SCHEDULE	日计划表 TO DO LIST	备注 MEMO / /

时间表 SCHEDULE	日计划表 TO DO LIST	备注 MEMO / /

时间表 SCHEDULE	日计划表 TO DO LIST	备注 MEMO / /

周 计 划

Mon.	Tue.
Wed.	Thur.
Fri.	Sat.
Sun.	Memo

重要事项

-
-
-

时间表 SCHEDULE	日计划表 TO DO LIST	备注 MEMO / /

时间表 SCHEDULE	日计划表 TO DO LIST	备注 MEMO / /

时间表 SCHEDULE

日计划表 TO DO LIST

备注 MEMO / /

时间表 SCHEDULE

日计划表 TO DO LIST

备注 MEMO / /

时间表 SCHEDULE

日计划表 TO DO LIST

备注 MEMO / /

时间表 SCHEDULE

日计划表 TO DO LIST

备注 MEMO / /

周 计 划

Mon.	Tue.
Wed.	Thur.
Fri.	Sat.
Sun.	Memo

重要事项

-
-
-

时间表 SCHEDULE	日计划表 TO DO LIST	备注 MEMO / /

时间表 SCHEDULE	日计划表 TO DO LIST	备注 MEMO / /

时间表 SCHEDULE | 日计划表 TO DO LIST | 备注 MEMO / /

时间表 SCHEDULE | 日计划表 TO DO LIST | 备注 MEMO / /

时间表 SCHEDULE

日计划表 TO DO LIST

备注 MEMO / /

时间表 SCHEDULE

日计划表 TO DO LIST

备注 MEMO / /

周 计 划

Mon.	Tue.
Wed.	Thur.
Fri.	Sat.
Sun	Memo

重要事项

-
-
-

时间表 SCHEDULE	日计划表 TO DO LIST	备注 MEMO / /

时间表 SCHEDULE	日计划表 TO DO LIST	备注 MEMO / /

时间表 SCHEDULE	日计划表 TO DO LIST	备注 MEMO / /
	○ ○ ○ ○ ○ ○ ○ ○ ○ ○ ○	

时间表 SCHEDULE	日计划表 TO DO LIST	备注 MEMO / /
	○ ○ ○ ○ ○ ○ ○ ○ ○ ○ ○	

时间表 SCHEDULE | 日计划表 TO DO LIST | 备注 MEMO / /

时间表 SCHEDULE | 日计划表 TO DO LIST | 备注 MEMO / /

周 计 划

Mon.	Tue.
Wed.	Thur.
Fri.	Sat.
Sun.	Memo

重要事项

-
-
-

时间表 SCHEDULE	日计划表 TO DO LIST	备注 MEMO / /
	○ ○ ○ ○ ○ ○ ○ ○ ○ ○ ○	

时间表 SCHEDULE	日计划表 TO DO LIST	备注 MEMO / /
	○ ○ ○ ○ ○ ○ ○ ○ ○ ○ ○	

时间表 SCHEDULE	日计划表 TO DO LIST	备注 MEMO / /

时间表 SCHEDULE	日计划表 TO DO LIST	备注 MEMO / /

时间表 SCHEDULE	日计划表 TO DO LIST	备注 MEMO / /

时间表 SCHEDULE	日计划表 TO DO LIST	备注 MEMO / /

月　总　结

本月收获

●

●

●

9 月

SEPTEMBER

月计划

备忘录

周 计 划

Mon.	Tue.
Wed.	Thur.
Fri.	Sat.
Sun.	Memo

重要事项

-
-
-

时间表 SCHEDULE

日计划表 TO DO LIST

备注 MEMO / /

时间表 SCHEDULE

日计划表 TO DO LIST

备注 MEMO / /

时间表 SCHEDULE	日计划表 TO DO LIST	备注 MEMO / /

时间表 SCHEDULE	日计划表 TO DO LIST	备注 MEMO / /

时间表 SCHEDULE	日计划表 TO DO LIST	备注 MEMO / /
	○ ○ ○ ○ ○ ○ ○ ○ ○ ○ ○	

时间表 SCHEDULE	日计划表 TO DO LIST	备注 MEMO / /
	○ ○ ○ ○ ○ ○ ○ ○ ○ ○ ○	

周 计 划

Mon.	Tue.
Wed.	Thur.
Fri.	Sat.
Sun.	Memo

重要事项

-
-
-

时间表 SCHEDULE

日计划表 TO DO LIST

备注 MEMO / /

时间表 SCHEDULE

日计划表 TO DO LIST

备注 MEMO / /

时间表 SCHEDULE

日计划表 TO DO LIST

备注 MEMO / /

时间表 SCHEDULE

日计划表 TO DO LIST

备注 MEMO / /

时间表 SCHEDULE | 日计划表 TO DO LIST | 备注 MEMO / /

时间表 SCHEDULE | 日计划表 TO DO LIST | 备注 MEMO / /

周 计 划

Mon.	Tue.
Wed.	Thur.
Fri.	Sat.
Sun.	Memo

重要事项

时间表 SCHEDULE

日计划表 TO DO LIST

备注 MEMO / /

时间表 SCHEDULE

日计划表 TO DO LIST

备注 MEMO / /

时间表 SCHEDULE

日计划表 TO DO LIST

备注 MEMO / /

时间表 SCHEDULE

日计划表 TO DO LIST

备注 MEMO / /

时间表 SCHEDULE

日计划表 TO DO LIST

备注 MEMO / /

时间表 SCHEDULE

日计划表 TO DO LIST

备注 MEMO / /

周 计 划

Mon.	Tue.
Wed.	Thur.
Fri.	Sat.
Sun.	Memo

重要事项

-
-
-

时间表 SCHEDULE	日计划表 TO DO LIST	备注 MEMO / /

时间表 SCHEDULE	日计划表 TO DO LIST	备注 MEMO / /

时间表 SCHEDULE	日计划表 TO DO LIST	备注 MEMO / /

时间表 SCHEDULE	日计划表 TO DO LIST	备注 MEMO / /

时间表 SCHEDULE

日计划表 TO DO LIST

备注 MEMO / /

时间表 SCHEDULE

日计划表 TO DO LIST

备注 MEMO / /

周 计 划

Mon.	Tue.
Wed.	Thur.
Fri.	Sat.
Sun.	Memo

重要事项

-
-
-

时间表 SCHEDULE	日计划表 TO DO LIST	备注 MEMO / /

时间表 SCHEDULE	日计划表 TO DO LIST	备注 MEMO / /

时间表 SCHEDULE

日计划表 TO DO LIST

备注 MEMO / /

时间表 SCHEDULE

日计划表 TO DO LIST

备注 MEMO / /

时间表 SCHEDULE	日计划表 TO DO LIST	备注 MEMO / /

时间表 SCHEDULE	日计划表 TO DO LIST	备注 MEMO / /

月 总 结

本月收获

10月 OCTOBER

月计划

备忘录

周　计　划

Mon.	Tue.
Wed.	Thur.
Fri.	Sat.
Sun.	Memo

重要事项

-
-
-

时间表 SCHEDULE

日计划表 TO DO LIST

备注 MEMO / /

时间表 SCHEDULE

日计划表 TO DO LIST

备注 MEMO / /

时间表 SCHEDULE	日计划表 TO DO LIST	备注 MEMO / /

时间表 SCHEDULE	日计划表 TO DO LIST	备注 MEMO / /

时间表 SCHEDULE	日计划表 TO DO LIST	备注 MEMO / /

时间表 SCHEDULE	日计划表 TO DO LIST	备注 MEMO / /

周　计　划

Mon.	Tue.
Wed.	Thur.
Fri.	Sat.
Sun.	Memo

重要事项

-
-
-

时间表 SCHEDULE	日计划表 TO DO LIST	备注 MEMO / /

时间表 SCHEDULE	日计划表 TO DO LIST	备注 MEMO / /

时间表 SCHEDULE

日计划表 TO DO LIST

备注 MEMO / /

时间表 SCHEDULE

日计划表 TO DO LIST

备注 MEMO / /

时间表 SCHEDULE

日计划表 TO DO LIST

备注 MEMO / /

时间表 SCHEDULE

日计划表 TO DO LIST

备注 MEMO / /

周　计　划

Mon.	Tue.
Wed.	Thur.
Fri.	Sat.
Sun.	Memo

重要事项

时间表 SCHEDULE	日计划表 TO DO LIST	备注 MEMO / /

时间表 SCHEDULE	日计划表 TO DO LIST	备注 MEMO / /

时间表 SCHEDULE	日计划表 TO DO LIST	备注 MEMO / /

时间表 SCHEDULE	日计划表 TO DO LIST	备注 MEMO / /

时间表 SCHEDULE	日计划表 TO DO LIST	备注 MEMO / /
	○ ○ ○ ○ ○ ○ ○ ○ ○ ○ ○	

时间表 SCHEDULE	日计划表 TO DO LIST	备注 MEMO / /
	○ ○ ○ ○ ○ ○ ○ ○ ○ ○ ○	

周 计 划

Mon.	Tue.
Wed.	Thur.
Fri.	Sat.
Sun.	Memo

重要事项

-
-
-

时间表 SCHEDULE	日计划表 TO DO LIST	备注 MEMO / /

时间表 SCHEDULE	日计划表 TO DO LIST	备注 MEMO / /

时间表 SCHEDULE

日计划表 TO DO LIST

备注 MEMO / /

时间表 SCHEDULE

日计划表 TO DO LIST

备注 MEMO / /

时间表 SCHEDULE

日计划表 TO DO LIST

备注 MEMO / /

时间表 SCHEDULE

日计划表 TO DO LIST

备注 MEMO / /

周 计 划

Mon.	Tue.
Wed.	Thur.
Fri.	Sat.
Sun.	Memo

重要事项

-
-
-

时间表 SCHEDULE

日计划表 TO DO LIST

备注 MEMO / /

时间表 SCHEDULE

日计划表 TO DO LIST

备注 MEMO / /

时间表 SCHEDULE

日计划表 TO DO LIST

备注 MEMO / /

时间表 SCHEDULE

日计划表 TO DO LIST

备注 MEMO / /

时间表 SCHEDULE	日计划表 TO DO LIST	备注 MEMO / /

时间表 SCHEDULE	日计划表 TO DO LIST	备注 MEMO / /

月　总　结

本月收获

11月

NOVEMBER

月计划

备忘录

周　计　划

Mon.	Tue.
Wed.	Thur.
Fri.	Sat.
Sun.	Memo

重要事项

-
-
-

时间表 SCHEDULE

日计划表 TO DO LIST

备注 MEMO / /

时间表 SCHEDULE

日计划表 TO DO LIST

备注 MEMO / /

时间表 SCHEDULE

日计划表 TO DO LIST

备注 MEMO / /

时间表 SCHEDULE

日计划表 TO DO LIST

备注 MEMO / /

时间表 SCHEDULE | 日计划表 TO DO LIST | 备注 MEMO / /

时间表 SCHEDULE | 日计划表 TO DO LIST | 备注 MEMO / /

周　计　划

Mon.	Tue.
Wed.	Thur.
Fri.	Sat.
Sun.	Memo

重要事项

-
-
-

时间表 SCHEDULE	日计划表 TO DO LIST	备注 MEMO / /

时间表 SCHEDULE	日计划表 TO DO LIST	备注 MEMO / /

时间表 SCHEDULE

日计划表 TO DO LIST

备注 MEMO / /

时间表 SCHEDULE

日计划表 TO DO LIST

备注 MEMO / /

时间表 SCHEDULE	日计划表 TO DO LIST	备注 MEMO / /

时间表 SCHEDULE	日计划表 TO DO LIST	备注 MEMO / /

周　计　划

Mon.	Tue.
Wed.	Thur.
Fri.	Sat.
Sun.	Memo

重要事项

-
-
-

时间表 SCHEDULE

日计划表 TO DO LIST

备注 MEMO / /

时间表 SCHEDULE

日计划表 TO DO LIST

备注 MEMO / /

时间表 SCHEDULE	日计划表 TO DO LIST	备注 MEMO / /

时间表 SCHEDULE	日计划表 TO DO LIST	备注 MEMO / /

时间表 SCHEDULE

日计划表 TO DO LIST

备注 MEMO / /

时间表 SCHEDULE

日计划表 TO DO LIST

备注 MEMO / /

周　计　划

Mon.	Tue.
Wed.	Thur.
Fri.	Sat.
Sun.	Memo

重要事项

-
-
-

时间表 SCHEDULE

日计划表 TO DO LIST

备注 MEMO / /

时间表 SCHEDULE

日计划表 TO DO LIST

备注 MEMO / /

时间表 SCHEDULE

日计划表 TO DO LIST

备注 MEMO / /

时间表 SCHEDULE

日计划表 TO DO LIST

备注 MEMO / /

时间表 SCHEDULE	日计划表 TO DO LIST	备注 MEMO / /

时间表 SCHEDULE	日计划表 TO DO LIST	备注 MEMO / /

周 计 划

Mon.	Tue.
Wed.	Thur.
Fri.	Sat.
Sun.	Memo

重要事项

-
-
-

时间表 SCHEDULE	日计划表 TO DO LIST	备注 MEMO / /

时间表 SCHEDULE	日计划表 TO DO LIST	备注 MEMO / /

时间表 SCHEDULE

日计划表 TO DO LIST

备注 MEMO / /

时间表 SCHEDULE

日计划表 TO DO LIST

备注 MEMO / /

时间表 SCHEDULE	日计划表 TO DO LIST	备注 MEMO / /

时间表 SCHEDULE	日计划表 TO DO LIST	备注 MEMO / /

月　总　结

本月收获

12月 DECEMBER

月计划

备忘录

周　计　划

Mon.	Tue.
Wed.	Thur.
Fri.	Sat.
Sun.	Memo

重要事项

-
-
-

时间表 SCHEDULE	日计划表 TO DO LIST	备注 MEMO / /
	○ ○ ○ ○ ○ ○ ○ ○ ○ ○ ○	

时间表 SCHEDULE	日计划表 TO DO LIST	备注 MEMO / /
	○ ○ ○ ○ ○ ○ ○ ○ ○ ○ ○	

时间表 SCHEDULE

日计划表 TO DO LIST

备注 MEMO / /

时间表 SCHEDULE

日计划表 TO DO LIST

备注 MEMO / /

时间表 SCHEDULE

日计划表 TO DO LIST

备注 MEMO / /

时间表 SCHEDULE

日计划表 TO DO LIST

备注 MEMO / /

周　计　划

Mon.	Tue.
Wed.	Thur.
Fri.	Sat.
Sun.	Memo

重要事项

-
-
-

时间表 SCHEDULE	日计划表 TO DO LIST	备注 MEMO / /
	○ ○ ○ ○ ○ ○ ○ ○ ○ ○ ○	

时间表 SCHEDULE	日计划表 TO DO LIST	备注 MEMO / /
	○ ○ ○ ○ ○ ○ ○ ○ ○ ○ ○	

时间表 SCHEDULE

日计划表 TO DO LIST

备注 MEMO / /

时间表 SCHEDULE

日计划表 TO DO LIST

备注 MEMO / /

时间表 SCHEDULE

日计划表 TO DO LIST

备注 MEMO / /

时间表 SCHEDULE

日计划表 TO DO LIST

备注 MEMO / /

周　计　划

Mon.	Tue.
Wed.	Thur.
Fri.	Sat.
Sun.	Memo

重要事项

-
-
-

时间表 SCHEDULE | 日计划表 TO DO LIST | 备注 MEMO / /

时间表 SCHEDULE | 日计划表 TO DO LIST | 备注 MEMO / /

时间表 SCHEDULE

日计划表 TO DO LIST

备注 MEMO / /

时间表 SCHEDULE

日计划表 TO DO LIST

备注 MEMO / /

时间表 SCHEDULE	日计划表 TO DO LIST	备注 MEMO / /

时间表 SCHEDULE	日计划表 TO DO LIST	备注 MEMO / /

周 计 划

Mon.	Tue.
Wed.	Thur.
Fri.	Sat.
Sun.	Memo

重要事项

-
-
-

时间表 SCHEDULE

日计划表 TO DO LIST

备注 MEMO / /

时间表 SCHEDULE

日计划表 TO DO LIST

备注 MEMO / /

时间表 SCHEDULE

日计划表 TO DO LIST

备注 MEMO / /

时间表 SCHEDULE

日计划表 TO DO LIST

备注 MEMO / /

时间表 SCHEDULE	日计划表 TO DO LIST	备注 MEMO / /

时间表 SCHEDULE	日计划表 TO DO LIST	备注 MEMO / /

周　计　划

Mon	Tue
Wed.	Thur
Fri.	Sat
Sun	Memo

重要事项

-
-
-

时间表 SCHEDULE

日计划表 TO DO LIST

备注 MEMO / /

时间表 SCHEDULE

日计划表 TO DO LIST

备注 MEMO / /

时间表 SCHEDULE	日计划表 TO DO LIST	备注 MEMO / /

时间表 SCHEDULE	日计划表 TO DO LIST	备注 MEMO / /

时间表 SCHEDULE	日计划表 TO DO LIST	备注 MEMO / /

时间表 SCHEDULE	日计划表 TO DO LIST	备注 MEMO / /

月　总　结

本月收获